VIE ABRÉGÉE

DU NOBLE PRÉLAT

Mgr de Marion, Comte de Brésillac

ÉVÊQUE DE PRUSE

Fondateur des Missions Africaines de Lyon

1813-1859

D'après ses Mémoires et sa Correspondance

Par un Prêtre des Missions Africaines

« J'irai vers les peuples les plus abandonnés de l'Afrique. »
Mgr de Brésillac au Cardinal Barnabo.

Prix : **10** francs

LYON

IMPRIMERIE DES MISSIONS AFRICAINES
150, *Cours Gambetta*, 150

1927

VIE ABRÉGÉE

DU NOBLE PRÉLAT

Mgr de Marion, Comte de Brésillac

ÉVÊQUE DE PRUSE

Fondateur des Missions Africaines de Lyon

1813-1859

VIE ABRÉGÉE

DU NOBLE PRÉLAT

Mgr de Marion, Comte de Brésillac

ÉVÊQUE DE PRUSE

Fondateur des Missions Africaines de Lyon

1813-1859

D'après ses Mémoires et sa Correspondance

Par un Prêtre des Missions Africaines

> « *J'irai vers les peuples les **plus** abandonnés de l'Afrique.* »
>
> Mgr de Brésillac au Cardinal Barnabo.

LYON

IMPRIMERIE DES MISSIONS AFRICAINES

150, Cours Gambetta, 150

—

1927

DÉCLARATION

S'il nous arrive de donner, à Mgr de Brésillac et à d'autres personnages, les noms de Saints ou de Vénérables, au cours de cette biographie, il est bien entendu que nous n'ajoutons à ces qualificatifs qu'une autorité purement humaine, nous conformant en cela, comme en tout, aux décrets des Papes Urbain VIII, Benoît XIV et Pie X, ainsi qu'au Code de Droit canonique, can. 1999 et suivants.

L'AUTEUR.

SA GRANDEUR Mgr DE MARION DE BRÉSILLAC
ÉVÊQUE DE PRUSE

PREMIÈRE PARTIE

1813 - 1855

En France et aux Indes

CHAPITRE PREMIER

(1813-1841)

Missions d'Afrique. — Le Pays de Mgr de Brésillac. — La
Famille. — Naissance. — Éducation. — Vocation sacer-
dotale. — Professeur. — Vicaire. — Vers les Missions. —
Aspirations contrariées. — Luttes. — Triomphe.

Parmi les hommes de haute intelligence et de grand
cœur qui, au cours du XIXe siècle, se sont consacrés
presque exclusivement à l'évangélisation des noirs
de l'Afrique considérés, jusque là, comme abandonnés, trois noms émergent entre tous.

Le premier en date est celui du vénérable François-
Marie Libermann (1804-1852) que Dieu appela du
Judaïsme pour fonder, en 1841, les Prêtres du Cœur
Immaculé de Marie unis en 1848 à la Congrégation
du Saint-Esprit, établie à Paris, en 1703, pour les
colonies françaises.

Vient ensuite, en 1856, le jeune, ardent, pieux
Mgr de Marion-Brésillac (1813-1859), évêque de

Pruse, qui donna naissance à la Société des Missions Africaines de Lyon et mourut à Sierra-Leone, à peine âgé de 46 ans, martyr, sauf le sang répandu.

En 1868, Charles-Martial Lavigerie (1825-1892) lança, dans le centre du continent noir, ses Pères Blancs, à la conquête des âmes.

Il serait difficile de dire quel fut le plus méritant de ces apôtres modernes. Tous trois ont avancé le Royaume de Dieu et reçu leur récompense du Maître de la moisson.

Le moins connu, à notre avis, est certainement le fondateur des M. A. L., inconnu et aussi méconnu. On le verra au cours de ces pages qui ne font que résumer les Mémoires du Prélat, jusqu'à son quasi martyre de 1859 ; car il les écrivit jour par jour *usque ad mortem*.

Il était cependant de noble et antique famille dont les membres illustrèrent, au moins depuis le XVe siècle, la partie méridionale de notre belle province de Languedoc, ce pays aux aspects si divers et si pittoresques.

À cinq lieues environ, au sud de Castelnaudary, dans un pays de collines, aux paysages variés, le joli village de Fangeaux est bâti au sommet d'un plateau d'où l'on découvre une suite de mamelons cultivés et boisés, des plaines fertiles, des champs et des prairies verdoyantes et bien loin à l'horizon, les cîmes neigeuses des Pyrénées qui miroitent dans un ciel sans nuage, aux rayons du soleil du Midi.

Fangeaux possède une petite église du XIVe siècle et un vieux couvent de Dominicains qui sert actuellement de presbytère. On y montre aussi la chambre où logea saint Dominique. Aux environs de Fangeaux dans la direction du sud-est, aux flancs d'une gracieuse colline et caché dans l'ombre de noyers magnifiques, s'étend le village de Brésillac. L'église, ancienne aussi, est assez pauvre, mais bien conservée.

Au nord de Brésillac et à peu de distance, Lasserre se dresse comme une forteresse, au-dessus des prairies et des champs de sainfoin en fleurs, arrosés par un clair ruisseau. L'église est du XIIIe siècle.

Aux environs de Lasserre s'élevait autrefois, la célèbre abbaye dominicaine de Notre-Dame de Prouille qu'on a tenté de rebâtir au siècle dernier. Mgr de Marion-Brésillac dans ses mémoires, parle de la pose de la première pierre à laquelle il assista, à son retour de l'Inde, en 1855, avec l'Evêque de Carcassonne et le Père Lacordaire. Malheureusement les travaux sont restés inachevés.

A six ou sept kilomètres de Prouille, sur la route de Carcassonne, le gros village de Montréal, dans la position admirable qu'il occupe sur les crêtes d'une belle colline, semble commander à tout le pays environnant qu'il domine de haut. C'est là qu'était, gouverneur pour Henri de Béarn, un des Marion.

Ce nom de Montréal, rappelle la devise languedocienne « Moun Real aicy soun », en français : « Mon Roi, j'y suis ». A cette devise, correspondait un blason représentant un chien gardant un bercail. Ces armoiries étaient celles des Marion du Payra, dont un ancêtre fut gouverneur de Montréal, pour Henri IV, comme nous venons de le dire.

Les pentes du plateau sont couvertes de prairies, de champs bien cultivés, et de là, comme à Fangeaux, on aperçoit les sommets des Pyrénées qui découpent nettement leur dentelure sur l'azur du ciel.

Lasserre de Monestrol où habitait la famille de Marion-Brésillac, au moment où Monseigneur quitta Castelnaudary pour se rendre à Paris, est un château situé dans le Lauraguais, pays pittoresque, très accidenté et sillonné de belles routes qu'ombragent des hêtres superbes.

Cette partie de la Gaule, devenue la Narbonnaise sous les Romains, puis le Languedoc, a vu bien des peuples vivre sur ses terres et s'y établir. D'autres y sont venus en conquérants, puis se sont fondus dans la population ou sont disparus. L'Histoire nomme les Gaulois, les Romains, les Visigoths, les Sarrazins, etc.

L'œil exercé d'un anthropologiste pourrait, peut-être, retrouver, dans les habitants actuels, des types de races diverses. Les yeux bleus, les cheveux blonds, les moustaches rousses, s'y rencontrent assez fréquemment, à côté des profils réguliers, des têtes fines, des yeux noirs de la race latine. Ces hommes de haute stature, à la chevelure noire, à la barbe puissante, avec leur teint mat et leurs pommettes colorées, ne seraient-ils pas les descendants des Goths, les plus beaux, les plus intelligents des peuples qui s'établirent sur les ruines de l'empire romain ? Ce type magnifique se trouve dans les pays où dominèrent les Visigoths et particulièrement en Espagne, et quand·on se trouve en face du portrait de Mgr de Marion-Brésillac, on songe involontairement à ces princes Goths, dont les historiens ont dit la beauté et la taille majestueuse, à ces familles royales auxquelles les rois de France venaient demander leurs épouses.

« Que le descendant des Marion appartienne à la race latine ou qu'il soit un rejeton des princes Visigoths, qu'il y ait du sang gaulois dans ses veines, nous ne saurions le dire, mais, en contemplant son image, il n'est personne qui ne l'admire comme un modèle de beauté virile ; sa noble physionomie, ses traits réguliers, ses yeux vifs et pleins de douceur, son grand front, témoignent de son intelligence et de la bonté comme de la droiture de son cœur. » (1) Nous nous expliquerons plus loin à ce sujet.

Les Marion étaient des bourgeois de Fanjeaux (2) qui s'anoblirent successivement par l'acquisition de terres seigneuriales, telles que les Seigneuries de Mahet, du Payra (3), de Besplas, de Gaja (4), de Brésillac (5). A cette dernière branche, appartient le héros de cette histoire. Son origine remonte à 1548. Les Brésillac portaient : d'azur a u dauphin d'argent, au chef de gueules à l'étoile d'or, timbré d'une couronne comtale.

Melchior, Marie-Joseph de Marion Brésillac naquit à Castelnaudary (Aude), le 2 décembre 1813 : son père Gaston, émigré pendant la Révolution qui avait englouti presque toute sa fortune, épousa, en secondes noces, sa cousine Joséphine de Marion-Gaja, dont il eut cinq enfants. Melchior fut l'aîné et le plus illustre. Il fut baptisé le 5 décembre, dans l'église de Saint-Jean-Baptiste, l'une des deux paroisses de la ville. Le parrain fut son oncle maternel Melchior de Marion-Gaja et sa marraine dame Marie-Anne,

---

(1) Le Gallen, 1910.

(2) Fanjeaux, chef-lieu de canton arrondissement de Castelnaudary, 1.330 habitants.

(3) Payra, canton de Salles-sur-l'Hers, arrondissement de Castelnaudary, 386 habitants.

(4) Gaja-la-Selves, canton de Fanjeaux, arrondissement de Castelnaudary, 410 habitants.

(5) Brésillac, Brésilhac ou Brézillac, canton d'Alaigne, arrondissement de Limoux, 244 habitants. (poste : Belvèze), château restauré en 1924-25.

Jacquette Villenouvelle, née Cousin, représentée par dame Josèphe de Marion-Gaja, sa grand'mère maternelle.

M. Gaston Marion-Brésillac habitait alors Castelnaudary, en qualité d'ingénieur-contrôleur du canal du Midi, fonctions que ses revers de fortune l'avaient contraint d'accepter.

Nous savons peu de choses sur les toutes premières années du fondateur des Missions Africaines. Les Mémoires sont, à ce sujet, très sobres de détails.

Son père, vrai gentilhomme et profondément chrétien, était d'une grande culture intellectuelle. Il assura lui-même l'éducation et l'instruction de ses enfants. Melchior eut ses préférences et, à l'école paternelle, il acquit ce jugement droit, cette loyauté parfaite et ce vaste savoir, qui font notre admiration. Il n'était pas dénué non plus de sens pratique et d'aimable malice ; à preuve, le petit trait suivant :

L'évêque de Carcassonne, Mgr de la Porte, était venu pour donner la confirmation au village de Cailhau, où se réunissaient les enfants des paroisses voisines ; Melchior, âgé de huit ans et trop jeune pour être confirmé, avait néanmoins un grand désir de voir la cérémonie. Cédant à ses vives instances, ses parents lui permirent de les accompagner à Cailhau. Mais là, dans l'église trop petite pour la foule, on ne laissait entrer que les confirmants et Melchior fut fort désappointé de ne pouvoir assister à la confirmation. Il s'avisa alors d'un stratagème pour satisfaire son ardent désir. Il disposa, sur ses doigts, son mouchoir blanc, comme le linge que portaient les autres enfants, se mêla à eux et entra dans l'église. Là, sa tenue fut si parfaite, son attention à suivre tous les détails de la cérémonie fut si soutenue que

Mgr de la Porte en fut frappé lui-même et demanda pendant le dîner quel était ce bel enfant qu'il avait vu si attentif, si sérieux, si recueilli. Apprenant que c'était le jeune de Brésillac, il demanda qu'on le lui amenât et voulut qu'il prit place à sa table. Sans être déconcerté d'un pareil honneur, l'enfant garda pendant tout le repas la même tenue digne qui avait attiré, à l'église, l'attention de son évêque.

Au contact de la piété de M. de Marion-Brésillac et de sa sainte épouse, femme de haute vertu, le jeune Melchior se sentit appelé au sacerdoce et il obtint d'aller répéter sa rhétorique et sa philosophie au petit séminaire de Carcassonne, dont le supérieur et fondateur était alors le bon chanoine Etienne Arnal, prêtre éminent et éducateur accompli (1).

Après ces deux années, le jeune adolescent eut dû, régulièrement, entrer au grand séminaire. Mais, M. Arnal s'était attaché à cet élève hors ligne. Il le garda pendant deux ans encore, pour enseigner les sciences positives. Professeur de mathématiques, avec une compétence unanimement reconnue et appréciée, le jeune maître suivait en même temps, les cours de théologie du grand séminaire.

Dès cette époque, on peut esquisser les portraits physique et moral, de Mgr de Brésillac, car, ayant terminé sa course ici-bas en pleine jeunesse encore, les dernières années ne changèrent rien à sa physionomie.

Il était grand de taille et fort bien fait. Il avait les cheveux longs et châtains, les traits fins et réguliers,

(1) Après la mort de son brillant et cher élève, M. Arnal, vint à Lyon, se consacrer aux Aspirants des M.-A. Il y mourut, le 12 Juin 1873, à l'âge de 72 ans et fut inhumé à Loyasse.

les mains très belles. Son visage était d'une coupe ovale bien proportionnée, ses yeux limpides et doux. Sa démarche, sans être solennelle, était pleine de dignité.

« C'était un prélat du XVIIe siècle, dit le cardinal de Bonnechose ; il portait la mozette et le rochet à la Bossuet, c'est-à-dire ample et long ; tels nous nous représentons les grands « Aumôniers de la Couronne, au temps des rois très-chrétiens » (1).

Ce tableau n'est pas flatté : un simple coup d'œil sur la gravure liminaire de ce volume, suffit pour nous en convaincre.

Au moral, le fondateur des M. A. L. avait toutes les vertus du prêtre et de l'évêque décrit par saint Paul (2). Mais encore il faut ajouter une grande charité, une exquise douceur et une loyauté parfaite ; son humilité le poussa à refuser l'épiscopat et à subir la contradiction sans se plaindre. Gentilhomme de race, il possédait surtout la plus belle des noblesses, celle du cœur. S'il rencontra des adversaires, il n'eut jamais d'ennemis et ceux-là mêmes qui lui furent opposés, le pleurèrent sincèrement. « Sa mémoire est en bénédiction partout où il passa. » (3). Le descendant des Brésillac réalisa toujours sa devise : *lumen rectis...* et achevant le verset, nous disons de lui : *misericors et justus* (4) : homme droit, charitable et juste... Mais, reprenons l'histoire.

Cependant, cette situation double (professeur et élève), ne pouvait durer indéfiniment et n'était pas dans les règles. L'Abbé de Brésillac le comprenait lui-même, au point que sa conscience en était trou-

(1) Mgr de Bonnechose, ancien évêque de Carcassonne
(2) Ep. à Timothée. III, v. 2 et suivant.
(3) A. Launay : « Les Missions de l'Inde ».
(4) Psalm. cent-onze ; v. 4.

CASTELNAUDARY - MAISON NATALE
DE Mgr MARION DE BRÉSILLAC

blée. Il s'en ouvrit à l'évêque de Carcassonne, Mgr de Saint-Rome-Gualy. Celui-ci lui fit entendre qu'il verrait de bon œil son entrée définitive au grand séminaire, mais ne l'y contraignit pas. M. Arnal ne donna pas de décision : on peut bien supposer qu'il ne tenait pas à perdre son cher Melchior.

Enfin, après avoir pensé un instant à Saint-Sulpice, Mgr de Brésillac, en 1836, entra au séminaire, achever ses études théologiques.

Le samedi 22 décembre 1838, il fut ordonné prêtre par Mgr de Gualy. Il avait alors 25 ans et 20 jours.

Ses Mémoires nous donnent comme un parfum des sentiments exquis qui remplissaient l'âme du séminariste et du jeune prêtre : « Maison bénie et bien chère à mon cœur ! Asile sacré où tant de vertus grandissent chaque jour, fécondées par la charité pure et préservatrice, assurées des dangers de la science ; la science enfle, tandis que la charité édifie ; retraite où tant de vaillants athlètes se forment au combat contre l'erreur et les passions, sous des maîtres dont nous ne dirons pas les mérites et la sagesse ; maison de Dieu que j'ai habitée trop peu d'instants, mais à l'ombre de laquelle le Seigneur s'est plu à me faire goûter de précieuses faveurs, tandis qu'il me donnait les moyens de faire se développer en moi, le germe de la vocation qui fait aujourd'hui mon bonheur. »

Au lendemain de son ordination, l'abbé de Marion-Brésillac fut nommé vicaire de la paroisse de Saint-Michel à Castelnaudary, dans sa ville natale, où il avait été fait enfant de Dieu et de l'Eglise. On trouve dans ses lettres de cette époque, des détails sur le ministère du nouveau vicaire. Dès le 5 janvier 1839, il annonce que déjà il a confessé, « qu'il s'enfonce

dans le saint ministère », et le 25 : « Dimanche, je
fais mon premier prône et, comme les grandes personnes ne sont que de grands enfants, c'est une affaire
qui excite la curiosité publique d'une petite ville. »

Le carême venu, il écrit à un ami qu'il n'y a pas
de prédicateur extraordinaire à Saint-Michel :
« Je vous laisse à penser si nous manquons d'ouvrage,
vous savez que je n'avais fait aucun sermon conve-
nant à un auditoire de paroisse, il me faut donc forger
au fur et à mesure. Jusqu'ici, je m'en suis bien tiré...
Je confesse plus de trois heures par jour...» Le 25 avril,
il a été appelé pendant la nuit, pour un malade :
« Quelle satisfaction d'interrompre son sommeil
pour envoyer une âme à Dieu ».

Il semblerait que rien, à cette époque, ne manquât
au bonheur du jeune prêtre. Il est dans sa ville natale,
au sein même de sa famille, près de sa pieuse mère ; il
s'occupe des enfants qu'il aima toujours ; les premières communions le consolent, « doux labeur »,
écrit-il. Il prêche à la cathédrale de Carcassonne et —
coïncidence heureuse — sur la Propagation de la Foi.
Il n'a que des amis parmi les prêtres et les fidèles.
Que lui manque-t-il ? Lui même va nous le dire.

« J'avais passé l'âge de l'adolescence sans presque
avoir entendu parler des missions, et cependant, je
reconnus plus tard que la pensée plus ou moins vague
des missions a été aussi ancienne dans mon âme, que
celle du sacerdoce. Or, Dieu me fit la grâce, il me
semble, de m'inspirer la pensée du sacerdoce presque dès qu'il me donna le plein usage de ma raison.
Vivant toujours à la campagne, où mon vertueux
et respectable père faisait, lui-même, l'éducation de
ses enfants, je n'avais pas entendu parler, dans mon
enfance, de l'Œuvre de la Propagation de la Foi, qui
avait encore fait peu de retentissement dans les

villages. Je ne songeais guère alors, qu'à répondre à l'attrait pour le sacerdoce, attrait que vous avez déposé dans mon cœur, ô mon Dieu, dès mes plus jeunes ans ; puissé-je y rester fidèle.

« Au petit séminaire de Carcassonne, chef-lieu de mon diocèse, de nouvelles grâces m'attendaient en grand nombre, ô mon Dieu, sous la pieuse direction du supérieur de cet établissement et, plus tard, dans l'édifiant et doux commerce des professeurs dont il me fut donné de partager quelque temps, les travaux et la sollicitude, pendant que je suivais au grand séminaire, mon cours de théologie. C'est là que spontanément, sans y être nullement poussé par le directeur de ma conscience, je sentis croître en moi le désir de me consacrer aux Missions.

« Je m'en ouvris à mes directeurs qui combattirent d'abord cette idée. Sans doute, c'était pour m'éprouver et aussi parce que mon désir ne leur semblait pas avoir tous les caractères d'une véritable vocation : il y a, en effet, des vocations qui exigent un examen beaucoup plus sérieux que d'autres, parce qu'ils sont plus difficiles à connaître et parce que les conséquences d'une erreur sont plus graves. Avant de les adopter comme étant l'expression de la volonté de Dieu, il faut une attention soutenue par la prudence et la prière, et, de la part de celui qui se croit appelé, et de la part de ceux qu'il consulte avant de se déterminer. Pour moi, je sentais ma vocation s'affermir de jour en jour.

Je ne cédai pas de suite, plusieurs années s'écoulèrent avant mon départ, depuis les premières démarches extérieures que le directeur de ma conscience me permit de faire. Je n'étais pas encore prêtre et je m'ouvris clairement sur mes projets, auprès de mes supérieurs ecclésiastiques et de mon père. »

Mais au cours de son ministère de deux ans à Saint-Michel, l'idée des Missions lointaines germa de plus en plus, dans son cœur généreux, Il aurait voulu partir immédiatement, malgré tout et tous.

Ici, commencent les premières luttes : elles furent longues et déchirèrent ce cœur délicat et celui des siens.

Continuons à lire les Mémoires...

« Une telle proposition ne put être que froidement reçue dès le principe, par Mgr de Saint Rome-Gualy, alors évêque du diocèse.

« Je ne pouvais pas m'attendre à rencontrer, chez mes parents, des dispositions plus favorables. Pauvres parents ! à qui Dieu impose un douloureux sacrifice et qui ne comprennent pas toujours qu'il leur donne, en même temps, les grâces nécessaires pour en supporter les épreuves ; qui comprennent plus rarement encore que le sacrifice même que Dieu leur demande, est une grâce immense. De là, presque toujours, l'opposition des parents, même bons chrétiens, quand quelques-uns de leurs enfants veulent embrasser la perfection de l'Evangile, laissant aux morts, le soin d'ensevelir leurs morts.

« Ma mère qui était douée d'une rare piété, versa quelques larmes, mais sa réponse à ma proposition fut douce et résignée. Et si, plus d'une fois, elle me fit connaître qu'elle conservait, de cette ouverture, un amer souvenir, je pouvais néanmoins remarquer qu'elle se préparait à supporter avec foi, l'épreuve du sacrifice, si le Seigneur venait à l'exiger. Elle le fit en effet, plus tard, sinon avec une pleine joie, du moins avec une entière résignation. Quoique mon père eût aussi une piété solide et pratique, comme il y en a malheureusement si peu parmi les hommes de nos jours, je ne pouvais pas espérer de sa part, une si grande force.

« La réponse de mon père fut donc, comme je m'y attendais, un refus énergique de tout consentement. Les vacances ne sont pas loin, m'écrivit-il, je te ferai connaître alors toute ma pensée. Pendant ces vacances, je me tins sur la défensive, prêt à répondre à ses arguments, dans le cas d'une attaque que j'attendais chaque jour, et qui n'eut jamais lieu. Nous passâmes deux mois ensemble, à la campagne, sans qu'il fut question de missions, pas plus que si je ne lui en avais jamais parlé. »

Cependant, le vicaire toujours très aimé à Saint-Michel, n'abandonnait pas son idée apostolique. Il était énergique et patient, qualités de la race. Selon lui, le triomphe viendrait tôt ou tard. Il aurait, bien sûr, préféré tôt. Mais il sut attendre l'occasion et faire jouer toutes les influences : surtout appeler Dieu au secours de sa vocation contrariée de tous les côtés.

Le Seigneur devait bénir ses efforts persévérants. Voici comment. Dans sa délicatesse de conscience, hésitant, de peur de se tromper sur une question aussi grave, l'aspirant missionnaire avait donc prié, consulté surtout un religieux sous la direction duquel il avait fait une retraite sans prendre de décision radicale. Il voulait toutefois en finir et il raconte ceci :

« J'allai de nouveau consulter le R. P. Jésuite dont j'ai déjà parlé. Il était alors à Toulouse, et il me conseilla d'aller trouver le maître des novices de la Compagnie, à Avignon. Je me rendis donc en cette ville, et de là, à Aix, où il se trouvait en ce moment, avec ses novices. Sous sa direction, je fis une retraite de sept à huit jours, et il décida que je devais être missionnaire.

« Malgré toutes ces précautions, me serais-je
trompé ? Sans doute, les personnes que je consultai
ne sont pas infaillibles, mais elles avaient l'expérience,
leurs avis étaient désintéressés ; pouvais-je pratiquement me tromper en suivant leurs décisions ? Quoiqu'il arrive, j'ai la confiance que je ne me suis pas
rendu coupable dans cette détermination. N'aurais-je
pas, au contraire, à me reprocher d'avoir fait autrement ? Leur voix n'était-elle pas, pour moi, celle de
notre divin Sauveur, qui me disait de tout quitter
pour le suivre. N'ayons donc pas de regret, espérons
au contraire que Dieu nous tiendra compte de l'obéissance qu'Il nous fit la grâce d'observer alors, pour
nous pardonner les fautes que nous avons commises
depuis.

« Aussitôt ma détermination prise, je fis mes premières démarches. J'écrivis de la maison même des
RR. PP. Jésuites, à M. le supérieur des Missions
Étrangères et à Mgr l'évêque de Carcassonne.

« Pourquoi me déterminai-je pour la Société des
Missions Étrangères plutôt que pour tant d'autres
qui s'occupent aussi de missions ? Toutes m'étaient
peu connues, mais je ne me sentais aucun attrait pour
la vie religieuse à laquelle on est soumis dans presque
toutes les autres Congrégations.

« Celle-là me parut aller droit au but que je désirais ; son nom, plutôt que sa constitution que je
connaissais à peine, dut me déterminer.

« Le R. P. Jésuite sembla d'ailleurs approuver ce
choix sans qu'il y ait eu cependant, ni de sa part ni
de la mienne des motifs raisonnés d'élection.

« Dès mon arrivée à Castelnaudary, je trouvai,
poste restante, la réponse de M. Langlois, alors

supérieur du séminaire des Missions Etrangères. Elle peut se résumer à peu près ainsi : « Ce que vous me mandez me donne de justes motifs de croire que vous êtes réellement appelé aux Missions Etrangères. Il est important que vous cachiez vos desseins à vos parents. Il est cependant nécessaire que je prenne quelques renseignements auprès de vos supérieurs. Si Mgr de Carcassonne parait faire quelque opposition, ce ne sera que pour éprouver votre vocation. Exposez-lui fidèlement toutes les démarches que vous avez faites pour vous en bien assurer. Priez et faites prier. Si Mgr ne vous accorde pas, de suite, la permission de partir, ne vous décourage z pas. Réitérez quelques fois vos demandes et continuez de prier. Je joins mes prières aux vôtres. Je prendrai mes premiers renseignements quand vous m'aurez appris le résultat de vos premières démarches. »

« Mgr l'évêque ne me répondit point. Je crus qu'il était temps d'aller et de lui exposer de vive voix, les motifs de mes démarches. Sa Grandeur chercha à réfuter mes raisons et me dit enfin que, vu le manque de prêtres dans son diocèse, il lui était impossible de me laisser partir ; qu'au reste je ne devais pas négliger une si belle vocation, qu'il se garderait lui-même de la contrarier et que, plus tard, il ne me retiendrait pas, si elle durait encore et s'il avait assez de prêtres.

« Ces dernières paroles me donnaient trop d'espoir pour ne pas en faire part aussitôt à M. le supérieur du séminaire des Missions Etrangères, qui me répondit à peu près en ces termes :

« J'ai lieu de croire que Mgr de Carcassonne veut éprouver seulement votre vocation. J'ai eu l'occasion de connaître combien Sa Grandeur est favorablement disposée pour les Missions Etrangères. J'approuve la résolution que vous faites de ne pas vous décourager. Revenez à la charge, de temps en temps, sans être importun. Quand je serai, de mon côté, un peu plus fixé, je pourrai en écrire à Sa Grandeur. Priez beaucoup et faites beaucoup prier. Si Dieu vous appelle et que vous fassiez tout ce qui dépend de vous, le Seigneur vous ouvrira les voies. Je prie de mon côté. Recommandez-vous à la sainte Vierge, aux saints Anges, à saint Joseph, à saint François Xavier. »

« J'écrivis encore à Mgr de Gualy, sans obtenir de réponse. Seulement, un prêtre qui le voyait souvent et qui m'était dévoué, m'assura qu'il n'était pas éloigné de m'accorder son consentement. Cependant, après plusieurs lettres de part et d'autre, M. Langlois m'écrivit, à la fin de janvier 1841, que, d'après les renseignements qu'on lui avait donnés, je serai admis au séminaire des Missions Étrangères, aussitôt que j'aurai obtenu le consentement de mon évêque. Vous savez, ô mon Dieu, combien ma joie fut grande à cette nouvelle ; il me semble que je voulais être alors un bien bon missionnaire. Hélas ! pourquoi n'ai-je pas répondu à toutes vos grâces ?

« Vers le commencement du carême, j'adressai une troisième lettre à Mgr de Gualy, et je m'exprimai de manière à ce qu'il fut comme impossible de ne pas me répondre. « Le silence que Votre Grandeur a cru devoir tenir à mon égard, lui disais-je entre autres choses, m'a vivement affligé ! Il n'est pas, sans doute, difficile à un fils d'interpréter le silence d'un tendre père, dans une semblable occasion, mais il m'eut été bien doux, Monseigneur, de recevoir une parole de votre part, eût-elle même été une parole de refus. Jusques à quand, Monseigneur, serez-vous aussi cruel à mon égard ? Voudriez-vous affliger jusqu'à la fin un fils qui vous chérit ? » J'exposais ensuite les motifs qui pressaient mon départ et je concluais par la demande d'un consentement qui me permit de partir après les fêtes de Pâques.

« La charité paternelle du respectable et saint évêque avait été trop vivement attaquée pour qu'il persévérât dans son silence. Il me répondit bientôt après, en me refusant encore, mais en me laissant beaucoup d'espoir. Il voulait me retenir, disait-il, pour l'établissement d'une maison de missionnaires diocésains. « J'irai bientôt à Castelnaudary, ajoutait-il, donner la confirmation ; là je vous verrai et je vous ferai part de mes projets. Peut-être consentirez-vous à y prendre part. »

« J'avoue que le ministère des Missions de la campagne m'aurait beaucoup plu, mais dans l'hypothèse seulement que je n'aurais pu exécuter mon projet des Missions Étrangères. D'ailleurs cette maison n'était pas encore formée, et quand l'aurait-elle été, avec un évêque plein d'admirables qualités, mais qui ne me paraît pas avoir eu le don de l'initiative ? Sa Grandeur vint en effet, peu de temps après, dans la paroisse où j'étais vicaire et, quand il me fit l'honneur de me proposer ces missions, je lui répondis que, l'établissement n'étant pas encore formé, je ne pouvais pas attendre indéfiniment ; que d'ailleurs, j'aurais besoin de nouvelles méditations pour embrasser cette carrière, de nouvelles prières, de nouvelles retraites et qu'à la fin, je pensais bien que ma vocation resterait établie pour les Missions Étrangères. Je le priai donc de ne pas me retenir plus longtemps et de m'éviter les nouvelles instances que je serais encore obligé de faire. Son refus fut suivi de certaines réflexions qui me firent tout espérer pour un prochain consentement, et dès ce moment, je ne doutai plus de l'exécution de mon dessein.

« C'est vers la fin du mois d'avril que Mgr de Gualy me tenait ce langage, et le 3 mai, je devais prêcher à la cathédrale de Carcassonne pour l'Œuvre de la Propagation de la Foi. Je résolus de porter un coup vigoureux, à cette occasion et de triompher enfin si c'était possible. Mes vœux furent accomplis. J'avais prié M. le supérieur du grand séminaire de vouloir bien m'aider dans cette démarche ; il se prêta à mes désirs et nous convînmes ensemble qu'à la première parole favorable qui sortirait de la bouche de sa Grandeur, nous nous lèverions et je dirais à Monseigneur que je prenais cette parole pour un vrai consentement. Je lui en exprimerais ma reconnaissance, lui demanderais sa bénédiction, en lui annonçant que j'allais tout disposer pour partir.

« Ce que nous avions prévu ne manqua pas d'arriver. Après le sermon, j'allai rendre visite à sa Grandeur : accompagné du supérieur du séminaire, et tout se passa comme nous l'avions projeté. Dès ce moment, je ne pensai plus qu'à mon départ. J'écrivis à M. Langlois que j'avais enfin obtenu le consentement de mon évêque et que je pensais me rendre à Paris vers le mois de juillet. Quelques affaires à terminer et le défaut d'argent m'obligeaient à retarder mon départ jusqu'à cette époque. Mais une pensée délicate se présentait alors à mon esprit : ferai-je ou ne ferai-je pas à mes parents l'ouverture de ma résolution irrévocable, et de sa prochaine exécution ? » (1).

Les choses allaient donc à peu près bien, du côté de l'évêché. Restait sa famille, sa bien-aimée famille.

(1) Mémoires.

Si la lutte avec l'évêque avait été dure, qu'en serait-il de celle qui se préparait au foyer béni qu'il fallait abandonner pour toujours...

L'exemple de sainte Françoise de Chantal, passant par dessus le corps de ses enfants pour aller vers Dieu, n'est donc pas unique dans l'histoire des saints ? C'est en foulant le cœur de son père et de sa mère, de tous les siens, que l'abbé de Brésillac dût s'évader — ce mot n'est pas trop fort —, afin de se donner tout entier aux infidèles de l'Inde d'abord, de l'Afrique ensuite (1). Mais il eut ce courage admirable : quand, plus tard il demandait à ses missionnaires l'esprit de sacrifice, il aurait pu citer son propre exemple.

« Je ne doutais point que ma mère verserait un torrent de larmes, mais qu'elle me dirait simplement, d'aller où le Seigneur m'appelait. Quant à mon pauvre père, je savais aussi que sa répugnance serait extrême et qu'il essayerait de mettre, à ma détermination, toute l'opposition dont il serait capable. La prudence semblait me conseiller de partir sans rien dire et de ne faire connaître ma démarche à mon père que par une lettre d'adieux. C'était l'avis de plusieurs de ceux à qui je demandai conseil et même de M. Langlois. Mais ces personnes ne connaissaient pas bien mon père. Il aurait pu se croire offensé d'un tel procédé, et j'avais la confiance que sa grande foi triompherait enfin des répugnances de la nature. Je priai, je consultai le Seigneur et je me déterminai, avec l'approbation de personnes prudentes qui connaissaient bien ma famille, à déclarer mon projet à mes parents, quelque temps avant mon départ.

(1) M. et Me G. de M. Brésillac vivaient encore lorsqu'en 1859, Mgr de Pruse partit pour Sierra-Leone ; ils survécurent à leur héroïque fils.

« Dans ce dessein, je me rendis à la campagne où se trouvait alors ma famille. J'étais décidé à saisir la première occasion pour parler ouvertement à mon père.

« Je préparai même les voies, dans la lettre où je lui annonçai ma visite. Je profiterai de ce court séjour, lui disais-je, pour vous parler d'une affaire dont j'ai le désir de vous entretenir depuis longtemps. J'arrivai en effet, je trouvai mon père sombre, comme s'il avait prévu de quoi il s'agissait. Un et deux jours se passent sans qu'il soit question de rien. Le troisième jour enfin, comme je me disposais, dans mon appartement, à aller bientôt dire la Sainte Messe, mon père entre et me demande quelle est donc cette affaire dont je voulais tant lui parler ? O Dieu, vous me donnâtes le calme et la paix dont mon âme avait besoin pour tout déclarer simplement, clairement et sans émotion extérieure.

« Je n'essaierai point de retracer ici, tout ce qu'il y eut de brisement de cœur dans les exclamations d'un tendre père dont le cœur aussi venait d'être cruellement blessé, et qui se laissa aller à tout le délire de sa douleur. Vénérable vieillard, si souvent et cruellement affligé dans sa vie, dont les intentions droites et pures furent si souvent méconnues : Dieu semble lui réserver des jours heureux à la fin de sa vie ; il a lui-même élevé ses enfants ; ils font son bonheur, sa consolation, disons-le, même son orgueil, car l'orgueil d'un père est facile à émouvoir ; et voilà qu'il pleure sur la mort récente de celui qui avait pris la carrière des armes, et que l'autre s'apprête à le quitter pour toujours ! Il lui reste bien un fils et deux filles, mais ils sont jeunes et il n'a pu compléter lui-même leur éducation, comme celle de ses deux premiers enfants. Non ; il ne peut pas croire que je veuille sérieusement le quitter. Cette pensée l'accable ; il n'y tient plus. Ce sont des pleurs, ce sont des paroles qui tombent sur mon cœur comme des pierres, ce sont des gestes, des reproches même, qui mettent le comble à mon émotion. Dans cette affreuse position, vous me secourûtes, ô mon Dieu, et ne permîtes pas que je fusse un instant ébranlé. Je ne proférai que quelques paroles, mais le peu que je prononçai ne faisait que confirmer mon aveu et causait à mon pauvre père, un redoublement de gémissements et de plaintes. Souvent, je levais les yeux au Ciel et faisais le signe de la croix sur mon cœur, avec le pouce de la main drcite. Cette terrible scène finit enfin. Je la terminai en disant à mon père : Je me rends à l'autel et je vais dire la Sainte Messe afin de demander à Dieu, pour vous et pour moi, la force du sacrifice.

« Je m'attendais à de nouvelles explications à ce sujet. Ma mère m'en parla en effet et j'en dis moi-même quelque chose à mon frère et à mes sœurs, mais mon père garda le plus complet silence. Je ne voulus pas réveiller inutilement sa douleur, et, pendant les deux ou trois jours que je restai encore à leur maison de campagne, j'affectai un air tranquille et doux, comme à l'ordinaire. Je croyais revenir encore une fois, avant mon départ ; je l'avais même promis à ma mère. Mais hélas ! je ne devais plus les revoir. La suite fera comprendre pourquoi je dus me priver de cette dernière visite. Qu'il me soit seulement permis de dire ceci, que Dieu seul et ceux qui l'ont éprouvé comme moi, peuvent comprendre combien est pénible le sacrifice de parents que l'on chérit et desquels on est tendrement aimé. Cependant, plus pénible doit être encore, celui que les parents font de leur fils, ô Dieu, daignez les en récompenser.

« Peu de jours après l'avoir quitté, je reçus de mon père une longue lettre dans laquelle étaient réunis tous les arguments que le cœur d'un tendre père peut inventer pour forcer un fils à revenir sur un projet qui l'afflige au suprême degré. Je ne pus lire cette lettre qu'en versant des larmes. Le Seigneur me donna cependant des forces nouvelles, et comme mon père me déclarait qu'il allait écrire à Mgr de Gualy et faire ce qui dépendait de lui pour obtenir de Sa Grandeur un refus de consentement, je crus qu'il fallait parer le coup. Monseigneur aurait pu céder quelque chose à la tendresse paternelle et retarder, de quelque temps encore, mon départ.

« J'allai donc à Carcassonne voir Monseigneur et, sans lui parler de la lettre de mon père, je lui dis : Fort du consentement que vous me fîtes l'honneur de me donner, il y a quelques jours, Monseigneur, j'ai écrit au séminaire des Missions Étrangères que toute difficulté de votre part était aplanie et voilà la lettre de M. Langlois qui m'annonce que je suis reçu et que l'on m'attend. Je viens donc, Monseigneur, pour recevoir votre dernière bénédiction. Monseigneur m'embrassa avec l'effusion d'un père, il me bénit et je lui dis adieu par des larmes, car je ne pouvais point parler. Je sortis, et revenant sur mes pas : il pourrait se faire, lui dis-je, que mon père vous écrivît ; mais j'espère, Monseigneur, que vous ne verrez dans ses paroles que l'expression d'un cœur affligé. — Soyez tranquille, me répondit Sa Grandeur, je le comprendrai d'autant mieux que, dans cette cause, nous ne faisons qu'un.

« Rentré chez moi, je répondis aussitôt à mon père.

« Je ne pouvais pas espérer d'obtenir son consentement par cette lettre, mais c'était lui annoncer, de plus en plus clairement, ma détermination ; c'était porter des coups redoublés, il est vrai, à son cœur que j'aurais voulu si fort ménager, mais j'espérais, de ce redoublement même, un bon effet, en ce qu'il le disposait, peu à peu, à l'épreuve d'un coup décisif. En le frappant subitement, celui-ci aurait pu lui être insupportable.

« Cependant, j'avais prié un respectable curé du voisinage, M. Eysseire, prêtre selon le cœur de Dieu et en qui mon père avait beaucoup confiance, d'aller faire une visite à ma famille, de chercher à entrer en conversation sur l'affaire de mon prochain départ et de préparer mon père surtout à en accepter la douleur avec foi, en lui déclarant ouvertement d'ailleurs, tout en le ménageant, qu'il n'y avait plus aucun espoir de me retenir. Ce bon curé s'acquitta de la commission avec un saint zèle ; il me fit part, aussitôt après, du résultat de sa visite et je rapporte ici une bonne partie de sa lettre, parce qu'elle renferme le plus bel éloge qu'on puisse faire d'une mère chrétienne, éloge qui sera plus apprécié dans sa bouche que dans la mienne.

« Je fus, hier, au château de Lasserre, me dit-il, je remplis la moitié de ma commission. M. de Brésillac allait partir pour Villefranche. Il se flatte d'avoir combattu toutes vos raisons et il espère que son sentiment prévaudra. — Et si M. l'abbé faisait comme tant d'autres, lui dis-je, qui partent sans dire adieu de vive voix ? — Il reprit d'une voix ronde : « Je désapprouve une telle conduite. — Nous eûmes bientôt fini. Je promis de revenir sans tarder. Quelle difficulté !

« Il n'en est pas de même de Madame de Brésillac. Elle a un cœur de chair uni à une âme pleine de foi. Sentant le déchirement de ses entrailles, elle dit comme Rebecca : « S'il en devait être ainsi ; pourquoi ai-je été mère ? Mais une résignation sublime lui faisant unir son sacrifice à celui de la Mère des Douleurs, elle se regarde comme un instrument que le Seigneur brise pour l'accomplissement de l'œuvre du salut. Oui, elle vous aime tellement pour vous qu'elle voudrait que ses regrets n'aggravassent pas les vôtres, et qu'en ayant assez avec votre peine, vous puissiez ignorer la sienne. Elle voudrait pleurer sans qu'il vous vienne à la pensée : Maman pleure ! Quelle chrétienne !. Ce n'est pas moi qui la console, c'est elle qui m'édifie. Je suis vraiment confondu de voir des sentiments si grands. La mort d'un enfant, dit-elle, est un sacrifice forcé, et l'impuissance de s'y soustraire impose la résignation. Mais regarder comme mort un enfant encore vivant, un enfant qu'on croira être mort, se figurant un enfant luttant contre l'intempérie des saisons ou exposé à mille dangers... Mais mon fils serait malheureux s'il n'allait pas où Dieu l'appelle : j'aime mieux souffrir et qu'il soit heureux ! »

« Oui, mon cher ami, je vous le redis, presque les larmes aux yeux on trouverait peu de mères comme la vôtre. J'ai passé deux heures avec elle seule, mais elles n'ont duré qu'un moment. Plus d'une fois, il me venait à la pensée que je parlais avec *une sainte*. Ses regrets vous suivront partout, mais ses prières attireront de grandes bénédictions sur vos travaux.

« Epargnez-moi la peine de porter les lettres d'adieu (1). Toutefois je me soumets à cette terrible épreuve, s'il n'est pas facile qu'il en soit autrement. »

Après avoir cité cette lettre du bon prêtre, l'abbé de Brésillac continue ainsi :

(1) On les lira plus loin.

« Qu'on ne pense pas cependant que mon respectable père ne fut pas alors un excellent chrétien. Alors comme aujourd'hui, c'était un homme de foi, non point seulement d'une foi spéculative, vaine, morte, comme l'appelle saint Jacques, mais d'une foi pratique, professant ouvertement sa croyance par des œuvres, et fréquentant sans honte tous les sacrements de la religion, chose rare aujourd'hui parmi les hommes, et plus rare, il y a quinze ans (1), qu'aujourd'hui (2). Seulement il ne comprenait pas encore la nécessité de se soumettre à un si grand sacrifice. Et qui donc n'excuserait pas le cœur d'un père déjà malheureux ? L'admirable soumission qu'il témoigna plus tard fit, du reste, bien voir, que par cette énergique opposition, il ne prétendait nullement s'élever contre la volonté de Dieu.

« Cependant ce bon père m'écrivit une seconde lettre dans laquelle il faisait surtout jouer les ressorts de son cœur. Cette fois, c'était sous les dehors de la douceur et de la tendresse qu'il travaillait à me retenir, formulant bien d'ailleurs qu'il me refusait son consentement. Je lui répondis ainsi qu'il suit :

« J'ai reçu avec une vraie joie, cher père, votre lettre du 25 mai. Le calme que vous y faites paraître, après les cris désordonnés (*sic*) d'un cœur blessé, me confirme dans la pensée que j'ai toujours eue, que vous êtes bien éloigné de vous opposer à la Volonté de Dieu, et qu'il vous manque seulement de la connaître. Cependant je ne me flatte pas d'arriver à ce but, de vous persuader que ma démarche est dictée par la conscience, que c'est là mon devoir, mon obligation. Comment détruire les raisonnements du

(1) En 1840, où le voltairianisme était à l'ordre du jour.
(2) Les Mémoires datent de 1855.

cœur ? Que faire donc dans cette défiance si complète
de mes forces ? Je ne puis que vous le redire, le cœur
serré : c'est mon devoir. Je sais bien que vous appel-
lerez ce cri de la conscience une obstination, un enthousiasme sans opportunité ; peut-être me ferez-vous
la peine de l'appeler un entêtement. Mais pour moi,
chez qui c'est une conviction profonde, je ne vois
que l'obéissance à opposer à tous les cris de la nature,
à toutes les réclamations de la chair et du sang.

Je le répète donc et je vous demande à genoux : ne
rendez pas la croix que J. C. vous offre plus pesante
qu'elle n'est en effet. Puisqu'il m'est impossible de
condescendre à vos légitimes désirs, si conformes aux
intérêts de mon cœur, à mon bien être temporel, mais si
éloignés des voies de Dieu, n'aggravez pas ma douleur
et, bien plus encore la vôtre, en me refusant un consentement qui me serait si doux.

Vous voulez écrire à Mgr l'Evêque. Mais il me
semble vous avoir dit, à Lasserre, que Sa Grandeur
avait déjà parlé conformément à ma vocation. Voyez,
mon bien cher père, considérez un peu les choses en
Dieu. Mgr ne peut pas plus me refuser son consentement que je ne puis, moi, refuser à Dieu de le
suivre quand il m'appelle. Qu'à dû faire Monseigneur?
Vérifier les moyens que j'ai employés, les soumettre
à l'examen de sa haute sagesse, éprouver ma vocation. Cela fait, il n'était plus libre. En conscience il
a dû me dire : allez. Ecrivez-lui donc, si vous le
voulez ; mais je suis bien persuadé que Sa Grandeur
ne reviendra pas sur une parole qu'elle n'a prononcée
qu'après une mûre réflexion.

Encore une fois, donnez-moi donc votre consentement, duquel doit dépendre en grande partie,
votre consolation. Car il faut bien que je vous le dise,
mon bien-aimé père, c'est pour vous, surtout que je

le réclame.Quant à moi, je m'en irai avec la conscience que je fais mon devoir. Si je restais malgré la voix de Dieu qui m'appelle, je me réserverais de continuels reproches, de continuels remords.

En attendant, recevez l'expression des plus tendres sentiments d'affection et d'amour, avec lesquels j'aime à me dire de tous vos enfants le plus soumis et le plus respectueux... »

Si nous avons cité tout au long cette lettre de M. de Brésillac, c'est que nous la trouvons simplement admirable de logique, de tact, de respect filial, et nous croyons que peu de pages dans la vie des Saints sont plus édifiantes. La suite des Mémoires ne fera que confirmer et augmenter cette impression. Lisons :

« Il importait, après tout cela, de partir au plus tôt, et je ne pouvais guère passer à la campagne pour dire adieu à mes parents, de vive voix. L'esprit de mon père n'était pas assez calme. Je sondai aussi mes forces, et je compris qu'elles pourraient fléchir. Je fis disposer de suite mes effets ; j'empruntai l'argent nécessaire au voyage et je confiai à M. l'abbé Tamines, mon confrère et mon ami, les lettres d'adieu que je transcris ici. Je le priai de passer par la paroisse du bon curé dont j'ai parlé plus haut et de porter mes lettres en sa compagnie. Voici ces lettres :

« A mon père,

« Mon bien cher père, je ne me dissimule pas la peine que vous allez éprouver en apprenant ma démarche. Ah ! croyez qu'il n'a fallu rien moins que toute l'autorité d'un Dieu pour m'y déterminer. Eh quoi ! aurais-je sans la puissance de sa volonté supérieure, abandonné un père que je chéris, une mère que je vénère, un frère que j'aime tant, deux sœurs que je porte ensemble dans mon âme ? Ah ! ne le croyez pas. Mais ce n'était pas à moi à limiter la volonté du Seigneur.

« O mon père, ô le plus cher des pères, croyez que désormais je vous aimerai plus encore que si j'étais resté auprès de vous. Chaque jour, j'élèverai pour vous les mains et les yeux au ciel ; chaque jour, je prierai pour vous à l'autel. Le sacrifice que le Seigneur a exigé de vous vous rendra d'autant plus cher à mon cœur qu'il vous rendra vous-même plus semblable à J.-C., notre amour. Et dans l'impossibilité de vous serrer désormais contre mon cœur, je vous embrasserai de toute l'étendue de mon âme. Ah ! ne m'en veuillez pas, car je vous aime trop. Ne m'en veuillez pas, car votre sévérité ne saurait jamais m'empêcher de vous aimer.

« P.-S. — Oserais-je vous offrir la petite pendule qui est sur la cheminée de ma chambre ? j'espère que vous voudrez bien l'accepter comme un faible gage de mon invincible attachement et de mon amour sans limite. »

« A ma mère,

« Ma bien chère mère, je n'ai le courage de vous dire que deux mots ! Je vois couler vos larmes j'entends vos soupirs, j'écoute vos plaintes ; mais je suis bien sûr qu'elles ne disent pas à Dieu qu'Il est cruel. Le Seigneur exige sans doute un bien grand sacrifice, mais vous savez lire dans le Cœur sacré de Jésus et vous y avez vu depuis longtemps qu'Il traite ainsi ceux qu'Il aime davantage. Je connais votre force, je connais votre foi. C'est le Seigneur qui vous les a données: bénissons-le ensemble. Oh ! je n'oublierai jamais les exemples d'une si vertueuse mère. En quelque lieu que le Seigneur m'appelle, je la citerai comme modèle aux mères chrétiennes et nous resterons toujours unis de cœur. Oui, ma bien aimée mère, avec les yeux de la foi, nous resterons toujours unis, toujours, toujours, jusqu'à ce que nous le soyons dans le sein de Dieu. Adieu : aimez-moi un peu, comme je vous aime beaucoup. Écrivez-moi bientôt à Paris, et priez toujours le bon Dieu pour votre fils soumis et respectueux.

« P.-S. — Je vous prie d'accepter comme un léger gage de mon inviolable amour, la petite statue de la Vierge que me donna Hermine de Villeneuve. Nulle mère n'a souffert comme Marie : elle écoutera vos pleurs, elle vous consolera en J.-C., son divin Fils... »

« A mon frère,

« Mon cher Henri (1), il eût été trop pénible pour ton cœur et pour le mien de nous dire adieu pour la dernière fois peut-être, le jour que tu passas ici.

« J'ai voulu épargner à ton cœur le brisement que le mien ressentait dans le silence. Sois-m'en reconnaissant, et ne vois pas là une indifférence que je ne saurais avoir pour un si bon frère, mais au contraire, un effet de mon amour pour toi, lequel est bien au-dessus de tout ce que je pourrais te dire. Si le Seigneur veut que nous vivions séparés, soyons toujours unis d'esprit et de cœur. Sois mon ami, comme je suis le tien, car je t'assure que tu n'en auras jamais de meilleur sur la terre.

« Cependant, j'ai une grande grâce à te demander.

____

(1) Médecin-Chef de l'Hôtel-Dieu à Toulouse : mort en 1896. Il avait épousé Mlle d'Hautpoul.

La voici, mon bon ami : sois-y toujours fidèle. C'est de me remplacer auprès des bons parents que le ciel nous a donnés. Le Seigneur t'a confié une bien noble et bien belle mission : celle d'être leur soutien, leur consolation, leur bonheur pendant leurs vieux jours. Dieu m'a voulu exclusivement pour lui. Mais il te laisse pour mon pauvre père, pour ma mère, pour mes sœurs. Sois l'appui de leur vieillesse. Aime-les une fois pour toi et une fois pour moi-même... Je ne puis te demander autre chose aujourd'hui : j'ai le cœur trop gros... trop plein de cet unique désir... Adieu... si nous ne nous revoyons pas sur la terre, vivons de manière à ne manquer de nous revoir dans le ciel. Je t'embrasse de tout mon cœur, boa, bon frère.

« P.-S. — Je voudrais te laisser un souvenir et je ne trouve rien qui m'ait appartenu, qui en vaille la peine. Accepte cependant la petite collection de médailles que tu as quelquefois remarquées dans ma chambre. Je voudrais qu'elle fût plus complète : mais tu pourras la compléter plus tard. Encore une fois, adieu... »

« A ma sœur aimée,

« Ma chère Bathilde, si je n'avais pas le cœur si gros, je t'écrirais une longue lettre. Mais que puis-je te dire dans un si pénible moment ? Tu n'as jamais douté de l'amour que j'ai pour toi ; n'en doute pas davantage aujourd'hui. Si le Seigneur veut que nous vivions loin l'un de l'autre, nous serons unis de cœur. Prie pour moi le Bon Dieu : j'en ai bien besoin. Je le prierai pour toi. Je lui demanderai de te conserver et d'augmenter encore les nombreuses vertus qu'il a mises dans ton âme. Sois toujours la consolation de nos bons parents. Je leur fais de la peine ; mais le

Seigneur sait bien que je ne le voudrais pas, et je t'assure que je les aime plus que je les ai jamais aimés. Console-les un peu. Aime beaucoup Félicie et Henri. Si vous vous aimez toujours beaucoup, vous coulerez des jours heureux. Quant à moi, je vous aime tant qu'il me semble impossible d'aimer plus. Adieu.

« P.-S. — Que te laisserai-je comme souvenir ? J'ai une petite boîte de couleurs que je te prie d'accepter et, pour y joindre un objet pieux, tu prendras aussi une petite croix de roseaux que tu trouveras sur la cheminée de ma chambre.

« Ma chère Félicie, (1)

« Je voudrais te dire bien des choses ; mais je ne puis pas. Tu sais combien je t'aime. Eh bien, je t'aimerai toujours ainsi. Sois bien sage, sois bien pieuse, c'est ainsi que tu seras heureuse et pas autrement. Conserve toujours les belles vertus dont le Seigneur t'a douée, essaye même de les faire grandir de plus en plus et sois l'ange de la famille.

« Aime bien Bathilde et Henri. Quoi de plus beau que de se bien aimer entre frères. Pour moi, vous pouvez tous croire que je vous aime tant que je ne sais pas le dire. Dis à mon père et à ma mère que je les aime beaucoup. Adieu. Prie chaque jour un peu pour moi. Je prierai chaque jour pour vous tous. Adieu. Je t'embrasse dans la charité de J.-C. Adieu. Je te donne comme faible gage de mon amitié pour toi le chapelet en nacre que tu trouveras sur la croix du prie-Dieu. Dis-le quelquefois pour moi...

. . . .

(1) Sœur cadette, alors toute jeune fille. Elle épousa M. de Ranchin.

Après ces lettres émouvantes, débordantes d'affection et qu'il dût arroser de ses larmes, le vénérable auteur des Mémoires conclut :

« Il ne me restait plus rien à faire. Le 2 juin 1841, accompagné de l'excellent abbé Tamines, je quittai la maison curiale avant le jour. Je sentais un frémissement dans mes membres quand la porte se ferma sur moi. Je me rendis chez les Sœurs de la Charité, pour y dire la Messe. Bientôt passa la diligence, où je montai gaiment, mais non sans émotion. En passant à Villefranche (1), je sentis mon cœur bondir à la pensée que j'étais si près du château de Lasserre, où mes parents seraient dans quelques heures, plongés dans les larmes. Cette pensée me poursuivit pendant tout le voyage. Le lendemain surtout, à l'heure où je pensais que mon père et les miens recevraient la triste nouvelle, je ne pouvais retenir mes soupirs : mais Dieu était ma force.

« *Il me fit la grâce de ne pas jeter les yeux en arrière...* » (2).

Telle est la touchante histoire de la vocation apostolique de l'abbé, comte de Brésillac. Il avait triomphé... mais au prix de cruels brisements de cœurs : le sien, d'abord, et celui des êtres les plus chers, qu'après Dieu, il eut ici-bas. L'avenir lui réservait encore des douleurs, et, toujours, sans autre triomphe que la victoire sur lui-même !...

-----

(1) Villefranche de Lauraguais (Hte-Garonne) à la limite de l'Aude, sur la route de Toulouse, ville où le voyageur devait prendre le chemin de fer.

(2) Mémoires.

CHAPITRE II

(1841-1842)

Le séminaire des Missions Etrangères. — Glorieux passé. —
Son état en 1841. — Lettres du pays natal. — Résignation
de la famille. — Impressions de l'abbé de Brésillac. —
Les directeurs. — Les confrères. — Préparation à l'Apostolat. — Retraite. — Départ de Paris. — Lettre d'un père
chrétien à son fils missionnaire.

La vieille rue du Bac est bien connue un peu de
tous à Paris. Elle n'a rien de bien particulier ; mais
on y trouve deux maisons célèbres à des titres divers:
le séminaire (1) des Filles de la Charité et celui
des Missions Etrangères.

C'est à la porte de ce dernier qu'au soir du 5 juillet 1841, venait frapper l'ancien vicaire de Saint-
Michel, l'abbé de Marion-Brésillac, jeune prêtre
de vingt-huit ans, à l'âme ardente et généreuse,
brûlant du désir de se dévouer tout entier à l'Œuvre
ardue de l'apostolat lointain. Il arrivait encore tout
ému de la dure bataille pour sa vocation, mais fier
de la victoire remportée, heureux d'être enfin dans
la voie depuis si longtemps cherchée.

L'histoire du séminaire et de la Société des Missions Etrangères est glorieuse. Elle a été écrite de
magistrale façon par M. Adrien Launay, historio-
graphe officiel de cette vaillante phalange d'apôtres,
qui, au moment où nous racontons la vie du fondateur des Missions Africaines de Lyon, évangélisent

(1) Les Sœurs de Saint-Vincent-de-Paul appellent ainsi
leur Maison-Mère

au nombre de 1.150 environ, 38 diocèses ou vicariats de l'Extrême-Orient, les arrosant de leurs sueurs et de leur sang. La Société fut fondée vers 1658, à la suite de la nomination par le Pape Alexandre VII, des premiers vicaires apostoliques (1) de la Cochinchine et du Tonkin. Le séminaire actuel date de 1683. Des martyrs innombrables empourprent son nécrologe, et, presque chaque année, l'Eglise élève sur les autels des évêques, des prêtres, des chrétiens, héros de la foi. Aux Missions Etrangères : Chine, Tonkin, Corée, et à l'époque où M. de Brésillac franchit le seuil de la sainte Maison, cette pépinière apostolique, fort éprouvée par les Révolutions de 1789 et de 1830, était très réduite comme nombre d'aspirants, si bien que le nouvel arrivant se trouva *seul* (2). Il fut étonné. Laissons-le lui-même raconter ses premières impressions : juin 1841.

« On me remit une lettre que je n'osais ouvrir. Mon émotion était extrême. Je m'attendais à tout, et j'offris à Dieu, à l'avance, tout ce qu'elle pouvait contenir. Puis j'allai, seul, dans une longue allée du jardin du séminaire, je déchirai le cachet. La signature était de M. l'abbé Tamines, et je lus non sans être bien souvent interrompu par les larmes la lettre dont voici seulement quelques passages :

« Mon cher ami, Il est temps que je vous écrive pour vous rendre compte de la douloureuse mission que votre cœur m'a confiée. Vous désirez savoir ce qu'a produit, au sein de votre famille, la nouvelle de

----

(1) Mgr de Lamothe-Lambert (1624-1629) de Lisieux, évêque de Béryte, 1658, vicaire apostolique de la Cochinchine, administrateur du Tonkin.

Mgr Pallu (1626-1684) de Tours, évêque D'Héliopolis, 1658, vicaire apostolique du Tonkin.

(2) Peu de temps après le nombre monta à six.

votre départ, Je viens vous le dire sans craindre de rendre plus poignantes les émotions qui ont brisé votre cœur. Car, je vous le déclare, si la douleur a été grande, la résignation à cette terrible épreuve n'a pas manqué... J'ai vu votre père qui ne s'attendait pas à votre fuite. La nouvelle a été pour lui comme un coup de foudre. Il en a été véritablement atterré. Et cependant ne croyez pas, cher Melchior, qu'il se soit porté à des paroles dures. Oh ! non : j'ai été témoin de ses larmes. Lorsque j'ai mis sous ses yeux votre lettre d'adieu, je l'ai vu lever ses regards vers le Ciel pour lui demander la force de se soumettre au sacrifice. Je ne fis aucun raisonnement. Je lui dis seulement combien vous l'aimiez et votre peine de le quitter pour Dieu. Il en était bien persuadé, je vous assure et ses yeux mouillés de larmes me témoignaient combien il vous aime.

« On ne voulut pas me laisser partir le soir. Il est inutile de vous dire que nous ne soupâmes que pour la forme. La pensée que j'étais assis à votre place m'occupa tout entier pendant ce triste repas. En sortant de table, je fus assez heureux pour avoir une longue conversation, d'abord avec votre père. Il me parla d'une manière bien intime de ses peines : « Je suis vieilli par le chagrin... je ne puis aller bien loin... Melchior aurait bien pu attendre... Enfin... je n'écrirai pas à Mgr de Carcassonne... la nuit sera longue... j'aurai tout le temps de penser à mon cher enfant. »

« Ces paroles m'arrachaient des larmes... mais j'admirais la douloureuse résignation.

« Je parlai ensuite longtemps avec votre admirable mère. Je vis alors ce que peut l'empire de la religion sur une âme chrétienne... Elle aussi pleura ; mais, dit-elle, depuis longtemps elle se préparait à ce grand sacrifice... elle hésite à se plaindre, pensant à vous et elle ajoute que votre épreuve est plus grande que la sienne. Je lui remis votre lettre : cela lui fit grand bien. Ah ! mon ami, les prières d'une telle mère porteront bonheur à votre apostolat ! Je remis les autres lettres au moment du coucher, afin que chacun put les lire à son aise. Le lendemain je pris congé de bonne heure, et votre père dit alors : « Je n'ai voulu que le bonheur de mon fils : ce serait s'y opposer que de contrarier sa vocation. J'espère qu'il m'écrira bientôt... je lui dirais tout ce qu'il y a de saint, d'admirable dans son dévouement. » Je pense que vous ferez bien d'écrire à M. de Brésillac, votre lettre lui fera le plus grand bien. Votre ami fidèle. »

J'ouvris ensuite une lettre de ma mère. Sa douleur était sans mesure, mais sa résignation parfaite. Il ne me restait plus qu'à bénir le Seigneur en allant déposer au pied de l'autel la nouvelle offrande de moi-même...

« ...Je m'empressai ensuite de donner de mes nouvelles à mon père. J'en reçu aussitôt la lettre que je transcris, priant seulement ceux qui pourraient lire ces lignes de ne pas ajouter une foi entière aux éloges que ce bon père me donne :

Lettre de mon père :

« Je m'empresse, mon bien cher ami, de répondre à ta lettre si impatiemment attendue afin de porter dans ton âme le calme et la paix qui te reviennent à si juste titre. Au moment où ton oncle et ta bonne tante — (M. et Mme Gaja) — venaient m'annoncer ton départ précipité, j'étais à me flatter que je parviendrais à te convaincre de la solidité de mes objections et ne soupçonnant pas une décision énergique soutenue par une haute conviction. Je répondais à ta dernière lettre. J'écrivais aussi à Mgr de Gualy (1). A cette atterrante nouvelle vainement tes bons émissaires plaidèrent ta cause, en pleurant avec moi ; vainement cherchaient-ils à arrêter les cris désordonnés d'un cœur blessé. L'arrivée de M. Tamines ne me calma pas davantage.

« Je ne dormis pas, mon cher ami ; ma tête brûlait, mon cœur battait avec force, mon sang circulait trop agité ; seul dans le silence, seul avec ce cœur qui répugnait à te trouver en tort, même excusable, par ce que j'appelais exaltation. Je reconnus ta tendre sollicitude à l'entourage que tu m'avais fait pour atténuer la rigueur du coup, et bientôt je pus comprendre les deux sacrifices : le tien et le mien.

« Ton courage si évidemment soutenu d'en haut, me dévoila ma faiblesse. Va, mon bien cher fils, va où le Ciel te convie : je reconnais la voix qui t'appelle. Que Dieu te protège ; sois heureux : je me soumets...

Gaston de B. (2).

Dieu avait donc versé sur toutes les blessures ouvertes le baume guérisseur de la foi et de la résignation chrétiennes. Si nous avons insisté sur ces peines réciproques du fils et des parents, c'est pour montrer la grandeur des sentiments de cette famille noble de sang et de cœur. Désormais l'aspirant-missionnaire pouvait dans la paix envisager son avenir. Pour lui, déjà prêtre, il ne pouvait être question d'études théologiques, mais seulement de préparation directe à l'apostolat. Il va nous décrire le milieu où se fera cette préparation :

(1) Lettre que M. G. de Brésillac n'envoya pas.
(2) Mémoires.

« Me voici donc aspirant au séminaire des Missions Etrangères. On appelle aspirants ceux qui sont reçus ici pour éprouver leur vocation avant d'être « envoyés ». Certains y font leurs études. Il n'y en avait aucun à mon arrivée. Les derniers étaient partis depuis peu. Je me trouvai donc seul. Je m'attendais à des épreuves physiques plus ou moins pénibles, à des études spéciales, à des examens peut-être. Rien de tout cela ne se présenta. Une épreuve, cependant m'était réservée à laquelle je ne m'attendais point. Seul, comme je l'ai dit, sans avoir rien à faire, sous une règle assez vague, le démon trouva place pour se glisser dans mon esprit... L'accueil des directeurs fut on ne peut plus affectueux. Mais celui du supérieur, M. Langlois que j'appris plus tard à connaître et estimer profondément, fit une pénible impression sur moi et m'intimida.

« Il mit entre mes mains un abrégé du règlement qui fut loin de satisfaire mon esprit et mon cœur et qui mit le comble à mon indisposition irréfléchie. Dès lors je ne pus m'empêcher de céder à une indigne tristesse. Vous me fîtes la grâce, ô mon Dieu, de surmonter assez vite cette tentation, d'autant plus que mieux je connaissais la Société des Missions Etrangères, plus je m'y attachais, plus je l'aimais. »(1)

Admirons en passant cette franchise et cette loyauté qui furent toujours propres à M. de Brésillac et faisons rapide connaissance avec les directeurs, dont la mémoire est pieusement conservée à la rue du Bac.

Sauf un seul, ils étaient tous d'anciens missionnaires pleins d'expérience et riches de vertus.

(1) Mémoires (1841).

Le digne Supérieur, M. Langlois, qui causa presque de la terreur à notre candidat au martyre, était pourtant un excellent homme... un peu rude d'accent et de façon. C'était un « ancien » du Tonkin, presque confesseur de la foi et, au surplus, canoniste érudit. M. Dubois, vieillard vénérable, était, lui, d'une amabilité exquise, toujours souriant comme « un bon vieux grand père », racontait M. de Brésillac, qui semble avoir eu pour ce sympathique « Indien », une vénération particulière.

La distinction de M. Obesson, autre missionnaire de l'Inde, n'était pas pour déplaire à l'aspirant gentilhomme. La Chine était représentée par M. Voisin, prêtre très instruit et très pieux, ainsi que par M. Albrand, directeur spirituel. M. Barreau n'avait pas traversé les mers. Il enseigna, quand le nombre des aspirants augmenta, la théologie mystique et « *cela* », note malicieusement son élève, *lui allait tout à fait bien*.

Tel était l'état-major de l'illustre séminaire en 1841 : la vie s'y écoulait calme et douce dans la prosperité qui revenait, peuplant les cellules d'une nouvelle jeunesse, espoir des Missions. Les Mémoires signalent le fait et annoncent le départ prochain si impatiemment attendu.

« Cependant le nombre des aspirants augmentait peu à peu. Quelques mois après mon arrivée, vinrent M. Triboulot, M. Luquet, diacre (1), dont nous aurons souvent l'occasion de parler, MM. Vaschal et Barrelière, prêtres, ce dernier est mort pour la

(1) Luquet (Jean) de Langres (1810-185.) missionnaire aux Indes. Evêque d'Hisébon 1845. Coadj. de Pondichéry. Démissionnaire 1851. Retiré à Rome. Auteur des fameuses « Lettres à Mgr l'évêque de Langres » (Mgr Parisis) sur les affaires de l'Inde, lettres qui soulevèrent des tempêtes.

foi, au Tonkin : MM. Soyer, Legrand et Virot, etc...
Le temps alors s'écoulait assez vite, car les fâcheuses
impressions de l'arrivée s'étaient complètement
évanouies et, plus que jamais, je me sentais plein
d'ardeur pour les Missions...

« ... Vers la mi-janvier 1842, M. Langlois me fit
venir avec M. Triboulot, dans sa chambre et nous
annonça notre prochain départ pour l'Inde. J'étais
réellement indifférent sur le choix de l'une ou de
l'autre de nos Missions, et j'éprouvai une joie sensible à la pensée de me consacrer bientôt aux âmes...

« ... Un navire s'annonça dans le port de Nantes,
pour mettre à la voile dans la première quinzaine
de mars. Le départ de Paris fut fixé au lundi de
Pâques. M. Triboulot et moi pensâmes que nous
ne saurions mieux faire que de nous y préparer par
quelques jours d'une profonde retraite et voici les
résolutions que j'écrivis au soir de Pâques, avant la
cérémonie du départ :

« 1° Être missionnaire du fond du cœur.

« 2° Ne *rien* négliger pour avancer l'œuvre **de**
Dieu.

« 3° Saisir *toutes* les occasions de prêcher la sainte
parole.

« 4° Me *sacrifier* toujours, jusqu'à la mort.

« 5° *Enfin, et c'est là que j'implore surtout votre
bénédiction, ô mon Dieu, employer tous mes moyens
toutes mes forces, toute mon énergie à contribuer à la
formation d'un clergé indigène, partout où je serai.*
Mon Dieu, aidez-moi, je me donne à vous sans retour. Marie, saints anges, mes saints patrons, soyez
avec moi... » (1).

(1) Mémoires, mars 1842.

Ces résolutions nettes nous édifient certainement, et dès cette date nous constatons que M. de Brésillac avait au cœur la pensée maîtresse qui dirigera toute sa vie : la formation du clergé indigène. Pour cette idée magnifique, devenue chez lui une véritable passion, il sacrifiera tout : son repos, ses amitiés, sa carrière même et sa propre vie.

Cette vie offerte à Dieu et aux âmes devait être courte et douloureuse.

La cérémonie du départ fut pour le missionnaire un symbole et une leçon. Le chant si connu : « Partez, hérauts de la bonne nouvelle » (1) contient une strophe qu'on pourrait croire écrite spécialement pour celui qui « s'en allait ».

> « Empressez-vous dans la sainte carrière.
> « Offrez à Dieu vos peines, vos sueurs.
> « *Vous souffrirez*, et votre vie entière
> « S'écoulera dans de rudes labeurs. »

Cette cérémonie, nous ne la décrirons pas, après la page célèbre de L. Veuillot (2), qui en fut souvent le témoin attendri.

Il restait encore aux partants quelques heures à passer à Paris. Au dernier repas pris au séminaire, M. Langlois les fit asseoir près de lui et l'aimable M. Dubois leur adressa un petit discours plein de délicatesses et d'encouragements. M. de Brésillac demanda la permission d'y répondre. Son toast est suggestif :

« Je fis surtout connaître que j'avais à cœur deux choses : voir s'il ne serait pas possible de s'occuper

(1) Paroles du P. Dallet, musique de Ch. Gounod, alors organiste de l'église des Missions Etrangères.
(2) Çà et là. 1851.

un peu plus directement de la conversion des Infidèles et de former plus activement un clergé indigène. Je promis de diriger tous mes efforts vers ces deux buts, d'employer à ces deux fins tous les moyens qui seraient en mon pouvoir, jusqu'à ce que je fusse convaincu par moi-même qu'il est impossible de les atteindre plus efficacement qu'on ne l'a fait jusqu'à ce jour. Cette déclaration ne parut pas déplaire à MM. les directeurs. Puisse le bon Dieu en me donnant le courage et le zèle que je lui demande, me donner aussi l'esprit de sagesse et de prudence sans lequel je le sais bien, au lieu d'édifier, on démolit. » (1).

Animé de ces sentiments, l'abbé de Brésillac prit, avec son confrère, la diligence pour Nantes. Dans cette ville, ils descendirent chez les demoiselles de Guégny qui les reçurent avec la charité la plus distinguée et la plus délicate. Chez elles, le partant trouva l'admirable lettre suivante signée de son bien-aimé père :

« Lorsque tu quitteras le port, mon cher fils, au moment de notre séparation complète pour la vie, tourne les yeux vers le midi de la patrie. Là, il y a des cœurs meurtris, mais qui ne murmurent pas ; là, il y a des larmes dont Dieu ne s'offense pas et j'appelle sur ces cœurs que tu chéris tant, toutes les bénédictions qui affermissent le courage. Où que tu sois, mon fils bien-aimé, nos prières et nos vœux ne te manqueront jamais. Je croyais ne pouvoir t'embrasser plus tendrement que je le faisais dans ma dernière lettre : j'éprouve le contraire en ce moment et je sens que tous les jours tu es plus cher à mon cœur. Il ne me reste plus, mon cher ami, qu'à

(1) Mémoires. mars 1842.

te donner ma bénédiction de père qui contient tant d'amour. Pars où le Ciel t'appelle. Emporte avec toi toute la tendresse du plus tendre des pères. Adieu, bien-aimé fils, adieu ».

Gaston de M.-Brésillac (1).

Est-il rien de plus beau que cette page et quel réconfort elle dut apporter au cœur de notre cher missionnaire !

Que les parents chrétiens la relisent et quand Dieu leur demandera leurs enfants pour l'apostolat, leur sacrifice leur deviendra plus doux...

----

(1) Lettre dont l'original est aux Archives des M. A. L.

CASTELNAUDARY - ÉGLISE DU BAPTÊME ET DE LA PREMIÈRE COMMUNION
DE Mgr DE MARION DE BRÉSILLAC

CHAPITRE III

(1842)

Le navire emportant les deux missionnaires, MM. Triboulot et de Brésillac ne quitta Paimbœuf que le 12 avril 1842.

Une fois à bord, ils récitèrent les belles prières de l'Itinéraire des Clercs : « Que le Seigneur tout-puissant et tout miséricordieux nous dirige dans les voies de la paix et de la prospérité et que l'Ange Raphaël nous accompagne tout le long du chemin. afin que nous revenions en paix, prospérité et joie dans notre demeure. « Mais, cette dernière partie de l'antienne, M. de Brésillac la psalmodia *les yeux levés vers le ciel*, car, écrit-il, plus tard, « ... je ne voulais plus avoir de domicile fixe sur la terre, ni, surtout, revenir dans ma patrie de ce monde... » Il ajouta un *Ave Maria*. Puis il monta sur le pont pour jouir du spectacle du départ.

> « Qu'un souffle heureux vienne enfler votre voile,
> « Amis, volez sur les ailes des vents ;
> « Ne craignez pas, Marie est votre étoile, (1)
> « Elle saura veiller sur ses enfants. »

Le voyage fut long et assez mouvementé. Il fallait, en ces temps, doubler le cap de Bonne Espérance,

(1) L'étoile d'or du blason de Brésillac.

mieux nommé le cap des tempêtes, dans les « Lusiades », grand poëme épique de Camoëns. Il n'y avait pas d'autre voie maritime pour se rendre de France aux Indes orientales. Des mois entiers étaient nécessaires, vu la distance et les nombreuses escales des voiliers. Cependant le passager ne se plaint pas : il accepte tout : roulis, tangage, coups de mer, vents contraires ou nuls, tout, sauf une chose : la privation de la sainte messe, bien qu'il ait pu la célébrer quelques rares fois. Mais il aurait préféré s'en abstenir totalement et il en donne les raisons :

« Une messe à bord, quand tout est convenablement disposé pour que les choses saintes soient saintement traitées, pourrait être décemment célébrée avec beaucoup de fruit pour l'équipage et les passagers. S'il y avait pour cela une petite chapelle, je ne verrais même pas d'inconvénients à ce que, par simple dévotion, les prêtres célébrassent tous les jours quand le temps le permet. Enfin, quand le personnel de l'équipage est très bien disposé, il est certain qu'une messe à bord est une grande consolation, et, pourvu qu'on y soit légitimement autorisé, je n'ose pas blâmer la célébration du saint sacrifice, au moins le dimanche dans une salle commune qu'on prépare accidentellement pour cette auguste cérémonie. Mais sur un navire marchand, quand le capitaine semble vous faire une grâce de vous permettre de célébrer, quand rien à l'extérieur, ne témoigne du respect dû aux saints mystères, faire descendre cavalièrement le Dieu de toute sainteté dans un lieu où tout à l'heure se commettait l'abomination, où dans un instant retentiront les blasphèmes, je ne crois pas que cela puisse être agréable à Dieu ». (1).

(1) Mémoires.

Le code de droit canonique a bien confirmé cette opinion judicieuse de M. de Brésillac, qui n'approuve pas non plus ceux qui célèbrent dans leur propre cabine pour eux seuls. « Il y a là, dit-il, un égoïsme indécent. »

Quoiqu'il en soit le navire continuait son cours et le capitaine, ainsi que l'équipage, se montraient corrects — rien de plus — envers les deux missionnaires de l'Inde et deux autres prêtres allant à l'île Maurice.

Jusqu'au 25 avril la traversée fut normale, la mer bonne et le ciel pur. Mais le vent se mit soudainement à souffler très fort et l'on dut aviser à prendre toutes les précautions pour ne pas dépasser Maurice où les trois mâts devaient nécessairement faire escale. La lutte contre les éléments déchaînés fut longue et pénible. Tous les passagers s'en mêlèrent. M. de Brésillac lui-même, avait son sextant : le capitaine lui en avait appris l'usage.

On aborde enfin à Port-Louis où le vicaire apostolique, Jésuite, (1) reçut les missionnaires comme « ses enfants ». Ils purent se retremper dans une atmosphère chrétienne, célébrer la sainte messe dans une belle église et voir les premiers Indiens. C'était le 4 mai 1842. Le 5, ils eurent encore le bonheur de monter à l'autel. Un navire quittait le port le jour même, les emportant à travers l'immense océan Indien, vers le terme du voyage : Pondichéry.

Les Mémoires racontent l'arrivée, après trois mois et deux jours de mer :

----

(1) Cette Mission passa aux Pères du Saint-Esprit et fut érigée en diocèse en 1847.

« La traversée de Maurice aux Indes se fit sans incident. Or, le 24 juillet, le jour avait à peine commencé de paraître, qu'il se fait sur le pont un bruit inaccoutumé, je vais voir ; nous étions près de la terre. Des barques de toutes couleurs sillonnaient la mer dans toutes les directions. Nous entendions déjà les nautonniers. Ils sont presque nus. On s'accoutume vite à cet habillement primitif, si commun dans l'Inde. La couleur bronzée des habitants fait en quelque sorte l'effet d'un habit collant.

Nous apercevions à peine la ville cachée sous l'épais feuillage des arbres qui bordent ses rues. Le dôme de l'église catholique était cependant bien visible... Nos cœurs battaient de joie... saints anges, qui nous avez accompagnés et protégés dans cette longue route (1), recevez nos hommages reconnaissants. Et vous, anges de ces contrées, anges de notre mission, anges de nos églises, anges qui peuplez les airs, je vous salue ! Soyez-nous propices : obtenez-nous que dans cette terre de volontaire exil, nous puissions procurer en quelque chose la gloire de Dieu. Amen, Amen. » (2).

Les missionnaires ne touchèrent terre qu'à midi passé. Les confrères n'avaient pas été avertis de leur arrivée, personne n'était là pour les recevoir. Aussitôt ils furent entourés par une foule d'Indiens s'emparant de leurs bagages et les conduisant à la Mission. Des enfants couraient devant pour les annoncer. Grande fut la surprise des Pères qui ne les attendaient que dans deux mois. Mgr Bonnand (3),

(1) La traversée avait duré trois mois douze jours depuis Paimbœuf.
(2) Mémoires 1842.
(3) Bonnand (Clément) des Miss. Etrang. né au diocèse de Lyon en 1796. Coadjut. puis vic. apos. de Pondichéry (1861). Il sacra M. de Brésillac, dont il demeura toujours l'ami.

était au milieu d'eux : les arrivants se jetèrent à ses pieds pour recevoir sa bénédiction, et, dans ses bras ensuite pour échanger le baiser de paix avec le bon prélat et ses prêtres. Tous se rendirent ensuite à l'église pour l'action de grâces.

En ce temps là, Pondichéry était une ville curieuse au point de vue religieux et... canonique. Elle avait deux Ordinaires ou... comment dire... une juridiction « bicéphale ». Un préfet apostolique de la Congrégation primitive des prêtres coloniaux du Saint-Esprit gouvernait la ville blanche ou européenne. Il avait son clergé et ses deux églises. La ville noire ou indienne était sous l'autorité du vicaire apostolique des Missions Etrangères dont le ressort était très vaste : tout le territoire qui forme actuellement les diocèses de Pondichéry, Coïmbatour, Kumbakonam, Mysore et Trichinopoly.

Les choses rentrèrent dans le droit commun en 1886 lors de l'établissement de la hiérarchie indienne par Léon XIII. Nous ne nous occuperons pas, *sauf en ce qui concerne M. de Brésillac*, de la fameuse question du clergé indigène, si longtemps âprement discutée et définitivement résolue par les Papes PieX, Benoît XV, Pie XI *dans le sens des idées* du futur évêque de Pruse.

Pour ce qui touche le clergé syromalabare, Rome, encore, *a donné raison* au fondateur des M. A. L. en faisant de ce rite une Eglise autonome (1) avec ses évêques et ses prêtres *exclusivement indiens*.

---

(1) Rite Malabare. Metrop. Emaculam.
Evêchés : Trichoor, Kottoyam, Changanachery (1923).
Voir annuaire Pontifical de 1925, page 234.

CHAPITRE IV

(Juillet 1842-Février 1843)

A Pondichéry. — Le missionnaire observe. — Mœurs et anomalie. — Les églises. — Un carmel étrange. — Etude du Tamoul. — Fêtes chrétiennes dans l'Inde. — M. de Brésillac est nommé au district de Salem. — Ses sentiments à cette nouvelle.

Voilà donc M. de Brésillac en mission... sans toutefois, être missionnaire tout de suite. Dès son arrivée il prête entre les mains de son évêque le serment exigé par le Saint Siège de tous ceux qui exercent le ministère dans ces contrées et par lequel ils s'obligent à ne point tolérer les rites et les usages condamnés par l'Eglise. Il accomplit certainement de bon cœur cette formalité préliminaire, parce que, selon lui, « tout ce qui est ainsi condamné, est sûrement mauvais ».

Mgr Bonnand le présenta au préfet apostolique et à quelques notabilités. Ensuite le nouveau venu se mit à observer, à étudier choses et gens, pratiques et méthodes afin de se former pour l'avenir une ligne de conduite basée sur ce qu'il voyait faire de meilleur.

Or, il remarqua tout d'abord qu'on ne faisait aucune visite aux Indiens. « Il paraît, note-t-il, que cela ne les honore pas. Les païens ne nous reçoivent pas avec nos souliers de cuir tels qu'on les porte à Pondichéry. Les chrétiens nous « supportent » chez eux quand ils ont besoin de notre ministère.

Mais, à part cela, nous les gênons plus que nous ne leur faisons plaisir. » Question de caste.

Pour les églises, c'était toute une complication. Celle de Pondichéry — la cathédrale — avait trois nefs ; elle était en forme de croix. Les parias avaient leur place distincte : un bras de la croix et un des bas-côtés, séparés qu'ils étaient des Tamoullers ou gens de caste, par un petit mur d'un pied et demi à deux pieds — (0 m. 49 à 0 m. 66). — Sur la ligne de séparation étaient placés les confessionnaux et les fonds baptismaux, afin que les Tamoullers y pûssent venir d'un côté, les parias de l'autre. Les portes d'entrée et de sortie étaient différentes ; le sanctuaire et la sacristie restaient interdits aux parias.

« Aux environs de Pondichéry, raconte M. de Brésillac, sont trois villages considérables qui renferment un grand nombre de chrétiens : Nellitop, où l'on vient de construire une église dans laquelle les castes sont séparées des parias par une balustrade « formidable ». A Oulgaret, il y a une grande église où les pauvres parias sont entassés les uns sur les autres dans un bras « barricadé » de la croix, tandis que la nef est presque vide et... la chaire est dans cette nef. Ariancoupon, est orné d'une église qui est un lieu de pèlerinage. Les parias ne sont séparés que pour ainsi dire moralement, par une légère corde tendue, ce qui est cause de beaucoup de murmures et parfois de rires épiques... Malgré ces séparations, je fus surpris de trouver les parias beaucoup moins malheureux qu'on ne le croit en Europe. Mais, pour apprécier tout cela, j'avais besoin du temps et de l'expérience personnelle : je ne faisais alors que voir, examiner sans rien juger (1).

(1) Mémoires.

Le missionnaire eut un jour, l'occasion de visiter un couvent de Carmélites indiennes. Ce fut pour lui une série d'étonnements. Il est vrai que sainte Thérèse, elle-même, aurait levé les bras au Ciel devant le tableau entrevu... Ah ! elles étaient vraiment « déchaussées » ces filles de la grande Réformatrice : pas même les sandales constitutionnelles... Ce n'était pas par mortification, comme on pourrait, avec édification le croire, au contraire, porter des sandales eût été pour ces Moniales d'un genre non prévu dans l'Ordre, un véritable supplice, une cruelle humiliation. Que voulez-vous, elles étaient de noble caste... et alors. Aucune paria n'avait accès au Monastère, même comme converse ou tourière. Pour ces filles parias il y avait un couvent à part avec... des sandales cette fois-ci.

Les aristocratiques carmélites n'observaient aucune clôture. La forme et la couleur de leur habit ne différaient pas de celles du costume des Indiennes de haut rang. Pas d'office conventuel, ces dames ne sachant pas lire... Il y avait cependant un avantage, lequel n'a rien à voir avec l'ordre du Prophète Elie : il consistait à recueillir les veuves, à qui les secondes noces sont interdites, ce qui les expose à de graves dangers, quand elles restent dans le monde... La mission entretenait quelques petites écoles et une sorte de séminaire-collège dont il sera bientôt question.

« Tout cela, lit-on dans les Mémoires, n'était pas enchanteur. Cependant il y avait des germes de bien que Mgr Bonnand s'efforçait de développer avec le concours de ses prêtres MM. Dupuy, Léhodey, Leroux, ce dernier chargé du séminaire, composé d'une douzaine d'élèves. »

Tel nous apparaît Pondichéry en 1842. M. de Bré-

sillac se mit immédiatement à l'étude de la langue
tamoule, s'aidant des livres existants et des leçons
d'un excellent chrétien Gicanadicasamy, qui savait
le français, de sorte que notre missionnaire fit dans
cette étude ardue de rapides progrès. En peu de temps
il put se rendre utile et participer effectivement aux
fêtes religieuses que les Indiens apprécient par-dessus
tout, d'après cette page pittoresque des Mémoires :

« Ces peuples sont avides de fêtes, de chants, de
musique, de la pompe extérieure des cérémonies
du culte. Les fêtes des idoles sont célèbres par leurs
processions où des foules immenses entourent des
chars énormes et richement décorés portant des
statues, parfois hideuses et indécentes, des divinités
hindoues. Les Indiens convertis ont voulu avoir
quelque chose de cet apparat dans les fêtes catholiques ; ils sont fiers de montrer aux païens qu'eux
aussi ont leurs foules de fidèles qui viennent offrir
leurs hommages au vrai Dieu et à ses Saints, qu'eux
aussi savent les honorer à la façon hindoue, en portant leurs images sur des brancards magnifiques,
au milieu des décorations, du bruit de la musique,
des détonations des pièces d'artifice, des chants...
et... « un peu » des prières.

Dans l'église de Pondichéry, se trouve une superbe
statue de la Sainte Vierge : elle est vénérée sous le
nom de N.-D. de la Santé — Ariohamada — et pour
la fête du 8 septembre, elle est l'objet de grandes
démonstrations populaires. Une foule nombreuse,
accourue des environs et des districts les plus éloignés, se réunit à l'église. Le gouvernement de la
colonie envoie un peloton de cipayes, pour ajouter à
l'éclat de la solennité, et de tous les côtés arrivent
d'innombrables musiciens, artificiers, porteurs de
torches, car pour les Indiens, les fêtes de nuit seules

ont du charme. A la fin du jour le clergé, au pied de l'autel, entonne les litanies de la vierge, pendant que la statue est placée sur un brancard tout doré et orné de fleurs pour être transportée à l'église d'Ariancoupan. Vingt-cinq hommes se font un honneur d'élever sur leurs épaules ce trône luxueux. Les grands parasols, marques distinctives des hauts personnages, en la circonstance, la Vierge et les Saints, sont préparés. Puis viennent deux autres brancards de dimensions colossales sur lesquels sont les statues de saint Michel et de saint François-Xavier.

A la vue de la Sainte Vierge, l'enthousiasme s'empare de la multitude : chacun lui adresse des paroles de bienvenue, des compliments, des prières. Les flambeaux s'allument multicolores, les pièces d'artifice étincellent, les bombes détonnent, les cloches sonnent à toute volée, les cris, les chants se mêlent à tout ce fracas et... en route. La marche de cette procession de plus de dix mille personnes est, par le fait, très lente... A Ariancoupan les chants redoublent, la musique fait rage... c'est du.délire.

Pendant les huit jours que la statue vénérée reste dans l'église la foule ne cesse d'y venir prier, assistant à toutes les messes de six heures du matin, à midi, se confessant et communiant avec les marques de la plus grande piété. » (1).

Mais les fêtes, même pieusement célébrées, ne sont pas la vie d'un peuple ; elles n'en sont que la preuve et la manifestation extérieure. Ce qui importe surtout, c'est la solide conviction intime, vie de

____

(1) Mémoires 1842.

l'âme. Le reste vient ensuite tout naturellement. Voilà pourquoi M. de Brésillac était impatient de s'adonner au ministère sacré pour inculquer à ce peuple bruyant la vraie vie spirituelle. Le moment n'arrivait pas vite, car son évêque avait sur lui des vues particulières dont il combinait la réalisation.

Enfin, au retour d'une tournée pastorale, Mgr Bonnand se décida à nommer M. de Brésillac missionnaire à Salem, district voisin du Coïmbatour (février 1843). Au moment d'entrer dans la « carrière » l'auteur des Mémoires nous fait part de ses sentiments :

« Au soir (du 16 février 1843) Mgr Bonnand m'annonça que je devais partir pour Salem. Je reçus cette décision avec beaucoup de joie. Salem est toute une province. M. Triboulot devait se rendre aux Nilghéries, dans le Coïmbatour, de sorte que nous devions encore avoir le plaisir de faire le voyage ensemble jusqu'à Salem, ce qui me réjouissait grandement à cause de l'édification continuelle que m'avait donné cet excellent prêtre (1). Il y avait à peu près un an, qu'à Paris, on nous avait désignés tous deux pour l'Inde.

Béni soit Dieu de tout ce qu'il a permis à mon égard, pendant l'année qui vient de s'écouler et qui sera, sans doute, une des plus remarquables de ma vie apostolique. J'ai vu tomber toutes les opposition de famille, j'ai vu s'aplanir les difficultés, et, me voilà au-delà des continents et des mers, comme je vous en avais si souvent exprimé le désir, ô mon Dieu, Me voilà donc missionnaire, et cependant, je n'ai encore rien fait pour votre gloire, Seigneur !

____

(1) M. Triboulot mourut prématurément au Coïmbatour, avant que M. de Brésillac n'en devint l'évêque (1845). N. de l'A.

Daignez éclairer mon entendement et diriger mes pas pour que je puisse enfin travailler à l'extension de votre royaume, au règne de votre amour dans les cœurs.

« Oui, le Seigneur a déposé dans mon âme l'espérance de faire quelque chose pour sa gloire. Il me semble aujourd'hui, qu'Il augmente cette espérance en me faisant apercevoir quels moyens il faudrait prendre pour que notre action fût plus efficace pour le salut d'un peuple qui est devenu mon peuple, et au bien spirituel auquel je désire m'employer sans réserve. Qu'il en soit béni ! Mais à quoi se réduira cet espoir, ô mon Dieu, si votre grâce ne le féconde ? Faites-la donc tomber, comme une douce rosée, Seigneur !

« Demandez-la pour moi, ô Marie, et, vous tous, saints patrons, saints anges, qui avez été commis à la garde de ces peuples et qui présidez à mes actions. Alors j'aurai la persuasion que tant d'espoirs ne seront pas vains, et qu'à Dieu seul sera honneur et gloire... Amen »

. . . .

On admire ici, une fois de plus, la piété suave de M. de Brésillac qui voyait Dieu en tout et faisait remonter à Lui toute chose. Il en sera ainsi jusqu'à la fin de sa trop courte, mais douloureuse vie.

CHAPITRE V

(Mars 1843 - Février 1844)

Comment on voyageait dans l'Inde. — Notes de route. —
Visite du district de Salem. — Encore les églises. — Confessionnal sommaire. — M. Luquet aux Indes. — M. de Brésillac quitte « Salem » « ad majora ».

MM. de Brésillac et Triboulot devaient rejoindre
leur poste respectif le 28 février 1843. Comme ils
avaient fait avant de quitter Paris, ils se préparèrent
au départ par une retraite de huit jours, « longue
veillée d'armes » afin d'attirer sur eux les bénédictions divines. Le 28, bien avant le jour, ils étaient à
l'autel et à quatre heures du matin ils se mirent en
route, après avoir reçu la bénédiction de leur évêque.

Le voyage se fit à cheval pour M. Triboulot, et en
char à bœufs pour son confrère dont le carrosse
« mérovingien » transportait en même temps les
bagages des nouveaux apôtres. Le palanquin est
au-dessus de la capacité du maigre budget du simple
missionnaire. Les évêques seuls en usent à cause de
leur dignité. Les chevaux ne sont pas fougueux, ni
les petits bœufs à bosse, très rapides, en sorte que
les voyages sont lents et qu'on a tout loisir d'admirer
le paysage. Le journal de route contient à ce sujet,
des réflexions fort curieuses :

« Nous allions bourgeoisement au petit pas et sans
rien dire, chacun, du reste, faisait ses prières et sa

méditation, qui ne fut interrompue que par la vue de la belle pagode de Villemour. Je l'aurais admirée si l'architecture de sa tour n'eût point été couverte d'abominables figures, si, dans les murs de son enceinte, ne se célébraient point, chaque jour, d'infâmes mystères.

C'était le mardi-gras... A la viande nous ne disions qu'au revoir... au bout du carême assez strict dans l'Inde. Mais le pain et le vin allaient nous manquer totalement et... définitivement... Du pain, on peut, à la rigueur s'en procurer, à beaux deniers, partout où il y a des Anglais... mais pas ailleurs... On pourrait se procurer là du vin, mais il était trop cher pour notre bourse généralement assez plate... C'est là une des plus grandes privations du missionnaire. On se fait même bien plus vite à la privation du pain qu'à celle du vin, à cause du mauvais goût et de l'insalubrité ordinaire des eaux du pays. Dès qu'on y est un peu habitué, le riz, cuit simplement à l'eau et à point, remplace parfaitement le pain, tandis que rien ne remplace le vin. Mais où serait le mérite du missionnaire, si la mortification ne le suivait pas partout... ?

Depuis Olgarot (à deux journées de Pondichéry) nous n'avions pas rencontré le moindre signe de christianisme. Et voilà que tout-à-coup, une croix de pierre au milieu des champs, vient frapper mes yeux. On m'expliqua qu'un chrétien avait dû mourir en ce lieu et l'on avait mis cette croix sur sa tombe...

« Qu'il arrive bientôt le temps, ô mon Dieu, où non pas une croix isolée, mais des milliers de croix vénérées brilleront sur le sommet des nombreuses pagodes qui nous entourent... » (1).

(1) Notes de M. de B.

L'ABBÉ DE BRÉSILLAC EN 1839

« Et l'on marcha deux jours encore, jusqu'au premier dimanche du Carême. Le cortège s'était augmenté peu à peu d'une foule nombreuse de porteurs, de cavaliers, de piétons, parmi eux quelques chrétiens qui se rendaient aussi à Salem : c'était une véritable caravane. Le dimanche on dressa un autel dans la maison-abri d'un village et le saint sacrifice y fut célébré. Ce local était, chose inouïe dans l'Inde, extrêmement propre.

« Le mardi suivant, le soleil venait de se coucher, quand on aperçut les pagodes de Salem.

« Mes yeux, dit M. de Brésillac, cherchèrent aussitôt la croix qui devait infailliblement dominer l'église catholique mais n'en aperçurent point. Où est donc l'église, demandai-je aux chrétiens ? — « Père, elle est loin, à l'extrémité du faubourg ». Cette réponse me fit mal au cœur. Cependant je cachai ma douleur pour faire bonne mine. Après avoir laissé les grandes rues et tourné longtemps à droite et à gauche, par des ruelles sales et étroites, du centre d'un énorme tamarin, le son d'une cloche assez fêlée se fit entendre. Cet arbre était tout bonnement le clocher de mon église à laquelle nous arrivions, sans l'avoir vue, car il était déjà presque nuit et l'édifice ne s'élevait pas, d'ailleurs à la hauteur des arbres qui l'entouraient.

La joie de me trouver au centre de mon troupeau fut gâtée par ce spectacle. » (1).

Le presbytère, si on peut appeler de ce nom, une misérable case indienne, un peu plus grande que les autres, n'avait rien de confortable. L'installation ne fut ni longue ni solennelle, et la vie de missionnaire seul, isolé au milieu d'un peuple immense de païens, commença dans toute sa monotonie.

(1) Mémoires 1843.

Quelques temps après, la santé de M. de Brésillac subit la crise inévitable de l'acclimatation.

Mgr Bonnand l'apprit et il écrivit au « Père de Salem » de ménager beaucoup ses forces. La charitable sollicitude de l'évêque accompagna la lettre d'une douzaine de bouteilles de bon vin. Le Provicaire, M. Janige, lui envoyait un paquet de rhubarbe, lui recommandant vivement les infusions de cette plante, « La recette est bonne, disait-il, croyez-en les vieux comme moi. »

Peu à peu il se remit et partit en tournée apostolique « *d'administration* », comme on dit là-bas.

Il commença par Nellimattampathy. Là s'élevait une sorte d'église ; n'ayant d'autre ouverture que la porte : aucune place n'y était réservée aux parias. Ceux-ci assistaient à la messe du dehors ; le prêtre leur portait la communion, sous le pandel (vérandah).

Cette lamentable église servait également d'habitation au missionnaire. La masse de terre blanchie qui tenait lieu d'autel devenait sa table, son bureau, etc., et il couchait à terre, sur une natte. Un rouleau à piler le riz était son siège et son confessionnal : il tendait une toile légère pour masquer la porte ; le pénitent était à genoux sur le seuil extérieur, le confesseur trônait sur son rouleau. Et voilà ! A quoi bon compliquer les choses.

Ce fut ensuite la visite de Palipatty. Ce gros village entièrement paria possédait un logement distinct de l'église, le tout sans aucun luxe, on peut le croire : quatre murs de terre, un toit de paille de riz et une porte. La présence d'un prêtre nouveau fut une fête et son ministère très fructueux.

A Covilour, même succès. Là, M. de Brésillac reçut un paquet de lettres de l'Aude, de Paris, de Pondichéry. « Je les *dévorai*, dit-il, avec gourmandise.

« M. Luquet (1) venait de débarquer dans l'Inde et lui écrivait : « Il n'y a pas longtemps que je suis ici, et, déjà j'ai pu m'assurer par moi-même que vous y avez laissé de précieux souvenirs. Quand nous nous verrons, je vous dirai aussi combien on vous aime à Paris. » (2)

De Paris, le missionnaire recevait une volumineuse brochure (3) de M. Luquet. Il la juge en ces termes : « L'ouvrage que M. Luquet vient de faire paraître ne peut manquer de renouveler chez nous l'esprit qui donnera à nos œuvres la vie qui languit, en nous fournissant la force de nous reproduire dans le clergé indigène que notre Société avait pour but principal de fonder. Mais le comprendra-t-on... ?

L'année 1843 s'acheva dans le ministère ordinaire auprès des vieux chrétiens, sans que le troupeau augmentât.

Entre temps M. de Brésillac avait réuni à Salem quelques jeunes gens dont il pensait faire des prêtres : parmi eux il affectionnait surtout Marie Xavéry, en tous points digne de sa sollicitude et qui devint prêtre plus tard. Tous ne persévérèrent pas : ce qui ne découragea point le pieux apôtre. Il continuait à s'occuper des étudiants et des chrétiens, lorsque Mgr Bonnand annonça un synode à Pondichéry pour le début de 1844. M. de Brésillac y fut convoqué spécialement, avec ordre de n'y pas manquer. L' « appelé » se mit donc en route le 8 janvier 1844, et après un voyage pénible, accompagné du seul Marie Xavéry, il arriva à Pondichéry le 14.

---

(1) M. Luquet, voir page 43.
(2) Lettre du 11 Avril 1843.
(3) Les fameuses lettres à Mgr l'évêque de Langres...

Avant de quitter Salem, il avait écrit dans son journal : « Les années s'écoulent, ô mon Dieu, elles se pressent, et se succèdent avec rapidité : nous passons avec elles pour aller à Vous. Ah ! l'heureuse année que sera celle de notre union à votre essence éternelle ! Sera-ce celle-ci, sera-ce l'année prochaine, ou bien, plusieurs années doivent-elles encore s'amonceler sur celles que je dois à votre miséricorde ? Vous seul, le savez, Seigneur. Seulement si vous me laissiez encore longtemps sur cette terre, accordez-moi je vous en supplie, de faire quelque chose pour votre gloire, pour l'avancement de l'œuvre des missions, dans laquelle vous m'avez fait la grâce de m'engager. » (1)

-----

(1) Carnet 1843.

CHAPITRE VI

(1844 - 1845)

Le synode de Pondichéry. — Questions traitées. — Education de la jeunesse. — Fondation d'un collège. — Séminaire. — M. de Brésillac nommé Supérieur. — Mgr Retord. — Vie de collège. — Peines et amertumes. — Erection des vicariats (1). — Election à l'épiscopat. — Prière et réflexion. — Refus. — Renvoi des bulles.

Depuis longtemps l'ouverture du premier synode de Pondichéry avait été annoncée par Mgr Bonnand pour le 16 janvier 1844. Le 15, déjà vingt prêtres étaient arrivés ; six autres étaient attendus avant le 18; ce retard permit de faire les derniers préparatifs.

Le questionnaire-programme, très long et assez diffus, comprenait nombre de motions épineuses dont la nomenclature ne saurait entrer dans le cadre restreint de cette biographie abrégée. La grosse affaire était l'obligation imposée par Rome de diviser l'immense territoire de Pondichéry en trois vicariats provisoirement pro-vicariats — avec titulaires à caractère épiscopal : le synode laissa au Saint-Siège le soin de tout régler comme on verra plus loin.

« Il faut remarquer, signale M. de Brésillac, que dans les synodes, on s'occupe de matières ayant été étudiées par les théologiens et les canonistes. Nous,

(1) Coïmbatour, Maduré, Maïssour, vicariats en 1850.

nous avions à traiter des matières neuves, relatives au pays, peu ou point traitées par les théologiens, questions difficiles pour la solution desquelles l'expérience de tous, la discussion paisible, les lumières de chacun étaient utiles.

La majorité fut pour le principe de l'extension de l'instruction et de l'éducation de la jeunesse. Mgr Charbonneaux (1) dit des choses remarquables sur ce sujet. Mgr Bonnand, quoique avançant chaque jour vers ce que tous croyaient réalisable, cédait plutôt entraîné que convaincu. Son coadjuteur (élu), au contraire, partageait sur ce point, notre manière de voir : il sentait toute la force que l'éducation de la jeunesse est capable de mettre entre nos mains. On vota enfin la création d'un séminaire-collège. Ce fut avec joie que ce vote fut accueilli. » (2).

Restait à réaliser cette fondation. Dans la même session on décida l'acquisition immédiate d'un vaste local pouvant loger 80 à 100 élèves « On mettrait à la tête de la maison, disent les actes du synode, *un homme de valeur*, que l'évêque et son conseil, après avoir pris l'avis général, désigneraient pour cette fonction délicate. Ce supérieur éminent devait être assisté d'un personnel de choix très compétent pour l'enseignement du latin, du grec, du tamoul, de l'anglais et du français (3) ».

(1) Charbonneaux (Louis) des Miss. Etrang. Né en 1806, du dioc. de Rennes. Ev. de Jano 1844 et coadj. de Pondichéry puis prov. et vic. apos. de Maïssour, mort en 1873. A l'époque du synode, il n'était pas encore sacré, ayant été élu en nov. 1843.

(2) Notes de M. de B. carnet 1844.

(3) A. Launay. Histoire de la Mission de Pondichéry (1830-1880), Paris, Poussielgue (903).

M. de Brésillac qui avait voté cette motion était loin de s'attendre à en être le bénéficiaire — nous allions dire — « la victoire ».

Or, le 3 février, au soir, Mgr Bonnand, de l'avis de son conseil et chacun des membres du synode ayant été consulté à part, le nommait supérieur du collège-séminaire. Cette nouvelle étonna singulièrement le missionnaire de Salem. On peut même dire qu'il fut effrayé. Il fit à Mgr toute une série d'objections que le prélat réfuta, lui laissant cependant la nuit pour réfléchir car le synode se clôturait le 5 février. Le lendemain, après une veillée consacrée à écrire, le supérieur nommé, présenta au conseil et au synode, un rapport expliquant ses motifs pour ne pas accepter la lourde charge. Rien n'y fit : le rapport fut examiné, discuté... et la décision prise, maintenue... M. de Brésillac alors se soumit humblement... sans conditions...

Il écrit simplement dans ses notes : « Fiat ! Puissé-je être utile à la gloire de Dieu et à la mission... *quoiqu'il arrive.* »

Il reçut en ces circonstances, une lettre de Mgr Retord (1), une lettre, tout-à-fait dans le sens de ses vues sur le clergé indigène.

« Malgré la persécution (2), écrivait le vaillant évêque d'Acanthe, nous faisons des prêtres toujours, dont plusieurs excellents. Mais ce qui m'étonne, c'est que vous fassiez si peu de prêtres dans un pays

(1) Retord (Pierre-André), né à Lyon 1807. Ev. d'Acanthe 1839. Vic. apos. du Tonkin occidental. Confesseur de la Foi, emprisonné, relaché, mort en fuite, seul, dans les bois en 1858, sous la grande persécution de Tu-Duc.

(2) La grande persécution de Tu-Duc, surnommé le « Dioclétien Annamite ». De 1838 à 1864, il y eut d'innombrables martyrs, dont les Bienheureux Théophane Vénard, Marchand et Costeri.

où vous en avez toute liberté. Cela me ferait soupçonner que, malgré toutes nos misères, nous avons encore plus de vraies consolations que vous. N'est-ce pas consolant que sur dix-neuf prêtres tonkinois, tombés entre les mains des persécuteurs ; il n'y ait eu qu'un seul apostat... Ici chaque prêtre annamite nourrit quinze à vingt jeunes gens, parmi lesquels il recrute des candidats au sacerdoce, auxquels il enseigne les éléments du latin, avant de les envoyer aux séminaires du vicariat. Il y a ainsi autant de petites « Ecoles cléricales que de paroisses. L'évêque fait la sélection et le clergé indigène augmente chaque année (1). »

Cette lettre venait à propos pour ouvrir des horizons au nouveau supérieur du collège-séminaire. Mais les Indiens valaient-ils les Annamites ? Les conditions étaient-elles les mêmes ? C'était à voir et à expérimenter. M. de Brésillac allait en juger par lui-même. Il avait *trente* ans à peine, le sens des choses et des personnes, une intelligence transcendantale qui suppléait à l'âge. Aussi, cette nomination à un poste si important, d'un missionnaire *depuis dix-huit mois* seulement arrivé dans l'Inde, n'étonna personne, puisque tous l'avaient voulue. Cependant, malgré cette estime générale et la haute idée qu'on avait de lui, c'était bien un calvaire, plutôt qu'un Thabor, qu'il était appelé à gravir. Revenons aux Mémoires 1844 :

« J'eus donc beau faire, il me fallut prendre la direction du séminaire-collège Les commencements

____

(1) En 1921, il y avait, dans le seul Tonkin occidental 112 prêtres annamites et 280 élèves élevés dans les 2 séminaires. Dans les sept vicariats du Tonkin, 650 prêtres indigènes. (Missions Etrangères et Dominicains espagnols).

furent difficiles, pénibles, critiques même. J'avais à lutter non seulement contre les Indiens, mais encore contre les idées anciennes fortement enracinées dans l'esprit de plus d'un de nos confrères. Ah ! la routine... De plus, j'avais souvent les bras liés, car malgré la promesse de Mgr Bonnand, que je serais supérieur de fait, réellement je dépendais entièrement des autres. Aussi, quelquefois, le dégoût venait se joindre à la peine et à la faiblesse de mon caractère. « Mon trop de cœur et d'ardeur », comme disait Monseigneur, me porta souvent au découragement. C'était une tentation (1), sans doute, si j'en crois ceux à qui j'ouvrais mon cœur et qui prétendaient que d'autres auraient encore plus de difficultés que moi, que mon zèle pour le clergé indigène était honorable, que l'œuvre souffrirait de ma retraite, si je retournais aux missions.

La rentrée avait eu lieu le 15 février 1844. Les collégiens s'étaient présentés en grand nombre. Pour le séminaire proprement dit, nous reçumes plusieurs disciples de M. Roger (2) déjà assez avancés dans leurs études et qui donnaient de grandes espérances de vocation.

Mon cher Marie Xavéry que j'avais amené de Salem, était du nombre de ses bons enfants.

Comme aides, j'eus M. Leroux, qui avait essayé jadis comme supérieur de former le premier collège, et le Père Lazare un des trois prêtres indiens du vicariat. On me donna aussi quatre maîtres laïques ; un pour l'écriture, deux pour le français, un pour le haut tamoul.

____

(1) Nous disons, nous, une humilité exagérée.
(2) Missionnaire au Coïmbatour, puis au Maïssour. 1846.

Au commencement de mars, nous avions quatre-vingt neuf élèves. L'année précédente le nombre se réduisait à sept ou huit dans l'ancien collège, et voilà, qu'après Pâques, nous étions déjà une centaine... Ce succès calma les esprits toujours un peu inquiets sur notre méthode. Le public chrétien fut heureux de voir que nous n'admettions pas les païens. Ce n'était pas le moment et je ne pouvais pas le faire, à mon grand regret. J'obtins qu'on imprimât une grammaire tamoul-latine et une grammaire tamoul française. J'établis l'usage des compositions, des bonnes et des mauvaises places, des notes et autres petits moyens d'émulation qui firent merveille. Cela n'empêchait point cependant qu'on eut les plus vives craintes de nous voir agir contre les usages de la caste. Personnellement j'étais plus surveillé que mes confrères, et j'avais à peu près autant d'espions que de personnes autour de moi (1)... »

Durant le supériorat de M. de Brésillac, on résolut de faire approuver par le Saint-Siège les actes du synode de Pondichéry, et d'obtenir la prompte division du vicariat trop vaste pour être administré par un seul évêque. M. Luquet fut délégué à Rome et à Paris pour s'occuper de ces affaires. Il réussit pleinement dans sa mission et y gagna la mitre. Les actes furent approuvés après quelques corrections et réserves. La Propagande insista particulièrement sur le clergé indigène à former. Trois vicariats provisoirement nommés pro-vicariats furent érigés : Coïmbatour et Maïssour, comme nous l'avons dit, pour les Missions Etrangères et Maduré ou Trichinopoly pour les Jésuites.

(1) Mémoires. Extraits 1844, 1845.

En même temps que ces bonnes nouvelles de Rome, on apprenait un peu tardivement, il est vrai, le martyre des missionnaires de Corée et l'abandon de cette mission, qu'on voulait enfin reprendre en donnant à Mgr Imbert (1) et à ses confrères immolés, des successeurs dignes d'eux. Aussitôt M. de Brésillac posa sa candidature à ce poste dangereux. Ses avances ne furent pas prises en considération. On va voir pourquoi. On le destinait à un autre martyre, « doré », il le dit lui-même, mais peu glorieux.

Le pauvre postulant évincé avoue tout humblement : « Bien sûr, je n'étais pas digne. » (2).

Et il continua sa vie obscure d'éducateur. Bien que le collège-séminaire eut pour but de donner l'instruction aux castes supérieures, il comprenait un groupe déjà signalé et qui promettait pour l'avenir

Ces pieux enfants étaient la seule consolation du supérieur, et il commençait à recueillir les fruits de ses labeurs, lorsque survint la croix...

Le 29 juin 1845, avait eu lieu le sacre de Mgr Charbonneaux et dans l'après-midi, la distribution solennelle des prix, au collège, suivie de la cérémonie de la première tonsure de trois jeunes séminaristes, les plus chers au cœur de M. de Brésillac.

Le soir, à 8 heures (le missionnaire redoutait toujours ces entrevues nocturnes), Mgr Bonnand le fit mander dans sa chambre, et sans préambule ni explication, lui remit une lettre de la Propagande, et deux brefs pontificaux qui le nommaient évêque de

------

(1) Mgr Imbert (Laurent) des Miss. Etrang., né au dioc. d'Aix (1786). Ev. de Qapsa, en 1836. Vic apos. de Corée, décapité en 1839. Béatifié par Pie XI, en 1925 (juin) avec deux missionnaires, et 71 chrétiens coréens.

(2) Notes 1845.

Pruse (1) et pro-vicaire apostolique de Coïmbatour.

« On comprend sans peine, écrit dans ses Mémoires Mgr(2) de Brésillac, toute ma stupeur, quand Mgr me remit ces papiers qui tremblaient entre mes mains agitées. Ainsi on disposait de moi sans m'avoir consulté, sans même avoir sondé indirectement mes intentions. La chose était un peu forte... Et cela pour un poste difficile entre tous... avec des complications en perspective... ; il n y avait pas encore trois ans que j'étais dans les Indes... Oh ! jamais je ne me serais attendu à cette croix...

Qu'ai-je à faire ? je suis incapable de le savoir en ce moment... Eclairez-moi donc, Seigneur, afin que je ne me détermine que pour votre gloire. Vous devez me rendre témoignage que je n'ai point désiré l'épiscopat... à mon âge, Seigneur ! et que je n'ai rien fait pour l'obtenir. Dois-je refuser ? Dois-je accepter ? Faites-le moi connaître, ô mon Dieu !.. je ne veux pas mais que votre volonté seule s'accomplisse !..

« Après cette prière, je gagnai la chapelle... puis j'allai me coucher, et c'est peut-être la première nuit de ma vie que je passai sans sommeil, après les terribles émotions auxquelles mon âme a pourtant si souvent été assujettie... » (3).

Pour qui connaît la profonde humilité de l'évêque élu, ces angoisses n'ont rien qui puisse étonner. Dans une circonstance aussi grave, il voulait ne se décider que dans la prière, la réflexion et les larmes. C'est ce

---

(1) Pruse en Bithynie, act. Brousse, de la Métrop. de Nicomédie. (Ismith) Asie Mineure.

(2) Nous dirons désormais Mgr car le refus de l'épiscopat ne fut jamais accepté à Rome, et, jusqu'à son sacre 1846, le missionnaire resta évêque élu de Pruse.

(3) Mémoires de Mgr de B. 1845.

qu'il fit ; tout le monde était d'avis qu'il devait se soumettre.

La deuxième partie de cette vie montrera que Mgr de Brésillac n'était pas homme à reculer devant l' « onus » et qu'il ne tenait pas compte de l' « honor ». Malgré tout, son caractère lui faisait aimer les situations nettes. Il redoutait aussi que sa personne ne fut un obstacle au bien des âmes. Résumons-nous : humilité, délicatesse de cœur, droiture, tels furent les motifs qui engagèrent l'Elu à écarter loin de lui le calice doré, qu'il savait plein d'amertume.

Et le 21 septembre 1845, après une belle rentrée d'élèves au collège qu'il continua de diriger, il écrivit au séminaire de Paris, à la Propagande et *renvoya* ses brefs...

Malgré toutes les instances, il refusait les honneurs.

CHAPITRE VII

(1846)

Pour quelques hommes d'élite, il est plus difficile de refuser les honneurs que pour certains, de les
obtenir. C'est le cas du supérieur du collège de Pondichéry élu, malgré lui, évêque de Pruse. Lisons cette
curieuse page :

« Vers le mois de février 1846, j'appris indirectement que M. Langlois avait retenu à Paris ma lettre
à la Sacrée Congrégation de la Propagande. Cela me
fit de la peine. Je ne comprends pas, écrivai-je,
qu'on puisse ainsi retenir des lettres de ce genre, sans
le consentement de celui qui les a écrites. Ce retard
peut avoir de fâcheuses conséquences pour le Coïmbatour. Un autre évêque aurait pu être nommé de
suite, tandis qu'un nouveau retard peut donner le
temps de faire modifier les dispositions prises par le
Saint-Siège.

« Bientôt j'appris d'une manière certaine, quoique
indirecte, que non seulement mes lettres, mais encore
les brefs de ma nomination étaient retenus à Paris.
Je n'y comprends plus rien, écrivais-je. Si ceux de mes
confrères qui ont de l'influence veulent que je sois
évêque, pourquoi n'ont-ils pas simplement et ouvertement pris mon parti, dans le clergé indigène, dès
le commencement ? S'ils ne le veulent pas, pourquoi

entraver aujourd'hui ma renonciation ? Tout est entre vos mains, ô mon Dieu, daignez veiller sur votre œuvre et sur votre serviteur qui ne désire que la glorification de votre saint nom. Bientôt, les craintes que cette conduite m'avait inspirées, prirent de la circonstance et furent vivement partagées par Mgr Bonnand lui-même. Je pus, dès lors, apercevoir que Sa Grandeur était, peut-être, pour quelque chose dans l'interception de mes lettres à Paris ? Ce bon prélat me voulait évêque, mais avec d'autres combinaisons. C'est encore la forme pour le fond, l'accessoire pour le principal qui, dans cette affaire comme dans beaucoup d'autres, embarrassent bien des choses. » (1).

Il se passait tout simplement ceci : Mgr Bonnand voulait, comme coadjuteur à Pondichéry, Mgr de Brésillac ; Mgr Luquet serait allé au Coïmbatour, et Mgr Charbonneaux au Maïssour... Mais la combinaison n'aboutit pas au résultat cherché.

En attendant, l'évêque de Pruse, puisque sa démission était repoussée, continuait à diriger son collège, lequel, malgré toutes les entraves, était florissant.

Au mois d'avril 1846, l'horizon s'éclaircit, d'après les Mémoires :

« Mgr Bonnand recevait une lettre de M. Langlois (2), où il était dit : « Je fais passer à Votre Grandeur, une lettre que la Sacrée Congrégation écrit à Mgr de Brésillac, par laquelle elle vous fait savoir qu'elle persiste à vouloir que M. de Brésillac soit

(1) Mémoires 1846.
(2) Supérieur des Missions Etrangères à Paris.

Castelnaudary - Eglise St-Michel
Où l'Abbé de Brésillac fut vicaire de 1838 a 1841

sacré évêque. Nous venons d'envoyer à Mgr Luquet (1), pour qu'il les expédie à Pondichéry, les brefs par lesquels M. de Brésillac est nommé évêque. »

« Mgr me communiqua cette lettre ainsi que celle de la Sacrée Congrégation, qui s'exprimait en ces termes :

« ... Pour ce qui regarde l'administration des Missions, nous n'avons rien à ajouter, si ce n'est que, de nouveau, nous demandons à Votre Grandeur d'assurer à M. de Brésillac que la volonté de cette Sacrée Congrégation et *celle de sa Sainteté, elle-même*, est qu'il ne doit pas refuser la charge qui lui est confiée, ni la consécration épiscopale... » (2).

Cette lettre de la Propagande, était une sorte « d'ultimatum » auquel on ne pouvait se soustraire et Mgr de Brésillac la regarda comme l'expression de la volonté de Dieu. Il serait évêque puisque le Pape le *voulait*.

D'ailleurs, le mois de mai lui ramena ses brefs, en même temps qu'une lettre des directeurs de la Société à Paris, qui le complimentaient. Les missionnaires de Pondichéry et tout le séminaire vinrent présenter les souhaits et félicitations d'usage, et il note dans son journal :

« Chacun sait à quoi s'en tenir sur les compliments, mais dans la bouche de quelques-uns de mes séminaristes, ils exprimaient des sentiments réels. Ils ne sont donc pas toujours aussi ingrats qu'on le dit, ces chers Indiens ! Et j'avoue que de Pondichéry, je ne regrette guère qu'eux seuls. Il n'y avait plus moyen de reculer. « Voici donc, ô mon Dieu, le

(1) Encore à Rome.
(2) Loc cit. 1846.

moment où je ne pourrai plus décliner le lourd fardeau de l'épiscopat. Seigneur, écoutez du moins cette prière que je Vous adresse du fond du cœur : Faites que mon épiscopat Vous soit agréable, qu'il soit utile à l'Eglise, aux Missions de l'Inde et surtout, à celle de Coïmbatour. Ne permettez jamais que je dévie de la voie de la justice et de la foi pure ; conduisez-moi Vous-même, Seigneur, du souffle de votre esprit. Que si je devais être infidèle, ô mon Dieu, je vous le demande à genoux, envoyez-moi l'ange de votre miséricordieuse colère, commandez à la mort de trancher le fil de mes jours avant le moment où je serai sacré pontife... »(1).

Ce moment était proche, Mgr de Brésillac clôtura l'année scolaire par des examens solennels, en présence du gouverneur de Pondichéry, de plusieurs conseillers et de nombreuses notabilités de la ville blanche et de la ville noire.

Indépendamment de la grammaire française, tamoule et latine, les élèves furent interrogés sur l'histoire, la géographie et le calcul. Les plus forts résolurent quelques problèmes d'algèbre et de géométrie, firent plusieurs expériences de physique. Le tout se termina par une discussion en latin, sur un point de métaphysique.

Septembre 1846

Après ces examens, l'évêque élu se disposa à son sacre par une grande retraite à Anancupam, près de Pondichéry. Il écrivit ses résolutions dont voici quelques extraits :

« Me voilà donc, Seigneur, comme au moment de recevoir l'imposition des mains et de la consécration

(1) Mémoires 1846.

des Pontifes. Je vous ai fait l'offrande de moi-même, daignerez-vous l'accepter, ô mon Dieu ? Daignez répandre d'avance, ô mon Dieu, votre bénédiction sur cette auguste et à jamais redoutable cérémonie. J'aurais voulu plus de calme et de paix intérieure pendant la retraite qui vient de finir. Plus d'un regret est venu traverser, dans mon esprit, les résolutions pour le salut du pauvre peuple qui m'est confié, pour le bien être et l'avancement de nos missions de l'Inde et en particulier, pour celle du Coïmbatour, que j'épouse en ce moment, pour lui rester à jamais fidèle. Oui, Seigneur, quoique portant le titre d'une église étrangère et n'ayant qu'une juridiction déléguée, je me considère pour tout ce qui est de mes obligations personnelles, comme étant le véritable pasteur de ce peuple sans pasteur. Cette retraite n'ayant pas été très bonne, à en juger du moins par la partie sensible, je n'ai pu formuler toutes les résolutions que je désire voir servir de base à une vie vraiment épiscopale. Voici seulement celles que j'ai cru pouvoir indiquer pour le moment :

« Je me proposai de prendre, dans cette retraite, des résolutions détaillées sur mon nouveau genre de vie. Cependant, le Seigneur ayant permis que ce temps de recueillement ait été peu calme, que l'agitation de l'esprit et du cœur ait rempli une grande partie des heures que j'espérais passer dans la plus intime union avec Dieu, je crains que des résolutions arrêtées sous l'influence de telles dispositions, ne soient en parties défectueuses. J'espère que le Seigneur voudra bien me ménager, dans quelque temps d'ici, quelques jours de calme parfait pour que je puisse, en sa présence, accomplir ce que je ne fais aujourd'hui qu'ébaucher. » Je lui demande cette grâce par les mérites de J.-C., notre divin modèle, de Marie,

la reine des Pontifes et des Apôtres, par l'inter-
cession de mon bon ange gardien, de l'ange de Coïmbatour, de nos saints patrons, des saints qui sont
les plus honorés dans ma juridiction et de ceux pour
qui j'ai moi-même, une dévotion particulière, tels que
saint François de Sales, saint Charles Borromée,
saint Alphonse de Ligori et autres. Pour le moment,
je dois donc, me borner aux résolutions générales
suivantes : consacrer plus spécialement et plus efficacement que je ne l'ai fait jusqu'ici, tout mon temps,
toutes mes facultés, tout mon être, à la gloire de
Dieu, à la propagation de l'Evangile, à l'extension
et à l'exaltation de la sainte Eglise catholique, apostolique et romaine, dans le sein de laquelle je veux
vivre, agir et mourir ! Ne rien désirer ne rien dire,
ne rien écrire qui n'ait pour but, plus ou moins
immédiat, cette unique fin de toutes mes actions et
de toutes mes pensées. Marcher, le plus vite et le
plus directement possible vers le but que la sainte
Eglise s'est proposé en envoyant des évêques étrangers comme missionnaires dans ces pays.

« Si les simples missionnaires en se rendant dignes
de leur vocation méritent le titre d'apostoliques, les
évêques doivent se conduire de manière à participer
un jour à l'auréole des apôtres, « car le Christ ne m'a
pas envoyé baptiser, mais évangéliser ». Je me
représenterai donc souvent le Saint-Père qui est le
successeur direct des Apôtres, comme m'adressant
cette parole de saint Paul à l'évêque Tite, son dis-
ciple: « Je t'ai laissé en Crète, pour que tu établisses
des prêtres dans les cités, comme je te l'ai ordonné ».
Poursuivre cette œuvre avec une invincible constance
sans me laisser ni décourager, ni abattre par les obstacles, quels qu'ils puissent être, espérant contre
l'espérance en la miséricorde de Dieu sur ces peuples.

Dans mes rapports avec les Indiens, aussi bien qu'avec les missionnaires, employer toujours la douceur, de préférence à la force, sans faiblesse néanmoins et sans me départir de l'énergie que le Seigneur a mis dans mon caractère, pour soutenir tout ce qui est de principe chrétien et catholique, selon mes convictions acquises en la présence de Dieu et dans la méditation de l'Evangile. D'ailleurs et toujours, me défier de mes propres forces et de mes propres lumières, soumettant, avec une pleine confiance en Dieu, les succès de mes entreprises à la divine Providence, sous la direction du Saint-Siège et, dans le doute, selon ses décisions, ne laissant rien ignorer à Rome de ce qui se passe dans l'Inde, et toujours prêt à soumettre mon jugement au jugement du Pontife des pontifes, le vicaire infaillible de Jésus-Christ, sur la terre. Enfin, j'adresserai souvent à Dieu la prière qui a fait jusqu'ici ma force et ma consolation, de faire réussir mes entreprises et de faire triompher mes opinions, si elles sont réellement dans le vrai et pour la plus grande gloire de notre bon Maître ; au contraire, de les faire échouer, si elles ne sont point conformes aux vues de son éternelle Sagesse : que la gloire en revienne à votre nom, ô mon Dieu, et non à nous. Après Dieu, je mettrai toute ma confiance en la sainte Vierge Marie, ma mère et ma patronne, me confirmant pour mériter sa protection, dans la pratique de réciter son petit office, une fois chaque semaine ; et après elle, aux saints anges et particulièrement à l'archange saint Michel ; à mon ange gardien, et à ceux à qui Dieu a confié le soin de ces contrées. « J'invoquerai spécialement les saints qui se sont sanctifiés dans les Missions, notamment l'apôtre saint Thomas et saint Xavier. Daigne le ciel, bénir ces résolutions, en attendant que je puisse les détailler davantage. Amen. » 15 septembre 1846).

Mgr de Brésillac fit son testament, afin que tous les biens qu'il possédait au nom de la Mission de Pondichéry pussent revenir à cette mission, sans contestation. Sa dernière apparition au séminaire de Pondichéry fut pour y célébrer la sainte messe, pendant laquelle ses larmes ne cessèrent de couler. Elle dura, dit-il, trois quarts d'heure. Enfin après ses adieux aux confrères et aux élèves, Mgr de Brésillac se mit en route *seul* pour Caramattanpatty, où devait avoir lieu le sacre.

Cette localité était une des rares du nouveau vicariat de Coïmbatour à posséder une église et une habitation à la rigueur suffisante pour deux ou trois missionnaires. C'est là qu'au début d'octobre 1846, se trouvèrent réunis NN. SS. Bonnand, Charbonneaux, Martini (1), le P. Canoz (2), évêque élu du Maduré, et quinze prêtres.

« La cérémonie du Sacre (4 octobre 1846, jour du « Rosaire ») se fit avec une pompe relativement très grande et au milieu d'une allégresse publique qui me fut un sûr garant de l'affection que n'ont cessé de me porter les chrétiens de cette mission. « Ainsi donc, ô mon Dieu, écrivais-je le soir du même jour, malgré mon indignité, ma misère et mes péchés, me voilà pontife pour l'éternité ! O Marie, priez pour moi, venez à mon secours pour m'aider à porter le pesant fardeau qui vient de m'être imposé. Tout s'est bien passé. Le peuple paraît content. Plaise à Dieu que la

(1) Martini (Louis de Sainte Thérèse), carme italien, né en 1809, évêque d'Europus (1839) promu à Cyrra (1845) et vic. apost. de Vérapoly (mort en 1883).

(2) Canoz (Alexis), Jésuite, né au diocèse de Saint-Claude (1805), évêque de Tamasia (1846). Sacré (1847), vic apost. du Maduré, puis en 1886, évêque de Trichinopoly (Maduré), (mort en 1888). Mgr de Brésillac assista à son sacre.

grande cérémonie de ce jour le porte à l'amour de Dieu et l'attache, de plus en plus, à la sainte Eglise catholique, apostolique et romaine. »

« Malgré la misère publique, causée par la cherté des vivres, les chrétiens étaient venus de toutes les parties du vicariat, et je pus prendre contact avec eux car, après la cérémonie, ils vinrent me voir et comme, en toute visite officielle, on doit faire un présent à celui qui vous reçoit, on m'offrit des masses de fruits, du riz, du sucre, beaucoup de feuilles de bétel, de cocos et quelques pièces d'étoffe. Cela fut présenté avec la plus grande solennité, au son des boîtes et des tambours, dans des corbeilles enguirlandées de fleurs. Ainsi finit cette mémorable journée.

« N'ai-je pas à craindre aujourd'hui que tout cela n'ait point été pour la plus grande gloire de Dieu ? Et quoi, Seigneur, dans cette solennelle circonstance, n'aurais-je été qu'un instrument de votre colère. Cette pensée me fait frémir. Cependant, si les évènements qui ont suivi sont de nature à m'inspirer quelque crainte, la pureté de mes intentions, autant que je puisse en juger moi-même, me rassure et je ne puis m'empêcher de croire que si de grands biens ne se sont pas opérés depuis, dans cette partie de l'Inde, et même dans toute l'Inde, ce n'est pas que Dieu ne m'ait point fait connaître une partie de ce qui est à faire, mais parce qu'Il n'a pas permis que tous ceux qui devaient concourir à ce bien, le vissent en même temps. Pauvre peuple de l'Inde ! Quand Dieu permettra-t-il que le jour du salut se lève pour toi ? Hâtez-le, ce jour, ô mon Dieu, hâtez-le pour votre plus grande gloire. Amen (1) ».

(1) Mémoires 1846.

CHAPITRE VIII

(Octobre 1846-Mars 1847)

Un mot au lecteur. — Solitude. — Maître d'école. — Visite
à Coïmbatour. — Courtoisie de fonctionnaire. — L'évêque
et ses prêtres . — A Oatacamuna — Les Nilghérites. —
Schisme de Goa. — Orage et apaisement. — Les séminaristes de Pondichéry. — Ni chimère, ni utopie.

Avec ce chapitre et les derniers de cette première
partie, nous pénétrons, attristés, dans la période (1)
la plus douloureuse de la vie de Mgr de Brésillac, la
plus discutée aussi, celle où, s'immolant lui-même
pour le bien, uniquement, il sacrifie généreusement
sa carrière, brise son avenir qui aurait pu être brillant.

La tâche du narrateur devient délicate entre toutes,
car les heurts se rencontrent à chaque croisée de
chemins. Heureusement que nous avons encore le
secours de nous appuyer sur les Mémoires, dans lesquels le saint évêque de Pruse a raconté les amertumes qui, dès son sacre, inondèrent son âme désolée, excusant les personnes, toujours, et s'accusant
de tout, avec une humilité touchante.

De ces angoisses, de ces contradictions, de ces
oppositions systématiques, qui, à peine l'huile sainte
séchée sur son front, furent « le pain quotidien » de

(1) 1846-1855, jusqu'à la fondation des Missions Africaines.

son épiscopat, Mgr de Brésillac ne sort pas diminué. Bien au contraire, l'adversité le grandit, et semble ajouter à son blason, au-dessus de la couronne comtale, le nimbe glorieux d'un genre de martyre d'autant plus méritoire qu'il est plus caché.

Et puis, Dieu le voulait ailleurs. On peut lui appliquer ce qui est dit du soleil : l'astre achève sa course sur un horizon pour la reprendre sur un autre. Mais il luit toujours.

Reprenons les Mémoires : « octobre 1846.

« La semaine n'était pas écoulée que tous mes hôtes étaient partis, les chrétiens étaient retournés à leurs villages respectifs. Au brouhaha de la fête avait succédé le plus complet silence autour de cette église de Caramattampatty, qui sert de centre à plusieurs chrétientés environnantes, mais à côté de laquelle il n'y a pas d'autres maisons chrétiennes que celle du missionnaire, petite maisonnette, qui devenait mon palais épiscopal.

« J'avais espéré que M. J. resterait encore quelque temps après le sacre, au moins pour me mettre au courant des affaires. C'était lui qui faisait l'office de provicaire depuis plus d'un an. Il jugea à propos de se retirer de suite, ce dont je fus grandement affligé. Ce fut ma première douleur morale à mon nouveau poste. Elle devait être suivie de beaucoup d'autres. Puissent-elles toutes avoir été méritoires pour le Ciel. Je restai donc, avec mes quatre missionnaires qui devaient eux-mêmes me quitter bientôt pour se rendre dans leur district.

Avant d'entreprendre sa première tournée pastorale, le nouvel évêque jugea bon de rendre visite au Collecteur, c'est-à-dire à l'Administrateur anglais de Coïmbatour, chef-lieu de la province, à 25 kilomètres de Caramattampatty. Mal lui en prit, car il fut fraîchement reçu par ce fonctionnaire qui lui chercha noise au sujet des passeports. C'était de mauvaise augure pour les relations à venir. En effet, pendant huit ans de séjour, jamais Mgr ne reçut des autorités, ni aide, ni secours.

De retour à son poste, il se remit à l'étude de la langue tamoule, car il estimait ne pas le savoir suffisamment pour son ministère. En même temps, l'évêque « faisait l'école » à quelques enfants : instruction primaire en anglais et en tamoul. Il espérait trouver, parmi cette douzaine de parias, quelques candidats au sacerdoce. De fait, il arriva, peu à peu, à former un embryon de séminaire qui ne resta qu'à l'état d'ébauche.

Dès ce moment, Mgr de Pruse conçut le projet qu'il réalisa bientôt, de transférer sa résidence à Coïmbatour. Tout lui indiquait que le centre de la mission devait être dans cette grande ville, encore toute païenne.

Dans ce but, il envoya M. A..., afin de choisir un terrain propice à une installation prochaine qui devait réussir (1).

Mgr, en attendant, s'occupait activement des chrétiens, assez nombreux, de Caramattampatty, sa résidence provisoire. Les fidèles l'aimaient beaucoup « parce qu'il avait pour eux une grande charité et du respect. »

« Malheureusement, ces dispositions changèrent un peu plus tard, quand nous fûmes plus nombreux.

____

(1) En 1920, le diocèse de Coïmbatour ou Coïmbatore, pro-vicariat en 1845, vicariat en 1856, évêché en 1886, comprenait 2.800.000 habitants, 40.250 catholiques, 40 missionnaires des Missions Etrangères, 16 prêtres indigènes, 2 communautés d'hommes, 13 de femmes, 119 églises ou chapelles, 68 écoles avec 2.500 enfants. On voit que le progrès est grand depuis 1846.

« Bientôt, à côté du dévouement enthousiaste du grand nombre j'apercevais de la froideur chez certains qui auraient préféré avoir encore les prêtres noirs malabares.

« Le danger n'était pas imminent, mais il était perpétuel et demandait qu'on usât de beaucoup de prudence. Le bon Dieu me fit la grâce, personnellement, d'aimer les chrétiens dès le principe. Mon caractère leur convenait ; ils voyaient d'ailleurs que je les aimais sincèrement car, quoiqu'on ait dit de l'ingratitude des Indiens, je suis persuadé qu'ils aiment ceux qui les aiment. Je l'ai dit, et je ne saurais trop le répéter, les blancs quand ils ont la charité, comme l'ont les missionnaires, aiment sans doute les noirs, en Dieu, autant que c'est leur devoir rigoureux, sans affection néanmoins, sans sympathie et cela explique bien des choses. Au point de vue naturel, les blancs repoussent les noirs, beaucoup plus que les noirs ne repoussent les blancs. Pour que ceux-ci sympathisent avec les premiers, il faut que, par une exception de la nature, ils y soient portés comme je l'étais, ou qu'ils aient la force, par la vertu d'une grâce qu'ils ne songent même pas ordinairement à demander, de vaincre cette répugnance de la nature. »

Cependant, le groupe des élèves augmentait peu à peu et il était de toute évidence qu'il fallait agrandir la maisonnette épiscopale. Autour du jardinet s'étendait un terrain vague, sans propriétaire. Le Collecteur avait été si aimable que Mgr jugea inutile de lui parler de ce lopin de terre. Sans autre formalité, il y bâtit une maison pour ses séminaristes. L'administration ne dit rien. Et voilà comment fut fondé le séminaire de Caramattampatty.

La première tournée pastorale commença par les montagnes des Nilghéries, pays salubre, au climat presque européen, où les Anglais construisaient alors, une ville, Ootacamuna, pour y aller respirer un air pur.

Là se formait une chrétienté destinée à devenir florissante. Il n'y avait pas encore de prêtre en résidence et l'évêque résolut d'y aller passer les fêtes de Noël, afin d'évincer les schismatiques de Goa, qui ne manqueraient pas d'y envoyer quelqu'un.

Le 17 décembre, il se mit en marche avec M. A..., à travers un pays magnifique, semblable aux sites des Alpes et des Pyrénées. M. A..., était à cheval et le prélat en palanquin: ainsi le veut le protocole indien. Ici, nous ne pouvons résister au plaisir de citer les Mémoires décrivant poétiquement cette région superbe.

« Je ne saurais dire quelles délicieuses rêveries venaient assaillir mon esprit, au spectacle que j'avais sous les yeux, le premier de ce genre, depuis mon arrivée dans l'Inde. Ce n'étaient plus ces plaines stériles et monotones qui n'en finissaient plus, ni même ces rizières humides effrayant à chaque pas le pied du voyageur, ni même ces collines rocailleuses que j'avais quelquefois traversées, dans les crevasses desquelles peuvent à peine végéter quelques buissons rabougris. Ici, je contemplais les merveilles d'une belle montagne. Le bruit imposant des cascades dont la blanche écume venait se briser contre des masses de rochers immobiles, le murmure de petits ruisseaux qui se promènent sur la pelouse, des sources limpides qui découlent, goutte à goutte ou par petits filets, à travers une mousse épaisse ; des arbres dans toute la splendeur de leur végétation, d'autres qui avaient bravé les siècles et qui s'affaissaient enfin, sous le poids du temps. Quelques-uns n'étaient déjà plus que des cadavres, mais des lianes d'une longueur indéfinie s'entrelaçaient dans leurs bras immenses, comme pour parer le squelette ; d'autrefois et le tronc et les branches décharnés étaient laissés à nu, comme pour contraster avec des milliers de jeunes pousses qui grandissaient sur leurs débris et dont la tige s'élève de plusieurs mètres en un an, par la force d'une sève toujours active et toujours secondée par l'abondance des eaux et l'influence d'une constante chaleur. Je l'ai déjà dit, ce genre de beauté ne se trouve dans aucun des pays que j'avais visités dans l'Inde, et j'avais remarqué que nos élèves de Pondichéry et les habitants les plus instruits de cette ville n'en avaient point l'idée. Quand on leur parlait de choses semblables ou quand ils en trouvaient la description dans les livres, cela faisait sur eux l'impression de nos contes de fées ; ou bien c'était comme lorsqu'on leur parle des frimas, de la neige, de la glace, de l'éruption d'un volcan.

« Vers les huit heures, le troisième jour, après avoir pris un petit déjeuner au bord d'une belle chute d'eau, nous entreprîmes de monter, à pied, une côte rapide et continue, de dix ou douze kilomètres de longueur, jusqu'à Connour. Pour le faire en palaquin, il m'eut fallu le double de porteurs, et je n'aurais pas aussi bien joui du spectacle. Le cheval de M. A... était vieux, point habitué aux montagnes, il eut eu de la peine à porter son cavalier.

« Très souvent d'épais brouillards couvrent le flanc de la montagne. Ce jour-là, nous étions favorisés par un ciel d'une admirable pureté. Nous admirions donc, à loisir, et les beautés incessantes de la nature et le travail de l'intelligent européen qui, à des milliers de lieues de chez lui, règne en maître sur des peuples nombreux et pas toujours sauvages, et qui, pour sa seule commodité matérielle, pour se donner le plaisir de respirer un air plus pur que lans la plaine, a su tracer une belle route.

« Rien n'est beau comme les grandes chaînes de montagnes telles que les Alpes et les Pyrénées. Une chose qui me parut incomparable, mais que je vis dépassée, quelques années plus tard, dans l'île de Ceylan, c'est la beauté, la richesse, le luxe d'une végétation toujours grandiose et magnifique, presque jusqu'au sommet des monts.

« Que de réflexions tantôt gaies, tantôt mêlées de quelque tristesse, nous fîmes, M. A... et moi, pendant cette délicieuse journée. Ces magnifiques vallons sans culture, donneraient de brillantes moissons... et il y a des pays où l'on meurt de faim... Des trappistes feraient peut-être plus, ici, que des prédicateurs. Leur genre de vie est surtout de ceux qui portent les Indiens à l'admiration. L'exemple constant de patience, de vie frugale, de mortification, de prière, cette véritable vie de Saniaci (religieux), porterait assurément des fruits abondants... Combien plus grand serait notre espoir si quelqu'homme de Dieu établissait, dans le pays même, un Ordre religieux adapté à la nature et au caractère des peuples de l'Inde. Des « Saniaci » qui seraient plus « Saniaci » que ceux des païens.

Mais, comment espérer qu'un si grand bien ait jamais lieu, quand nous voyons notre zèle ardent pour l'œuvre plus essentielle encore du clergé indigène, devoir sans doute rester sans effet ? L'œuvre des religieux n'éprouverait-elle pas les mêmes contradictions ? Malheureuse Inde, es-tu donc condamnée à rester païenne jusqu'à la fin des temps ?

« A mesure que nous montions, les oiseaux jaunes, verts, bleus, rouges, noirs, chantaient mieux. Leur harmonieux concert était entrecoupé par le chant rauque du coq des bois et le piaillement de la poule sauvage... Des singes..., de gros cerfs vinrent bramer à notre barbe, défiant les chevrotines de M. A...

« L'air devenait de plus en plus raréfié, nos poitrines semblaient se dilater, nous ne respirions plus à notre aise... L'eau tombant des rochers n'était plus seulement fraîche, elle nous semblait froide.. Peu à peu, la végétation changea de nature. Le palmier, le cocotier, le tamarinier, le baumier, faisaient place à d'autres arbres dont nos Indiens ignoraient le nom... J'hésitais, je ne voulais pas en croire mes oreilles il me semblait que c'était la voix de l'alouette ; c'était bien elle, en effet, je la vis s'élever dans les airs comme dans notre belle France... A la même place, j'entendis le gazouillement d'innombrables hirondelles qui planaient en zigzags... Voici des touffes de fougères. Avec quel plaisir j'en cueilli les premiers brins à ma portée... Le framboisier, le mûrier, l'accacia jaune, des fraisiers, l'églantine ; le bouillon blanc, le serpolet et une foule d'autres plantes de mes anciennes connaissances, et dont j'étais un quart d'heure à retrouver le nom, me reportaient dans les belles campagnes du Languedoc, où j'ai passé les plus belles années de ma vie.

« La nuit nous surprit. Nous avions froid. Nos gens grelottaient et semblaient se demander ce que les Européens peuvent bien venir faire en un tel pays... En prévision de la fraîcheur du soir, nous avions fait cuire le riz dès le midi. Au pion qui souffrait davantage, j'avais donné un ordre pour le lendemain ; il me répondit : « Hélas ! nous vivons aujourd'hui, mais serons-nous vivants demain ! » En nous apportant de l'eau il dit : « Faites-la chauffer, elle fait tomber les dents. »

PAYSAGE DES INDES

« Nous devions encore beaucoup monter, mais par des pentes douces, praticables aux voitures. Je fis la plus grande partie de la route à pied pour jouir à mon aise du pittoresque aspect de ces lieux. La nature n'était plus aussi majestueuse que la veille, mais pour moi de plus en plus intéressante ; tout rappelait la mère patrie. »

Tout a un terme, même et surtout les enchantements de la poésie. En arrivant à Octacamund, Mgr eut la douleur de passer devant le temple luxueux des Protestants, déjà nombreux et très riches. Il cherchait des yeux l'église catholique. On lui montra une petite et triste masure, surmontée d'une croix ; auprès, une pauvre cabane était la demeure du missionnaire qui n'y passait qu'un ou deux mois chaque année. Les chrétiens, écrit le visiteur, ignoraient notre arrivée. L'entrée se fit donc, sans tambour ni trompette, à notre grande satisfaction personnelle, mais au vif désappointement des chrétiens qui étaient très attachés aux Pères et que venait de troubler la venue d'un prêtre noir schismatique de Goa. Ce fut une grande peine pour le bon Pasteur. Il nous fait part de sa tristesse en cette pénible occurence.

« Un certain Joachim, qui avait acquis une fortune considérable et recevait nos confrères, avait fait bâtir une petite chapelle pour les chrétiens, alors fort peu nombreux. Or, il advint qu'un jour son orgueil fut blessé par je ne sais quelle démarche d'un de nos confrères, et celui-ci fut choqué de ses prétentions ; ils se brouillèrent.

« ... Peut-être y eut il des torts, de l'un et de l'autre côté, car il n'est malheureusement que trop vrai, que les missionnaires croient, en général, avoir bien peu de ménagements à garder avec les noirs. Or, ce

noir, Joachim, avait alors de l'influence sur les chrétiens, et il était riche. Il en entraîna presque la moitié
dans le schisme de Goa, et donna son église à un
prêtre schismatique.

« Ma nomination fit craindre à Joachim pour le
parti goanais dans le Coïmbatour ; il fit un suprême
effort. Il avait chance d'obtenir les sympathies d'un
grand nombre de chrétiens de tous les points du
provicariat. Nous verrons plus tard, quelle peine m'a
donné ce schisme fini, qui semblait enfin vaincu pour
toujours dans mon vicariat quand je l'ai quitté.
Avec quelques prêtres du pays, j'étais sûr de le faire
disparaître dans l'espace de deux ans. Ainsi vraisemblablement en serait-il dans toute l'Inde. Assurément, j'ai en horreur le gouvernement portugais
qui fomente le schisme. » (1).

A Octacamund même, Mgr de Brésillac écrit dans
son journal cette belle prière, le 1er janvier 1847 :

« O Dieu, l'année qui vient de s'écouler a été si-
gnalée par bien des grâces par vous accordées à
votre indigne serviteur tantôt élevé presque jusqu'aux
nues, tantôt refoulé dans de profonds abîmes : on
a écrit à ma louange et d'autres m'ont traité avec
ignominie ; vous-même, mon Dieu, avez brisé mon
cœur sous le poids de la tribulation et puis, vous l'avez
enivré de délices ; vous m'avez accablé de maux,
vous m'avez comblé des plus précieuses consolations,
de mes yeux ont coulé des larmes de joie mêlées à des
larmes d'amertume : et tout cela, j'aime à le reconnaître, ô mon Dieu, c'est votre grâce qui l'a permis.
Aussi malgré mes nombreuses infidélités, il me semble que je vous aime un peu plus qu'hier et avant-
hier. Faites, mon Dieu, que mon amour grandisse

(1) Mémoires 1847.

avec vos bontés et que ma reconnaissance qui devrait être sans bornes, ne s'arrête pas du moins aux limites communes, car vous avez eu pour moi des grâces singulières. » (1).

L'état des choses ne permettait pas au prélat de rester plus longtemps à Octacamund. Après avoir fait quelques vaines démarches auprès du prêtre schismatique pour l'inciter à se soumettre à l'autorité des évêques établis par Rome, laissant M. A... il revint rapidement à Caramattampatty. Il y trouve le désordre.

« Ma présence à Caramattampatty calma un peu les esprits. Les chrétiens semblaient reconnaître le profond attachement que je leur portais, et ainsi ils ne donnaient pas des marques de l'ingratitude qu'on leur reproche. Cette fameuse accusation d'ingratitude qu'on porte contre ces pauvres peuples ne devrait-elle pas se traduire par la naturelle irritation qu'ils éprouvent quand ils sentent qu'on froisse leurs intérêts les plus chers, ou qu'on brave les préjugés auxquels à tort ou à raison, ils tiennent le plus ? J'acquis aussi bientôt l'attachement des enfants de l'école, dont quelques-uns commençaient à me donner de grandes espérances et auxquels j'étais réduit à faire moi-même la classe. Ainsi, écrivais-je alors, la majeure partie de mon temps se passe à faire réciter, qui, quae, quod, ou à faire épeler l'abécédaire. Puissiez-vous agréer, ô mon Dieu, la peine qui m'en revient et la faire servir au salut de mon âme et à l'avancement de la cause sacrée de l'Indigène.

« Quelques mois passèrent ainsi dans la paix, au moins dans la paix du cœur. » (2).

(1) Loc. cit. 1847.
(2) Loc. cit 1847.

Une consolation vint aussi à Mgr de la part de ses anciens séminaristes de Pondichéry. Ils écrivaient :

« Illustrissime Seigneur et Père non moins aimé en Notre-Seigneur Jésus-Christ.Combien grande fut notre joie, Monseigneur, quand nous reçûmes la lettre qu'il vous a plu de nous écrire. C'est avec des sentiments d'amour filial que nous avons reçu votre bénédiction épiscopale. Si Votre Grandeur pense à nous pour nous avoir comblé de biens, qu'elle juge si nous ne pensons pas à elle, nous qui lui avons coûté tant de soins et de sacrifices, tant de veilles et d'insomnies : nous qui avons été l'objet de ses complaisances et de ses travaux. O notre vénérable Père, nous serions bien ingrats, si nous ne pensions pas à vous, si nous ne vous aimions pas. Mais notre cœur nous dit que nous vous aimerons toujours.

« Pour gage de notre amour et de notre reconnaissance, nous adressons nos plus ferventes prières au Seigneur-Dieu pour qu'Il daigne vous combler de ses plus abondantes grâces et de ses plus douces bénédictions.

« Vous appelez bienheureux le vénérable archevêque de Vérapoly d'avoir un clergé indigène : mais mille fois plus heureux, vous appellerons-nous, Monseigneur, quand malgré tant d'immenses obstacles vous parviendrez vous-même, avec la grâce divine, à former un clergé indigène. C'est là notre vœu le plus ardent pour vous.

« Quand à vous, Monseigneur, nous nous rappellerons avec attendrissement et reconnaissasnce tout ce que vous avez fait pour nous et nous ne saurions oublier vos vertus, qui nous laissent de si doux souvenirs. Hélas ! il n'y a pas longtemps que nous étions heureux de vous posséder parmi nous. Aujourd'hui, nous nous consumons en vains regrets ; aujourd'hui, nous envions le bonheur des peuples du Coïmbatour. Le Ciel l'a ainsi voulu, Monseigneur, Vous êtes résigné le premier à sa sainte volonté, et notre consolation est de suivre votre exemple.

« A Dieu, Monseigneur, à Dieu, notre vénérable et bien-aimé Père. Nous vous prions tous à genoux de vouloir bien nous donner votre bénédiction, et de vous souvenir de vos enfants dans vos prières. Nous sommes avec amour et vénération... »

Gardons-nous d'oublier cette charmante lettre d'un de ces enfants indiens que Mgr de Brésillac aimait le plus et qu'il aurait voulu emmener avec lui. Hélas ! on le lui avait refusé. Ce jeune homme au sortir de l'ordination où il avait reçu les ordres mineurs épanchait naïvement sa belle âme :

« Monseigneur et mon Père... Les cérémonies achevées, nous avons été rendre visite à nos chers Pères les missionnaires ; mais dans aucune des chambres où j'ai passé je n'ai trouvé mon respectable et vénéré Père, Monseigneur. Où est-il donc ? Je sais où il est. Pourquoi est-ce que je ne vais pas le voir ? Je disais d'abord que c'est parce que je suis trop éloigné du lieu où réside Sa Grandeur. Mais..,, maintenant je ne dirai pas ainsi, je dirai que c'est parce que nos supérieurs ne le permettent pas... Qu'est-ce qui me lie tant à vous ? Il semblerait au premier aspect que c'est une affection poussée trop loin et par conséquent désordonnée. Mais si l'on considère au fond, on ne tarderait pas à voir qu'elle est le mieux ordonnée qu'il est possible de l'être et qu'elle se contient dans de justes bornes.

« Mais enfin, comme cette permission ne peut s'obtenir aujourd'hui, et que d'ailleurs je ne crois indispensable de vous rendre cette visite que j'ai rendue aux autres pères, à cause des raisons que vous

connaissez trop clairement sans que j'ai besoin de
les dire, permettez-moi, Monseigneur, de rappeler
par ma lettre ce que je ne puis faire par ma présence.
Je vous sais obligé des bienfaits que la Providence
m'a faits par vous. Je n'en dirai pas davantage.
Pour les autres sentiments qu'il est juste que je dois
témoigner, lisez dans mon cœur que vous connaissez
très bien, car vous les y verrez mieux que par écrit...

« J'ose vous prier de vouloir bien me regarder,
puisque le bon Dieu le veut, comme un membre du
futur clergé indigène que vous devez diriger et comme
votre soumis et bien-aimé enfant dans le Seigneur...

Quand on considère que des jeunes gens qui pen-
sent et écrivent ainsi étaient encore quelques cinq
ou six ans auparavant dans la nature brute des
Indiens, peut-on dire que l'œuvre du clergé indigène
était une chimère, l'évêque de Pruse un utopiste et
un illuminé ?

CHAPITRE IX

(Avril-Août 1847)

L'année 1847 s'était ouverte avec le réconfort apporté à Mgr par les lettres de ses anciens séminaristes et quelques-uns de ses confrères dans l'épiscopat, à qui il avait fait part de ses vues et de ses essais sur le clergé indigène. Tous l'approuvaient et l'encourageaient.

Mais, il fallait parer au plus pressé et enrayer, à Octocamund, les velléités de schisme ; l'évêque aurait voulu dans ces contrées faire beau et grand.

« Quand, ô mon Dieu, s'écriait-il, me donnerez-vous les moyens de pourvoir aux besoins religieux de cette intéressante localité d'Octocamund ? Un prêtre, au moins et une église décente. Car, notre chapelle est tellement pauvre que des Anglais catholiques et des Topas, un peu haut placés, en ont honte et n'osent y venir. Ils préfèrent ainsi ignorer leur foi, pendant leur séjour à la montagne, que de s'humilier devant leurs compatriotes fiers de leur grand train et du luxe de leur temple. Sans doute, ils sont inexcusables et ils auront un bien grand compte à rendre à Dieu qu'ils n'auraient sans doute pas osé reconnaître dans l'étable de Bethléem ; mais il est de notre devoir, autant qu'il est en nous, de ménager leur faiblesse. Aussi m'arrive-t-il quelquefois de désirer d'être riche, pour contrebalancer l'influence protestante. Mais, Seigneur, Vous savez mieux que nous, ce qui convient à vos serviteurs. Ma consolation, c'est que Jésus-Christ, notre Maître et ses apôtres, furent pauvres. Le royaume des Cieux n'était-il pas surtout promis aux pauvres ? Que de pauvres Indiens nous verrons un jour, à la droite du Souverain Juge et que de riches Anglais, à l'autre bord ! Ceux-ci font leur Paradis dans ce monde, et Dieu, très-juste, se plaît à récompenser par les richesses qu'Il livre entre leurs mains et par le succès qu'Il donne à leurs entreprises les vertus naturelles par lesquelles ils se distinguent ? Ils n'auront donc pas à se plaindre ; ils ont l'Evangile entre leurs mains, et ils ont lu cette parole : « En vérité, Je te le dis: tu as reçu ta récompense. » (1) .

« A cette époque, il aurait eu besoin de prêtres nombreux, car une cruelle épidémie, sorte de peste, sévissait cruellement dans tout le pays. La misère publique, occasionnée par l'énorme cherté des vivres, devait y contribuer beaucoup ; l'atmosphère aussi était des plus défavorables, et nul n'ignore qu'en temps ordinaire, le climat des Indes est malsain.

« Sous le rapport du dévouement et du zèle, il est comme impossible de trouver un de nos chers confrères en défaut. Mais, il était physiquement impossible que les missionnaires, si peu nombreux, fussent partout et qu'ils portassent les secours spirituels à tous les moribonds. Nuit et jour, ils étaient cependant sur pied. A Marianellour, petit village de cinq cents âmes, il y eut jusqu'à trois et cinq morts par jour.

(1) Mémoires 1846.

Pendant une semaine, pas un de ceux qui furent attaqués n'échappa à la mort. » (1).

Dès le commencement du carême, grâce à Dieu, l'épidémie avait heureusement à peu près disparu. De tous les côtés, les chrétiens accoururent à Caramattampatty pour les fêtes pascales. Pendant quatre jours, à tous les offices et dans les intervalles de ceux-ci, l'église ne désemplit pas. On ne fit pas de frais : la caisse épiscopale ne permettait pas les grandes fêtes religieuses que les Indiens aiment tant. Mais, les séminaristes et les enfants avaient déjà un peu appris le chant, ce qui rehaussa les cérémonies pontificales... Le travail spirituel n'en fut que meilleur et tout le monde se retira satisfait.

Après ces joies qui prouvèrent à Mgr que le schisme n'était pas à craindre dans sa résidence, il voulut en prévenir l'éclosion à Coïmbatour où il acheta, pour être chez lui, et de ses deniers, afin qu'en cas de schisme, personne ne put en revendiquer la propriété, une assez belle maison avec un jardin. Comme nous l'avons dit, Coïmbatour devait être le centre de la Mission et le siège de l'évêque.

Celui-ci entreprit alors, un grand voyage. Mgr Martini de Vérapoly, l'invitait au sacre du nouveau vicaire apostolique de Quilon. Le prélat carme, ayant été un de ses co-consécrateurs, Mgr de Brésillac ne pouvait pas refuser. D'autre part, une invitation lui parvenait en même temps, du Maduré, pour la consécration de Mgr Canoz, jésuite, à Trichinopoly. Il se décida à faire honneur à ces invitations.

Ce n'était pas une promenade que ce voyage à travers tout le pays malabare, Mgr nous le décrit avec complaisance :

(1) Loc. cit. 1847.

« Nous approchions de ces lieux que féconda la parole de saint Thomas. Le vicariat apostolique de Vérapoly renferme cette admirable chrétienté Syro-Chaldaïque qui remonte au glorieux apôtre par une chaîne ininterrompue, qui eut le malheur d'être enveloppée par le schisme de Nestorius, que le zèle du grand Menezez, archevêque de Goa fit rentrer, en majorité, dans le giron de l'Eglise, et qui serait aujourd'hui une église florissante, si l'intelligence des ouvriers apostoliques avait toujours secondé l'esprit du Saint-Siège. Je reviendrai peut-être plus tard sur ces intéressants chrétiens du Malabar, tant Syriaques que Latins, et je dirai quelles furent les causes de leur supériorité sur les autres chrétiens de l'Inde, et quelles causes les ont empêchés et les empêchent encore de tenir, dans la sainte Eglise catholique, le rang qu'ils sont capables d'y occuper et auquel ils ont peut-être quelques droits. Avant ce voyage à Vérapoly, je ne connaissais ces chrétientés que par des rapports inexacts et souvent souverainement injustes, de ceux qui n'avaient fait que traverser le pays sans rien déposer de leurs préjugés européens. Le rapide aperçu de ces chrétiens, de leurs églises et de leurs prêtres me porte d'abord à me méfier beaucoup de ce que j'avais entendu, et me donne l'envie de mieux connaître toutes choses. C'est ce que je fis, en partie, en un second voyage dont je raconterai les impressions plus tard. »

« Pour cette fois, je laissai ma joie s'épancher à la vue du bon et du beau que j'avais sous les yeux, sans ignorer qu'il y avait aussi le revers de la médaille, mais j'aimais à ne point le considérer, pour le moment. Voici donc l'article de mon journal au 18 mai :

« Le jour qui vient de s'écouler, ô mon Dieu, a été, pour mon âme, un jour de consolation, de rafraîchissement, presque de bonheur. Comme un voyageur fatigué de sa course à travers les déserts de sable aride et brûlant, éprouve une délicieuse sensation s'il rencontre une oasis qu'une source abondante rafraîchit et vivifie, tandis que ses yeux reposent sur une plaine fertile, où ondulent des moissons déjà mûres. »

« Ainsi, après avoir erré cinq ans dans les tristes déserts de nos missions de l'Inde, je respirais un air nouveau et je le savourais avec délices, à la vue des deux chrétientés syriaques, de leurs prêtres, de leurs belles églises, au concours de la population chrétienne, si nombreuse, et je me demandais s'il y avait eu, ici, moins de résistance à la grâce, si le pays fut moins ingrat ou si la méthode d'évangélisation y fut meilleure ? Sans parler de saint Thomas qui avait directement reçu, de Notre divin Sauveur, la grâce de l'apostolat, bien des causes se sont réunies pour favoriser les progrès du christianisme, sur la côte malabare. La présence des Portugais qui employaient certainement une grande partie de leur puissance à étendre le règne de J.-C., le caractère du clergé de cette nation beaucoup moins hostile que nous à l'établissement d'un clergé local, et surtout les usages reçus de tout temps dans la chrétienté de saint Thomas qui n'ont jamais permis aux missionnaires de cette côte de se passer des prêtres du pays. Ce n'est point que ces prêtres aient été tous bons, il s'en faut de beaucoup. Les Portugais ont même été tellement relâchés sur ce point, et ils ont si peu travaillé à l'éducation de leur clergé dans leurs colonies, que le scandale qui a eu souvent lieu, n'est pas une des moindres causes qui aient agi sur l'esprit des ouvriers apostoliques, depuis trois cents ans, pour augmenter l'aversion naturelle du « clergé blanc », pour le clergé noir. Je l'ai dit et le répète: il vaut mieux pour un peuple avoir un médiocre clergé mêlé de quelques mauvais prêtres, que de n'en avoir pas du tout.

« Ainsi, les missionnaires de ces contrées ont toujours été forcés de faire des prêtres nombreux. Plût à Dieu qu'ils eussent fait tout ce qui était en eux pour les rendre bons ! Ils n'ont pas pu exiger d'eux une perfection absolue. De sorte qu'à Vérapoly, pour un vicariat qui n'a guère plus d'étendue que celui de Coïmbatour et qui n'est pas le quart de celui de Pondichéry ou de celui de Maduré, c'est par cent à cent cinquante ordinands qu'il faut compter, à chaque Quatre-Temps. Il est vrai qu'il y a ici beaucoup plus de chrétiens que chez nous, mais ne sont-ce pas les prêtres qui font les chrétiens ? Selon la remarque que faisait aujourd'hui un des prêtres syriaques. Pour surcroît de facilité, les antécédents posés dans la chrétienté de saint Thomas et l'efficace appui que les Portugais donnaient à la religion dans les lieux voisins de leurs établissements, ont permis aux missionnaires de la côte malabare, d'exiger des catéchumènes qu'ils renonçassent, avant le baptême, aux préjugés de la caste, si contraires à l'esprit de l'Evangile. Sans cette rigueur, les conversions eussent peut-être encore été plus nombreuses, mais combien ces chrétiens sont meilleurs que les chrétiens casteux de l'intérieur. »

« Ainsi, je n'en croyais pas mes yeux, à la vue des églises remarquables que je rencontrai sur la route et de l'ornementation vraiment belle de celles dans lesquelles je suis entré. Cependant, le vicaire apostolique de Vérapoly ne donne aucun secours à ces églises qui ont des revenus suffisants à leur entretien et aux prêtres qui les desservent. »

Le pieux voyageur arriva à Trichoor qui possède une magnifique église et plusieurs chapelles, toutes desservies par des prêtres indigènes malabares (1). Dans cette ville l'attendait un Père carme, envoyé par Mgr Martini pour l'accompagner jusqu'à Vérapoly, où ils arrivèrent sains et saufs.

« ... La cérémonie du sacre se fit avec beaucoup d'ordre et une grande pompe, grâce aux ressources énormes de cette riche mission. C'était un spectacle vraiment imposant que cette réunion de plus de cent ecclésiastiques, quoiqu'il n'y eut presque pas de prêtres étrangers à l'église de Vérapoly. Les séminaristes seuls et quelques invités parmi les principaux prêtres du vicariat étaient en surplis et placés dans le sanctuaire. D'autres prêtres et clercs inférieurs du « rite syriaque » surtout, étaient dans la nef, mêlés à la foule,

Revenu seul à Caramattampatty, Mgr de Brésillac trouva la mission telle qu'il l'avait laissée, animée d'un bon esprit chrétien. M. Métral qui l'avait remplacé, durant son absence prolongée, avait bien travaillé, tout marchait à souhait, grâce à cet excellent missionnaire.

Il n'en était pas de même à Palghat.

Lisons plutôt le récit de la nouvelle épreuve qu'il dût subir :

(1) En 1923, par une constitution apostolique du 21 novembre, le Pape Pie XI a organisé la hiérarchie, sur la Côte malabare : métropole : Ecumalam, avec les évêchés de Trichoor, Changanachéry et Kattayam, tous de rite syro-malabare, et confié à des évêques et des prêtres exclusivement Indiens. Conclusion à tirer, une fois de plus, idéal de Mgr de Brésillac. Le Malabare possède en quatre diocèses plus de 515 prêtres du pays. (Statis. 1919). Pour toute l'Inde : 620 prêtres indig. latins ; 629 à Goa ; 515 Malabars = 1.764 prêtres indiens (D'après Battandier).

« En passant à Palghat, retour de Vérapoly, il m'avait été impossible de n'entendre pas quelque chose des troubles de la chrétienté. Cependant ma résolution fut de ne rien faire sans avoir consulté M. Métral. Il me semblait que tout pouvait s'arranger avec un peu de prudence.

Peu après, comme si Dieu voulait lui donner après la douleur, un peu de joie, il eut la consolation de conférer la tonsure à deux de ses séminaristes, les premiers du Coïmbatour. Le concours du peuple à la cérémonie, témoigna de sa sympathie pour l'œuvre naissante. Mais, de divers côtés des missions voisines, on blâma ce qu'on appelait « la précipitation » de l'évêque de Pruse, comme si la simple tonsure ne lui laissait pas encore un long temps devant lui, pour mieux connaître et mieux former ces jeunes clercs !

Il fit part de sa manière d'agir et des commentaires malveillants à la Propagande, qui approuva fortement sa conduite. Cette approbation, en diminuant les murmures, ne les étouffa pas.

Mgr de Brésillac songea, en juin 1847, à tenir sa promesse d'assister au sacre de Mgr Canoz.

« Mon très prochain départ pour le sacre de Mgr Canoz, à Trichinopoly, me préoccupait à cause de mes finances, puis je craignais qu'obligé de se tenir continuellement sur la réserve, par économie, le voyage s'effectua dans des paniers d'osier recouverts de peaux de buffles, en guise de bateau. Nous nous mîmes en route le 19 juin. Après un pénible voyage de sept jours, plein de péripéties et même de dangers, nous arrivâmes à Trichinopoly, où un excellent accueil nous attendait.

« Pendant les deux jours qui précédaient le sacre, nous parlâmes beaucoup avec les prélats, les RR. PP. et nos confrères de Pondichéry, mais sans rien traiter de grave. Mgr Canoz était très aimable, Mgr Bonnand m'entretenait de milliers de détails, sans toucher *aux principes.*

« La chrétienté de Trichinopoly est une des plus considérables et des plus distinguées de l'Inde. Malheureusement, elle est divisée par le schisme de Goa. La grande majorité des chrétiens s'est enfin rangée du côté des Jésuites. »

« La cérémonie du sacre a été très belle. Bien que les vicaires apostoliques n'aient point l'usage du trône, ils en usent dans l'Inde, par la force d'un usage ancien. Il serait grandement à désirer que les vicaires apostoliques eussent tous les pouvoirs des évêques diocésains et même qu'ils fussent ordinaires dans toute l'acceptation du terme. (1).

« Après le dîner, on exécuta quelques morceaux composés pour la circonstance ; d'autres pour égayer l'assemblée ; d'autres pour l'édifier. Quelques-uns de ces derniers furent répétés au salut qui suivit les secondes vêpres.. »

A la veille de quitter Trichinopoly (5 juillet 1847) Mgr de Brésillac marquait dans son journal :

« Nous voici donc sur le point de nous remettre en route, après avoir reçu une bien douce et fraternelle hospitalité. Nous allons donc quitter *ce palais,* cette *belle* église, ce beau jardin pour revoir notre *pauvre* chapelle, notre *maisonnelle,* notre étroit enclos de Caramattampatty. Que les anges du Seigneur nous y conduisent et qu'ils éloignent de nos lèvres

---

(1) Vœu réalisé en 1886, par Léon XIII qui établit dans les Indes la hiérarchie normale. Le vicariat de Mgr devint diocèse de Coïmbatour. Premier archevêque : Mgr Bardou (Joseph) de Toulouse (1834-1903). Ev. de Telmène 1874.

toute plainte qui ne serait point selon Dieu. Car, il m'arrive quelquefois de me plaindre dans mon cœur, d'être si pauvre. Mais le Seigneur Jésus n'était-il pas pauvre ? Il sait que si j'avais des ressources semblables à celles des RR. PP., ou seulement ce qui me semble être du nécessaire pour l'établissement de ma nouvelle mission, je ne voudrais l'employer que pour l'avancement de son règne. Il connaît mes intentions et ce n'est que les intentions de l'homme qu'il pèse dans sa justice. Qu'il soit donc béni, en toutes choses, et de ce qu'il donne à d'autres le moyen d'honorer notre sainte religion par des établissements dignes d'elle, et de ce qu'il me refuse à moi cette consolation, pour le moment. Puisse-t-il me donner la grâce de faire servir à sa plus grande gloire, la pauvreté réelle dont il me favorise en ce moment. »

« Est-il ou n'est-il pas utile d'exiger que les néophytes concourent, selon leur pouvoir, à l'entretien de la mission ? Quant à moi, je n'émets pas le moindre doute que c'est non seulement utile, mais même nécessaire.

« Ne tombons pas cependant en un excès contraire. Ne disons pas que pour prouver à ces peuples que c'est les âmes que nous venons gagner et non point leurs biens, nous ne voulons rien recevoir d'eux, que nous prétendons tout faire gratuitement. Ce ne serait ni juste, ni avantageux, ni même longtemps possible ; et cette impossibilité morale, à côté d'une excessive prétention de désintéressement, peut amener une foule de désordres qu'aurait évités un ordre de choses réglé et plus conforme à l'Evangile : « Quelqu'un combat-il jamais à ses frais ? » La loi ne dit-elle pas : « Tu ne refuseras pas la nourriture au bœuf qui travaille. » Ne savez-vous pas que celui qui travaille dans le sanctuaire mange ce qui est dans le sanctuaire ; ceux qui servent à l'autel vivent de l'autel. (1)

C'est pour réaliser ces idées que, rentré en sa résidence, Mgr établit une sorte de denier du culte. Les chrétiens ne s'en étonnèrent pas et répondirent, selon leurs moyens, au désir de l'évêque qu'ils aimaient. Enfin, en août 1847, il s'installait définitivement à Coïmbatour.

(1) Loc. cit.

CHAPITRE X

(Août 1847-Janvier 1848)

A Coïmbatour. — Une combinaison pour Pondichéry. — Installation. — Arrivée de trois missionnaires. — Impression de l'évêque. — Visite de Palghat. — Rapport à Paris. — Encore la combinaison de Pondichéry. — Deuxième voyage à Octacamund. — Incident. — Beaux sentiments de Mgr de Brésillac.

En quittant Caramattampatty, l'église de son sacre, son séminaire et ses chers chrétiens, l'évêque de Pruse fut pris de mélancolie. Il laissait là une bonne partie de son cœur.

Il y était vraiment aimé. Il fallait que ce fut bien vrai pour que son humilité le déclarât. Trouverait-il la même sympathie à Coïmbatour ? Ce qu'il trouva, pour le moment, ce fut une lettre de Mgr Luquet, bien faite pour le stupéfier :

« ... Vous savez sans doute, que Mgr Bonnand revient à la charge à Rome, pour obtenir d'être remplacé à Pondichéry, par vous, et vous par lui, à Coïmbatour. Si vous n'avez pas été prévenu, gardez le silence sur cette nouvelle, je vous prie. Et si les choses réussissent, comme il le demande, laissez-vous faire. »

« Comment Mgr Bonnand et Mgr Luquet ne voient-ils point que ce n'est pas mon humilité qu'il faudrait faire taire, mais la voix commune de tous nos confrères qu'il faudrait étouffer car, ils ne manqueraient pas de dire, avec quelque apparence de raison, que nous avions moralement obligé Sa Grandeur à demander une telle permutation. Mgr Bonnand aurait beau déclarer qu'il agit par sa volonté spontanée, on ne le croirait pas. Mais quand l'opinion des hommes, fût-elle fausse, est de nature à influer considérablement sur le succès ou la ruine d'une œuvre, on peut et on doit la prendre en sérieuse considération.

« Ce qui m'étonne le plus, c'est que M. Tesson partageât lui-même, cette illusion.

« O mon Dieu, faites de moi ce que vous voudrez ; je vous appartiens en entier, donnez-moi de ne me rien réserver de moi-même. Mais ne permettez pas que les mieux intentionnés à mon égard, me poussent à une position qui ne serait pas celle que, de toute éternité, vous avez providentiellement réservée à ma faiblesse. Il est un coin de votre héritage que vous m'avez donné à cultiver. ne permettez pas que de moi-même, ou par d'imprudents conseils, je le laisse pour en prendre un autre. Si, avant que je meure, vous me voulez ailleurs que dans ces régions du Coïmbatour, que ce soit votre main paternelle qui m'y conduise par des moyens qui ne laissent douter que c'est à votre seule voix que j'obéis. Saints anges, dirigez mes pas et préparez-moi une demeure. »

Persuadé que cette combinaison n'aboutirait pas à la réalité, le prélat s'occupa activement de son établissement à Coïmbatour.

Quoiqu'excessivement modeste par rapport aux habitations des Anglais, la maison épiscopale était très convenable.

Au début, il n'y avait presque pas de meubles, mais peu à peu. on se procura tout le nécessaire et « peu de choses, en somme, sont nécessaires à un missionnaire ». La plus grande des salles fut transformée en chapelle publique, en attendant une...

cathédrale. Il y avait un jardin assez étendu où il se confinait dans ses moments libres.

Une de ses distractions les plus agréables était de visiter ses chers séminaristes de Caramattampatty et de passer quelques jours avec eux, en l'édifiante compagnie de M. Métral.

Le renfort demandé avec tant d'insistance, finit par arriver. L'auteur des « Mémoires » apprécie le convoi de la façon suivante :

« Enfin, arrivèrent les trois jeunes missionnaires attendus depuis si longtemps, et sur lesquels nos Messieurs de Paris m'avaient donné de si heureux renseignements.

Les jeunes missionnaires se mirent, avec ardeur, à l'étude de la langue indienne qui leur devint rapidement assez familière pour pouvoir commencer le saint ministère.

L'évêque de son côté, entreprit la visite du fameux district de Palghat que, plus haut, nous avons vu en effervescence. Ce malheureux district, un des plus éloignés de Coïmbatour, était toujours fort éprouvé.

L'évêque le constate :

« Pour moi, l'année 1848 commença dans le district de Palghat que je visitai en détail. Après avoir passé les fêtes de Noël à Covilpaleam, je me rendis à Atticodoux, chrétienté considérable, peu éloignée d'une foule d'autres villages d'où l'on peut venir à la messe. Les chrétiens sont généralement d'un caractère difficile, indisciplinés, extrêmement attachés à leurs usages et très disposés à appeler un prêtre schismatique, à la moindre contradiction. Une espèce de grange, bâtie sur le terrain d'un petit seigneur du pays, servait d'église. Il n'y avait pas de maison pour le prêtre. On parlait de bâtir une église convenable, mais on ne s'accordait pas sur l'emplacement où elle devait être élevée. Le mieux était encore de la rebâtir à la même place. »

« D'Atticodoux, je me rendis à Sittour. Cette chrétienté est meilleure que la précédente. L'église a été nouvellement bâtie. C'est l'œuvre d'un missionnaire qui avait peu d'argent à sa disposition. Il n'y avait point encore de presbytère. La position est belle, et l'esprit des chrétiens excellent.

« Après Sittour, visite de Vandali, au pied des Ghattes. Les chrétiens valent encore moins que ceux d'Atticodoux, ils ont plus mauvaise tête. Ils n'ont point d'église.

« A Vadicantchéry, il y a une église ; un catéchiste à figure mystique exorcisait les possédés ; les femmes n'ayant point d'enfant venaient le trouver en grand nombre. Il est facile de comprendre à quels désordres tout cela donnait lieu, surtout aux grandes fêtes, l'affluence étant plus considérable. Ce catéchiste ne recevait pas les sacrements. Mgr de Pondichéry avait fini par interdire l'église du village. Il ne fut tenu aucun compte de cet interdit, sauf par les chrétiens du Malealam qui ne vinrent plus, en nombre, consulter ce sorcier. Mes efforts pour ramener ce catéchiste et ses adhérents dans le bon chemin furent peine perdue.

« La petite chrétienté voisine est de caste supérieure et d'un très mauvais esprit. Le chef s'est fait protestant et a bâti un temple près de l'église. Il vint me voir, je ne pas rien gagner sur lui, et bien peu de choses auprès des chrétiens. Ce n'est pas l'intelligence qui leur manque.

« Non loin est le village syriaque de Malarcotta, desservi par un prêtre de leur nation. J'y donnai la confirmation à quelques enfants à la mamelle, selon leur usage. Je passai là, une journée bien agréable, avec le curé Catanar, prêtre d'un très bon esprit. Il est vrai qu'à Vérapoly, Malarcotta ne passe pour avoir une très bonne réputation. Cependant, ce sont assurément les meilleurs chrétiens des environs, et par le contraste, ils nous paraissent de petits saints.

« Enfin, je me rendis à Palghat, grande ville, mais où notre chrétienté est bien peu de chose. L'église est hors des murs, dans un petit enclos presque sans issue, petite, vilaine et dont la façade, en maçonnerie, était tellement penchée qu'elle menaçait de crouler à tout instant. Je me demandais même si, en conscience, nous pouvions célébrer en ce lieu et exposer la foule à un danger. Il ne me parut pas imminent, et en m'abstenant, j'aurais scandalisé les chrétiens et, même, des païens qui ont grande confiance en saint Sébastien, patron de cette église. « Quoi donc, me disait le vieux catéchiste, homme d'ailleurs très respectable : « Saint Sébastien soutient ce mur depuis des années, et vous croiriez qu'il le laissera tomber en cette circonstance ? »

Au cours de cette tournée pastorale, Mgr écrivit aux directeurs de Paris pour les informer de ce qui se passait dans son vicariat, dont « il avait, disait-il, une connaissance exacte. » Puis, il ajoutait ces lignes :

« Les difficultés concernant l'éducation des clercs, seront en partie vaincues, j'espère, si l'on peut mettre en pratique sans trop de contradiction, des mesures dont j'ai fait part à la Sacrée Congrégation, en lui demandant son avis. Elles consistent principalement à initier les jeunes gens de très bonne heure à la cléricature ; à les séparer absolument des élèves laïques, et à disposer leur règlement de vie de façon à les initier aux choses ecclésiastiques peu à peu, par une longue pratique, autant et plus que par des livres.

Ici, en effet, le culte catholique ne se déployant pas dans toute sa splendeur, l'esprit des choses ecclésiastiques n'entre pas par tous les sens, comme en Europe, chez ceux qui se destinent au sacerdoce. La Sacrée Congrégation a daigné répondre à tous ces points : « méritent tout éloge ». Nous avons donc commencé à travailler dans ce sens. Seulement, nous sommes obligés d'aller doucement, faute de ressources pécuniaires. »

« Nous n'avons rien pu faire cette année, pour essayer de convertir quelques païens. Nous étions trop peu nombreux pour faire seulement le dixième de ce qu'il y aurait à désirer à l'égard des chrétiens. Pas encore une école, pas une église digne de ce nom, etc. Cependant, si nous étions au nombre de onze ou douze, deux ou trois de nous commenceraient à ébaucher l'œuvre de la prédication aux gentils. Je dis ébaucher, parce que depuis les anciens Jésuites qui ont converti les principales chrétientés existantes, on ne convertit les païens que par hasard, et on ne sait pas encore de quelle manière il faudra débuter, quand on entreprendra d'agir sérieusement sur la partie idolâtre. On peut dire que l'œuvre de la conversion des gentils est, ici, à commencer. »

Cependant, Mgr Bonnand n'avait pas abandonné son idée de venir au Coïmbatour pendant que Mgr de Brésillac irait, comme vicaire apostolique, à Pondichéry. A Rome la combinaison avait presque abouti. Il y eut, entre les deux prélats, échange de lettres.

« Sa Grandeur m'écrivait : « En faisant connaître mes désirs à Mgr Luquet, je lui avais dit que je demandais à être placé au Coïmbatour, à l'érection des vicariats. Il paraît que Mgr Luquet m'a obtenu ce que la Sacrée Congrégation ne pensait pas d'abord m'accorder : la faculté de pouvoir me caser dans le

Coïmbatour. Je suis bien content de la faculté accordée, mais je suis fâché de ce qu'on me laisse « dans le statu quo pour les pouvoirs. »

« Voici ma réponse à cette lettre : « J'espère qu'après avoir tout bien considéré devant Dieu, ainsi que la Sacrée Congrégation elle-même, vous le recommande, vous serez aussi convaincu que moi qu'il nous importe extrêmement de ne pas faire seulement semblant de connaître la faculté qui vous a été donnée. J'aime à croire qu'il est inutile de vous prouver que je ne suis pour rien dans tout ce qu'a pu faire Mgr Luquet, qui n'a pas reçu un mot de moi, depuis le 10 décembre passé, que si, malgré mes convictions, vous ordonnez quelque chose, je n'aurai qu'à obéir ; mais au moins je vous supplie de ne pas ordonner avant que nous nous soyons vus. »

« Après mûres réflexions, ma résolution fut de ne pas accepter, ma position n'eût pas été tenable à Pondichéry, car les missionnaires m'eussent accusé d'avoir travaillé à cette permutation et Mgr Bonnand lui-même regardait cette faculté pour lui de s'établir au Coïmbatour, « non comme la pensée de la Sacrée Congrégation, mais comme l'effet des instances de Mgr Luquet qui s'était trop pressé. » La chose en resta là pour longtemps. »

Ici tombe, sur les épaules de Mgr de Brésillac, une croix nouvelle. Une humiliation lui arrive et il la supporte en véritable saint. C'est une page douloureuse, mais il faut, coûte que coûte, la lire en entier. :

« Or il arriva que pour un voyage à Octocamund, je devais prendre, avec moi, un jeune clerc qui avait reçu l'ordre de me joindre à Coïmbatour. Ce fut l'occasion d'un grand trouble au séminaire. Le bon Aroulnaden devait m'apporter des dalmatiques et

autres objets nécessaires pour célébrer solennelle-
ment. On devait le faire accompagner d'un cooli, soit
pour porter ce paquet assez lourd, soit pour garder
les convenances qui ne souffrent pas qu'un ecclésiastique aille seul, par les grands chemins. M. C. ne
fut pas de cet avis. Quand le maître de tamoul lui
expliqua les convenances locales, « il faut, lui répondit-il, qu'un clerc se façonne à l'humilité ; j'en ai
bien fait autant quand j'étais au séminaire, en France ». Cet excellent homme, plein de bon sens, de
prudence et dévouement, hasarda de lui représenter
qu'ici, dans l'Inde, ce n'est pas possible, qu'un cooli
ne coûte que six sous par jour. »

« Alors le maître, homme de noble caste, s'offre
à porter lui-même le fardeau. M. C... accepta. Quand
ils arrivèrent, à ma première parole : « Où est le
cooli ? », le maître m'explique tout : « Ce nouveau
samy, me dit-il, ne connaît pas encore les usages, il
a fait cela sans vouloir nous humilier, c'est peut-être
la coutume en Europe, etc. » Dans un moment de
crise comme celui où nous sommes, il ne faudrait
que quelques imprudences semblables pour que les
méchants s'en emparent et ne publient partout que
nous ne voulons des ecclésiastiques que pour humilier en eux la caste, et, avec elle, nos chrétientés.
J'ai prié ce soir même Aroulnaden d'écrire à ses
condisciples et de leur dire qu'il y a eu simplement
un malentendu. Le maître devait parler dans le
même sens. Et la chose n'ira pas plus loin.

« Ce ne fut pas chez les Indiens, mais chez mes deux
confrères que fut l'irritation. A peine étions-nous
arrivés à Octocamund qu'Aroulnaden reçoit, de ses
condisciples, une lettre qui le met tout en larmes,
parce qu'ils lui reprochent d'avoir manqué de respect au samy ! Il était visible que cette lettre, oppo-

sée à leurs sentiments, leur avait été imposée et dictée. Mon étonnement égalait mon affliction. J'écrivis dans mon journal : ces pauvres enfants vont être persuadés que ce n'est plus par distraction, mais de plein gré, qu'il les a humiliés en la personne de leur condisciple, et il leur fait savoir qu'il tient lui-même bien peu compte de mon appréciation. C'est-à-dire qu'il les scandalise en leur apprenant ce qu'ils ne savaient pas encore, que les missionnaires, même quand ils sont tout nouveaux, négligent facilement les recommandations de leur supérieur. Encore quelques actes semblables et notre séminaire est perdu.

« Tout espoir n'était pas évanoui de tout arranger à mon retour.

« Mais, à peine sommes-nous à Caramattampatty, que ces deux messieurs me témoignent une froideur extrême. M. C. exige une punition exemplaire du pauvre Aroulnaden. Vainement j'essayai de lui faire voir qu'il n'était nullement coupable. Toutes mes raisons n'étaient que de vains prétextes pour humilier mes missionnaires devant les noirs. Exiger qu'Aroulnaden ne fut pas puni aurait peut-être occasionné un scandale public.

« Dans la soirée, nous ne parlâmes plus de cela et je tâchai de ne rien laisser paraître, de ma peine, sur mon visage. »

« M. B., me disait avant-hier : « Souvenez-vous de Mgr Courvesy ! Ses missionnaires l'ont fait partir ; il pourrait bien vous arriver la même chose. » Je n'ai jamais su le fin mot des affaires de Mgr Courvesy, mais ce que je sais très bien, c'est que si mes missionnaires *me font partir*, pourvu que le bon Dieu me préserve de fautes futures, je n'aurai à me reprocher que de leur *avoir fait du bien*. Mon bonheur est de leur faire plaisir, allant toujours au-devant de ce que je pense devoir leur être agréable ; quand des avis ont été nécessaires, je les ai donnés avec toute la douceur dont je suis capable. Si quelquefois ils ont répondu différemment à ces conseils, presque toujours j'ai gardé le silence, et quand leur conduite a été un mépris formel de ces avis, je n'ai rien dit ni rien fait, toutes les fois que j'espérais qu'il ne s'en suivrait pas de mal pour la mission, et quand il était évident que le mal s'en suivrait, j'ai agi, mais avec tous les égards possibles. Quelquefois, peut-être, mes paroles ont-elles été un peu sévères ; cela peut avoir eu lieu, mais vraiment, je pense que c'est rare, tandis que ma conscience me dit que souvent j'aurais été tenu à plus de sévérité, si je n'avais conscience de la faiblesse morale de mon activité. Dieu veuille ne pas me reprocher les conséquences de cette mansuétude que, dans d'autres circonstances, je taxerais, moi-même de faute; mais qui, dans ma position, me paraît une nécessité. Dans tous les cas, en mon cœur il n'y a pas le moindre ressentiment envers ceux qui sans le vouloir sans doute m'ont si cruellement traité. Voilà ma conscience. Il en arrivera ce que Dieu voudra. S'il lui plait que je sois humilié, s'il veut que je sois forcé de quitter une Mission qui m'est chère, je le veux aussi ; j'accepte de bon cœur tout ce qu'il lui plaira d'ordonner de moi. Je le supplie seulement de ne jamais permettre que, par crainte d'une humiliation quelconque, j'ai la faiblesse d'aller contre ma conscience.

« A lui seul, honneur et gloire... »

CHAPITRE XI

(1848-1851)

Vers la fin de 1848, Mgr Bonnand convoqua un nouveau synode à Pondichéry, en vue de traiter certaines questions relatives aux provicariats que la Propagande allait ériger en vicariats, ce qui fut fait en 1850 et ne changea rien à la situation des titulaires du Maïssour et du Coïmbatour.

En même temps, l'évêque de Pruse était invité à prêcher la retraite à tous les missionnaires réunis. C'était, certes, un grand honneur, mais aussi une lourde charge et un écueil de plus sur sa route.

De France, lui arrivait en même temps l'annonce de la mort du vénérable évêque de Carcassonne, Mgr de Saint-Rome-Gualy qui lui avait conféré tous les ordres.

Il écrit dans son journal, en 1848 :

« J'avais d'abord espéré faire une retraite avec mes missionnaires, avant de partir pour Pondichéry. Le peu de calme qui régnait partout s'y opposa. Je les convoquai cependant pour traiter quelques questions pratiques. Cette réunion ne fut pas consolante. Mon cœur était brisé, quand j'écrivis dans mon journal : « Il faudrait un exemple ! Tels missionnaires, qui,

par légèreté, obstination, imprudence, bien plus que
par malice, préparent des jours mauvais à cette
mission, devraient être immédiatement renvoyés en
Europe. Ils gâtent les nouveaux venus, ceux-ci
gâtent les suivants, et où irons-nous ainsi ? Mais le
remède n'est point praticable entre mes mains. Il
est certain que je ne serais soutenu par personne,
à part M. Métral. Tout le monde m'accuserait d'une
sévérité extrême et le mal serait pire. Plaise à Dieu
que je me trompe ! »

Au reste, ce n'était pas seulement au Coïmbatour
qu'il y avait des misères. Par manque d'unité de
vues et d'action, l'union faisait complètement
défaut. « Le diable, écrivait un évêque, semble, en
ce moment, s'acharner sur nous. » Mgr de Brésillac
avait sa large part des malheurs du temps.

Le 8 octobre 1848, il prit la route de Pondichéry en
passant par Salem, théâtre de ses premières armes
apostoliques.

« Rien de remarquable en ce voyage, si ce n'est
la rencontre à Salem, de M. Gouzon, excellent missionnaire plein d'ardeur, et à Gerrayour, de M. Bardouil. Sa chrétienté a beaucoup de sympathie pour les
prêtres schismatiques. Cependant, M. Bardouil y
fait du bien par son extrême douceur, sa patience,
son esprit éminemment apostolique et mortifié. Sa
maison, fraîchement « bousinée », se compose de
quatre murs de terre, couverts de paille.

« Une natte lui sert de lit et, si la terre est trop
humide, on s'étend sur une planche supportée par
quatre piquets et qui sert de table à manger. Si vous
tenez à vous asseoir, voici des peaux de cerfs, éten-
dues par terre. Voilà tout le mobilier de ce vénérable prêtre à barbe blanche. Il ne mange de viande
qu'en de rares exceptions. Il n'use ni de bas, ni de

souliers, ni de pantoufles, il va toujours monté sur ses socs en bois. Totalement absorbé par le sort de sa chrétienté, ce cher confrère ne sait rien de ce qui se passe dans le monde, pas même les questions qui divisent ses confrères. Toute sa chrétienté sait le catéchisme.

« La réception de Mgr Bonand fut des plus cordiales ; il vint même à ma rencontre jusqu'à Aulgaret. Trois jours après mon arrivée, nous commençâmes à parler d'affaires. L'esprit des missionnaires qui entourent Monseigneur, des principaux surtout, est excellent. Avec de tels hommes, on peut s'entendre, quoiqu'ils aient bien des préjugés contre Mgr Luquet et contre moi. »

On s'occupa du synode, pendant deux mois et demi. En même temps, Mgr de Brésillac préparait ses instructions et pour ne pas heurter ni blesser, dans le feu du discours, il les écrivit in extenso. Les saints exercices commencèrent le 11 janvier 1849.

Les sujets traités furent : plan et but de la retraite ; nécessité de la retraite ; nécessité d'être tout à notre œuvre ; des tentations ; emploi du temps ; se retremper dans la ferveur de sa vocation ; sur la pureté de la conscience ; de notre vocation particulière et spécialement de la formation d'un clergé indigène ; sur le prix des âmes ; soin à donner aux chrétiens ; fuite du péché véniel ; conduite à tenir pour la conversion des païens ; humilité ; renoncement à soi-même ; pureté d'intention ; renoncement intérieur ; mortification ; porter sa croix ; exactitude à bien faire les moindres actions ; ne pas confondre sa croix avec celle des autres et suivre Jésus-Christ ; pauvreté ; suivre Jésus-Christ sur le Calvaire ; zèle ; contemplation de Jésus-Christ en Croix ; chasteté ; aller avec joie, zèle et courage. »

Au sujet de cette retraite, l'historien des Missions Étrangères dans l'Inde, M. Launay, cite l'appréciation suivante, portée par Mgr Bonnand : « Mgr de Brésillac a donné une excellente retraite. Elle était travaillée d'après les besoins du vicariat et dite avec cette conviction profonde qui l'anime partout. Elle m'a plu vraiment par son à propos d'un bout à l'autre. »

Mgr Charbonneaux en porta le jugement suivant : « Que vous dirai-je de la retraite donnée par Mgr de Brésillac : il a été sublime, clair, pratique. Jamais je n'avais lu, ni entendu mieux commenter, expliquer l'abnégation de soi-même et la nécessité de porter la croix en général et sa propre croix, en particulier. Je ne redoute qu'une chose, c'est que ces instructions *supposent une perfection* à laquelle nous paraissons, en général, peu habitués. »

Le prédicateur lui-même écrivit à M. Tesson : « La retraite paraît avoir fait quelque bien. J'ai cru devoir attaquer de front les défauts antiapostoliques qui grandissent tous les jours. Ce m'était singulièrement difficile, car, devant un auditoire d'une trentaine de personnes, il semble facilement qu'on se laisse aller à des personnalités. Mes paroles ont, en effet, blessé quelques assistants, étonné tout le monde ; elles touchaient à la plaie. Mais notre divin Sauveur a bien voulu guérir lui-même l'irritation qu'elles ont causée, et la force de la vérité a été, ce me semble, adoucie par le baume de la grâce. » On ne saurait être plus franc, ni plus modeste.

Après la retraite (1), il reçut les remerciements de

---

(1) Toute cette retraite est conservée aux archives des Missions Africaines de Lyon.

tous, et ceux qui auraient eu le plus à se plaindre lui firent bien meilleure mine qu'auparavant.

Ce que furent les quatre années qui suivirent le retour de de Mgr de Brésillac dans son vicariat, le lecteur peut deviner par tout ce qu'il a raconté précédemment, par ce que nous avons dit nous-même. Manquant de missionnaires, mis dans l'impossibilité de pousser activement la formation du clergé indigène, dénué de ressources pécuniaires indispensables à son ministère, il voyait celui-ci végéter et les âmes se perdre autour de lui, malgré lui. Sa solitude de Coïmbatour lui pesait car, quoique bien humble et très défiant de lui-même, il pensait que dans une autre situation, il pourrait être plus utile à la sainte Eglise.

A partir de 1850, sa résolution de quitter les Indes devient plus pressante, et s'il ajourne la décision, ce n'est que par délicatesse de conscience, sur le conseil de véritables amis qu'il avait le bonheur de posséder dans les Indes et au dehors.

L'évêque consulte son vieux père qui lui répondit :

« Mon cher fils,

« Quant à tes peines, tes inquiétudes, tes déboires je les comprends. Jamais je n'ai désiré l'épiscopat pour toi... J'avoue que le choix du Saint-Siège avait été, pour nous tous, une cause de fierté... Mais, quand il y a des intrigues, des oppositions et des impossibilités de travailler au bien, tel qu'on le conçoit, sans intérêt personnel, la loyauté dicte le devoir à un évêque... Va, mon cher ami, Dieu n'abandonne pas ceux qui vont droit leur chemin...

G. de. M.-B. »

Cette lettre est d'un gentilhomme et d'un chrétien. Elle vaut celle que M. G. de M.-B. adressait à son noble fils, au moment où celui-ci partait pour les Indes, et que nous avons citée en son temps.

D'autres amis écrivaient à l'évêque de Pruse des missives qui étaient une approbation de ses idées. C'étaient des personnages haut placés, des évêques comme lui partisans du clergé indigène. Résumons quelques-unes de ces lettres : Mgr Forcade disait : (1)

« Puisse l'élévation de votre mission en vicariat, vous faciliter les moyens de promouvoir, de plus en plus, une œuvre à laquelle je vous sais tout dévoué, Monseigneur, l'œuvre si nécessaire du clergé indigène. »

De Mgr Godelle (2), alors supérieur du séminaire de Pondichéry :

« Votre Grandeur sait que nous avons bâti un grand séminaire, et que les élèves en théologie sont séparés depuis la rentrée, après les vacances ; j'espère que les élèves y trouveront de grands avantages, qu'il sera plus facile de les former selon le véritable esprit ecclésiastique ; mais on ne fait pas assez pour cette œuvre du clergé indigène : le personnel du séminaire est toujours trop restreint... »

« Notre petit séminaire va bien. Je désirerais le voir un peu plus peuplé. Il y a plusieurs jeunes gens qui donnent les plus belles espérances. »

« Parmi les grands séminaristes, quelques-uns marchent bien dans la voie de la perfection. Quelques-uns laissent à désirer. En somme, on peut dire qu'ils vont bien. »

(1) Forcade (Théodore) de Versailles, né en 1816, évêque titul. de Samos (1846) et Vic. apost. du Japon, puis évêque de la Guadeloupe (1853), de Nevers en 1861, arch. d'Aix (1873-1885).

(2) Godelle (Isidore) de Reims, né en 1806, évêque titul. de Thermopiles (1857), coadjuteur, puis Vic. apost. de Pondichéry (mort en 1867).

« Je n'ai pas perdu de vue la pensée de venir en aide au séminaire de Votre Grandeur, par un élève du nôtre ; j'en ai parlé plusieurs fois, quand j'ai cru l'occasion favorable. Je l'ai encore fait tout dernièrement ; non seulement je n'ai pas réussi, je pense qu'il n'y faut plus songer.

NN. SS. Pellerin, évêque de Byblos, vicaire apostolique de la Cochinchine septentrionale ;

Masson, évêque de Laranda, vicaire apostolique du Tonkin méridional.;

Cuénot, évêque de Métellopolis, vicaire apostolique de la Cochinchine, martyrisé en 1861, béatifié en 1906 ;

Bouchot, évêque d'Alali, vicaire apostolique de Malacca, et plusieurs autres prélats, se disaient partisans non seulement d'un clergé indigène, mais encore de voir la Société des Missions Etrangères gouvernée par un Supérieur Général : ce que demandait depuis longtemps, Mgr de Brésillac, et ce que Rome décréta en 1921. L'évêque de Pruse avait donc raison sur toute la ligne. (1).

Mais, hélas ! son triomphe posthume ne diminuait pas ses douleurs d'alors, même s'il entrevoyait, dans l'avenir lointain, que le Pape serait avec lui... soixante ans plus tard.,

---

(1) Décrets, Lettres, Actes des Papes PIE X, Benoît XV et Pie XI, sur le clergé indigène. Nouvelles constitutions des Missions Etrangères, etc.

CHAPITRE XII

(1851-1855)

LE SACRIFICE

Décision de quitter l'Inde. — Motifs. — Adieux de Coïmbatour.
—Les derniers jours. — Départ pour l'Europe. — A Rome.—
Démission offerte. — Délais imposés. — Démission acceptée.
— Avenir humainement brisé. — Le dernier adieu à Coïmbatour.

La douloureuse décision de quitter l'Inde après douze années de travaux et de luttes ne fut pas prise par Mgr de Brésillac dans un moment de désespérance, ni à la légère et devant une difficulté imprévue. Comme le lecteur a pu s'en rendre compte, il n'était pas homme à reculer devant le labeur ; il ne redoutait pas d'être contredit et humilié. Il ne se retira du champ de bataille qu'après avoir épuisé toutes ses munitions. Ce fut une retraite forcée : celle d'un vaincu.

Qu'il nous soit permis de citer ces pages, où il dévoile, en toute sincérité, son état d'âme, en disant adieu à sa mission. Nous ne savons rien de plus touchant.

« Ai-je été exact à écouter votre voix, ô mon Dieu ! Ai-je été fidèle à vous obéir ? Est-ce pour vous obéir qu'après de longues années passées dans l'Inde, j'ai plié mes voiles, laissant en d'autres mains le gouvernail du navire que vous m'aviez confié ? Ou bien me suis-je écouté moi-même ? Ai-je crains de lutter contre la tempête ? Mon courage a-t-il failli ? Ai-je redouté les fatigues et la mort ? »

« Vous me jugerez, Seigneur, et j'ai bien lieu de redouter votre justice. J'espère cependant en votre miséricorde ; car, il semble que ce n'est point ainsi que j'ai péché : de mes fautes d'ignorance, daignez ne pas vous souvenir, ô mon Dieu. A ces fautes d'ignorance viennent s'en joindre qui ne me sont que trop connues, d imprudences dans certains écrits et dans certains discours. Trop de franchise, et trop de véhémence dans mes désirs. Mais enfin, dans l'acte solennel de ma démission, je crois avoir obéi aux exigences de ma conscience, et si je me trompe, ô mon Dieu, ne vaut-il pas mieux pécher ainsi, sans le savoir et sans le vouloir, que de lutter contre la conviction que mon œuvre n'était plus votre œuvre, dans l'état où se trouvait ma mission.

« Non, ce n'est point la crainte, il me semble, et je puis l'assurer, ce n'est point la crainte qui m'a fait abandonner mon vicariat apostolique, si ce n'est la crainte de vous déplaire, ô mon Dieu ! »

« Si j'eus, un instant, à combattre la crainte, ce fut celle qui eut pu faire fléchir ma conscience à la vue d'un avenir triste pour la nature, d'une carrière brisée à la fleur de l'âge, sans nul espoir humain de rattacher mon existence, vraisemblablement encore longue, à quelque œuvre selon mon cœur. Cet avenir me paraissait d'autant plus redoutable que j'étais obligé d'étouffer l'affection dont j'étais rempli et dont je suis encore plein pour l'œuvre des Missions Etrangères, pour un genre de vie qui m'était devenu comme naturel, pour des peuples que j'avais sincèrement adoptés comme devant être mon peuple, pour des néophytes qui m'aimaient et que j'aimais de tout cœur, que j'aime et que j'aimerai toujours.

« Que ma langue s'attache à mon palais, si jamais je t'oublie, Coïmbatour. Tu devais être ,pour moi, une vision de perfection et de paix. Et voilà que tu me fus Rama, lieu de gémissements et de larmes ; tu m'as donné des enfants et je ne sais s'ils ont péri !

« Existez-vous encore, ô mes fils bien-aimés ! Vous surtout, jeunes ecclésiastiques, vous que je conduisais comme par la main et qui vous êtes laissés mener jusque sur les degrés du sanctuaire ? Vous touchiez au point où l'on s'engage pour la vie, mais vous n'aviez pas encore fait le pas décisif. Votre engagement n'était pas irrévocable. Avez-vous reculé, après mon départ ? Ou bien, conservant la pieuse ardeur qui vous animait quand je vous dis adieu, sans que vous puissiez comprendre combien chaudes étaient mes larmes, avez-vous persévéré dans le service des autels du Seigneur,? Et combien y en a-t-il qui aient suivi votre exemple ? Anges de Coïmbatour, faites-nous passer ces nouvelles, mais ne quittez point ces jeunes lévites, continuez à soutenir les heureuses dispositions de leurs cœurs.

« Coïmbatour, tu faisais mes délices. N'avais-je pas là d'ailleurs la maison que je m'étais bâtie et le tombeau que je m'étais creusé ? J'avais déjà prié pour le repos de mon âme, dans ce tombeau que je croyais devoir être ma dernière demeure, devant la croix noire que j'avais fait tracer sur le stuc qui en tapisse l'intérieur comme un blanc linceul ; et dans les fondations de la muraille intérieure, j'avais disposé quelques parcelles de saintes reliques pour qu'au jour où elles ressusciteront glorieuses, elles me guidassent aux pieds du Dieu de justice et de miséricorde.

« En attendant que se levât pour moi, la dalle qui ferme l'entrée de ce lieu de repos, n'avais-je pas mon petit jardin, trois fois plus spacieux qu'il n'est besoin à mes habitudes sédentaires. Mes rosiers toujours fleuris, mes jasmins toujours verts, mes bananiers courbés sous leurs régimes d'or, mes cocotiers à la cîme majestueuse, mes grenadiers à la fleur de feu, mes citronniers embaumés et l'odoriférant goyavier et le manguier aux formes vigoureuses et le fragile papayer, et tant d'autres admirables productions des tropiques, dont le climat ne m'incommodait plus ? Tout cela, autour d'un puits large et profond qui desséché chaque jour pour arroser cet eden, remontait chaque jour au niveau correspondant à l'époque de l'année, aux mois dont il indiquait presque le quantième.

« Dix minutes suffisaient pour faire, à pas lents, le tour de ce domaine, mais il était assez grand pour moi et pour mon chien fidèle, et pour ma mangouste mignarde, sentinelle vigilante contre le serpent venimeux, et pour mon cacatois, jaloux des caresses de la mangouste ; jalousé à son tour par la timide colombe qui guettait le moment de le voir s'éloigner, pour venir becqueter dans la poche de ma soutane blanche, et fuyant aussitôt qu'elle apercevait le paon au cou d'azur courir en battant des ailes pour lui disputer sa part de riz ou de millet.

« Sans être riche, je ne manquais donc de rien. Grâce à l'œuvre admirable de la Propagation de la Foi, les missionnaires ont, aujourd'hui, de quoi se défendre contre les privations réelles. Ils seraient même coupables, en général, s'ils employaient à leur entretien personnel tout ce qu'ils reçoivent de cette œuvre. Cette faute, les missionnaires des Missions Étrangères savent l'éviter avec une scrupuleuse attention. Ceux-là même qui ont un patrimoine, vivent pauvrement pour disposer, en faveur de leur chrétienté, de tout ce qu'ils reçoivent de la Propagation de la Foi, en y ajoutant leurs épargnes. Les autres vivent sur les revenus de leurs chrétientés et, lorsqu'ils ne suffisent pas, ils prennent sur l'aumône de la Propagation de la Foi, très sobrement. Leur état approche donc beaucoup de celui que le Sage demandait au Seigneur, quand il le priait de ne lui donner ni la pauvreté, ni les richesses (Prov. XXX, 8). N'est-ce pas, en effet, celui qui procure la plus grande somme de véritable bonheur dans ce monde ? On en sent la vérité sans qu'il soit nécessaire d'être parvenu à un degré de sublime perfection, dans toutes les positions de la vie, et surtout quand on a le bonheur d'être missionnaire, on estime les richesses ce qu'elles valent, on les prend ce qu'elles sont, on en use pour le bien, méprisant le luxe et se mettant aussi à l'abri des embarras qu'il entraîne.

« J'étais donc heureux autant qu'on peut l'être dans une terre étrangère. Car, je ne prétends pas enlever aux missionnaires, même à ceux qui vivent dans les contrées aujourd'hui paisibles de l'Inde, la gloire des souffrances de tous les jours, ne fut-ce que celle de ne point vivre dans leur patrie. Cet exil perpétuel est la plus grande, et sans doute la plus méritoire des croix du missionnaire. Mais elle est volontaire, nous l'aimions et nous l'aimons encore, nous l'embrassons avec délices et nous ne refusons pas de la prendre et de la porter jusqu'à la fin de nos jours, si telle est votre volonté, Seigneur, et si vous nous accordez la grâce d'être fidèle à tous vos ordres. »

« Pourquoi donc, t'abandonner, Coïmbatour ? M'avait-on refusé, du moins, les joies du cœur et celles de l'âme ? Il est vrai que mon cœur y fut souvent brisé et mon âme plongée dans de profondes tristesses. Cependant les Indiens m'aimaient car, je les aimais beaucoup ; mes chers indigènes m'affectionnaient peut-être jusqu'à l'excès, mon affection pour eux était sans bornes. Quelques-uns de mes collaborateurs m'étaient de vrais amis, et parmi eux aussi, il y a des saints qui seront, peut-être un jour, placés sur les autels. D'autres ont cru devoir user de contradiction, mais ce n'est pas leur cœur que j'accuse; je n'en veux qu'à leurs opinions qu'ils soutiennent pour le bien, mais, qui sont, à mes yeux, la cause d'un mal immense dans les missions, un obstacle permanent au véritable progrès et au solide établissement de la religion, non seulement dans l'Inde, mais aussi dans bien d'autres lieux, en tant qu'elles sont partagées par d'autres ouvriers apostoliques.

« Je me croirais grandement coupable, si je n'avais pas sérieusement examiné ma conscience pour découvrir si ce n'est point l'orgueil qui me fait présumer de la justesse de mes sentiments, en opposition avec ceux de plusieurs vénérables confrères. Cet examen, je l'ai fait et renouvelé souvent. Or, j'ai eu beau faire, sous peine de continuer une lutte inégale et plus dangereuse que l'erreur de mes contradicteurs, supposé qu'ils soient dans l'erreur, j'ai cru que j'agirais contre ma conscience en concourant à des actes d'une administration qui me paraît évidemment désastreuse et en tolérant des pratiques que nous pourrions peut-être purger de toute erreur, mais qui, dans l'ensemble des circonstances actuelles, ne me paraissent pas exemptes de superstition.

« Il m'était donc impossible de laisser mes convictions, mais il m'était possible de céder mon poste, *et je l'ai fait.* Je l'ai fait sous la forme de sacrifice, contre mes intérêts de toute nature et contre les réclamations de mon cœur : « ce qui me fait espérer, ô mon Dieu, que si je me suis trompé, c'est une erreur de jugement et non pas de volonté. Si mon esprit s'est dévoyé, mon cœur est innocent. Je l'espère du moins, ô mon Dieu, avec la paix de l'âme, que vous avez daigné me conserver, alors que mon cœur souffrait tant (1). »

L'annonce de sa prochaine démission valut à l'évêque de Pruse des lettres qui insistaient pour le voir rester à son poste. Elles sont, tout d'abord, des directeurs de Paris : Nous en citons quelques-unes :

De M. Legrégeois :

« Permettez-vous à un confrère plein d'estime et de dévouement pour Votre Grandeur, ue lui exprimer la peine bien vive dont son cœur est pénétré depuis le moment où il a eu connaissance d'une détermination qui porterait un coup terrible à votre mission et à l'honneur de notre Société. Vous le savez, Monseigneur, vous m'avez fait prendre l'engagement très honorable pour moi, de vous communiquer mes pensées, bien qu'elles soient, hélas ! de la plus modique valeur, sur ce que je croirais utile au bien et à l'avancement de notre œuvre. Pour le moment, je ne vois rien de plus utile à cette œuvre que de pouvoir continuer à vous compter au nombre de ses prélats les plus distingués. Cela paraîtra étrange à votre humilité qui, se regardant comme la cause du mal qui se fait et un obstacle au bien qui devrait se faire, en tire cette conclusion, qu'elle n'est propre qu'à s'ensevelir dans un cloître.

« Les difficultés, en présence desquelles vous vous trouvez, ne sont pas insurmontables et dussent-elles l'être, elles ne pourraient que gêner votre marche,

(1) Mémoires 1855;

mais non l'arrêter. Une administration qui porte le cachet d'une bonté paternelle sans faiblesse, d'une fermeté courageuse sans hauteur, et d'une autorité toute fraternelle, ne suffira peut-être pas pour gouverner certains esprits brouillons, mais les bons confrères finiront par lui accorder toute leur confiance. »

De M. Tesson :

« Après avoir lu votre lettre du 25 octobre, je l'ai communiquée à mes confrères. Elle nous a tous consternés. M. Legrégeois s'est empressé de vous répondre en son nom propre, sans consulter personne ; je puis affirmer qu'il a exprimé le sentiment, l'opinion de tous.

« Maintenant, Monseigneur, voici ma réponse, donnée en ami, comme vous le désirez. Il est certain et d'après la lettre que vous m'adressez et d'après celle du Cardinal Préfet de la Propagande, il est certain que ce n'est point la pesanteur de la croix qui vous effraie. Vous l'acceptez au contraire, en union avec Notre-Seigneur, de la manière la plus chrétienne ; vous êtes prêt, pour la gloire de Dieu, à tout souffrir, jusqu'à la mort, En un mot, vous vous comptez pour rien ; vous voulez réaliser en vous cette parole de Notre Seigneur : si quelqu'un veut venir après moi, qu'il se renonce à lui-même. Tout cela est incontestable.

« Eh bien ! Monseigneur, changeons les rôles : supposons qu'un évêque quelconque vienne vous dire que telles sont ses dispositions, mais qu'il craint d'être un obstacle au bien, une pierre d'achoppement (absolument tel que vous le dites de vous) et qu'en conséquence, il se croit en conscience dans l'obligation, à son grand regret, de quitter son poste.. Que lui répondriez-vous ?

« Vous lui diriez, Monseigneur, qu'avec des vues

aussi pures, un zèle aussi ardent, aussi désintéressé, Dieu pourra bien l'éprouver encore longtemps, mais qu'en définitive, il bénira son œuvre. Vous penserez qu'animé de dispositions si conformes à l'esprit de Jésus-Christ, ce prêtre, cet évêque sera, à lui seul, une source de bénédictions pour le troupeau qui lui est confié ; puisqu'il ne veut que la gloire de Dieu et ne travaille que pour elle, Dieu l'exaucera tôt ou tard, etc., etc. Je soutiens, Monseigneur, que telle serait, en substance, votre réponse, mais faite en termes beaucoup plus énergiques. Eh bien ! vous auriez évidemment raison, comme j'ai raison de vous faire la même réponse. »

Le vénérable M. Langlois, Supérieur, lui écrivit :

« J'ai lu la longue lettre que Votre Grandeur a écrite dernièrement à M. Tesson, pour justifier la décision à laquelle elle semble déterminée. J'ai eu beau réfléchir sur les raisons sur lesquelles elle s'appuie, je n'ai pu changer d'opinion et je suis de plus en plus convaincu que Votre Grandeur se fait illusion.

Mgr Bonnand lui-même (et nous croyons qu'il était sincère) se montra désolé de la démission de Mgr de Pruse . Il écrit :

« Je ne saurais vous dépeindre, Monseigneur, la pénible sensation que votre lettre a produite sur moi, ni l'étonnement dans lequel elle m'a jeté. Je n'en suis pas encore revenu. Je pourrais vous écrire aussi long que la matière me semblerait le demander. Je regrette bien que l'ouverture que vous me faites dans votre susdite ne m'ait pas été faite lorsque j'étais à même de vous entretenir de vive voix.

« J'ai célébré aujourd'hui, à votre intention, la messe que vous désiriez que je célébrasse. Quant à l'autre demande, celle de dire à la Sacrée Congrégation, d'accepter votre démission, ma conscience s'y refuse entièrement. Loin d'écrire dans le sens que vous mentionnez dans votre lettre, je n'hésiterais pas à écrire dans le sens contraire, et d'écrire si fortement que vous ne receviez qu'un refus pur et simple, si je ne considérais pas votre lettre comme une communication confidentielle dont je ne dois pas faire usage dans la circonstance présente. Eh ! Monseigneur non seulement je ne croirais pas pouvoir écrire dans le sens que vous me demandez, mais de plus, connaissant les choses comme je les connais et me rappelant ce que vous me disiez à Coïmbatour, sur les misères occasionnées par une partie des ouvriers évangéliques de votre vicariat, je crois qu'en conscience, vous ne pouvez pas quitter votre mission, au temps où vous voulez la quitter, ni dans le but que vous me marquez. Considérez-le bien, aux pieds de Jésus, le pasteur des pasteurs... »

Toutes ces lettres et ces instances n'ébranlèrent pas la volonté de Mgr de Brésillac, de partir définitivement de l'Inde mais, auparavant, il écrit très nettement les motifs de sa retraite.

« Motifs du départ :

« Pour résumer, je dois déclarer que la raison dominante, déterminante, qui m'a fait définitivement me démettre de mon vicariat, c'est l'embarras du système des castes, et ma répugnance à exercer le saint ministère au milieu de la contradiction pratique où elle jette les esprits. Cependant, il me semble que tout le monde aurait dû me seconder dans les efforts que j'ai faits, non point pour faire triompher mes vues particulières sur ce point, mais pour obtenir une règle de conduite certaine, de la part du Saint-Siège, après avoir pris des moyens efficaces de faire connaître à la Sacrée Congrégation de la Propagande, le véritable état actuel des choses, dans nos missions. C'est bien sincèrement que je me serais soumis à cette règle de conduite, clairement exprimée, mais qu'il a été prudent à la Sacrée Congrégation de ne pas formuler, quand on est parvenu à lui inspirer des doutes sérieux sur la part de confiance qu'elle pouvait avoir en moi. Or, ce qui m'a ainsi indisposé envers de puissants ouvriers évangéliques, c'est ma conviction de la nécessité pratique du clergé indigène, et des efforts que j'ai faits, imprudemment peut-être, je l'avoue, pour rendre aux vicaires apostoliques l'autorité qui leur convient et dont ils ont besoin, s'ils veulent rendre notre Société capable de répondre au but de son institution. »

Le dernier acte administratif du Prélat fut la promulgation de l'encyclique de Pie IX, touchant l'Immaculée-Conception. Il fit faire les prières selon la demande du Souverain Pontife et il envoya, à Rome, le témoignage écrit de la croyance du clergé et du peuple, tout en faveur de la foi à ce pieux mystère.

Le 2 octobre 1853, fête du Rosaire, septième anniversaire de son sacre, il était à Caramat-tampatty. Il présida les offices.

« A la pensée que c'est, vraisemblablement, la dernière fois que j'officie pontificalement à Carra-mattampatty, je ne pus retenir mes larmes. Mon Dieu, pourquoi faut-il quitter ma mission que j'aime tant ! Vous seul lisez dans mon cœur et j'espère que vous me rendrez, un jour, le témoignage que le seul désir de soutenir la gloire de votre nom et de votre Eglise, me fait prendre la détermination de me retirer. C'est un sacrifice que je vous fait, ô mon Dieu ; sacrifice qui ne sera connu que de vous seul, car les hommes de bien, penseront différemment. Ils m'accuseront d'inconstance, de dégoût, d'amour-propre, d'entêtement dans mes vues ; quant à moi j'espère, ô mon Dieu, que des humiliations qui m'attendent vous retirerez quelque bien pour votre sainte Eglise, dans les missions, et cela me suffit. »

« M. Métral et M. Ravel étaient venus me dire adieu, avec tous les séminaristes... Leur séparation me perça le cœur. Eux, ils avaient la confiance que mon retour n'était pas douteux ; le doute, la probabilité même que je ne reviendrai pas, c'est mon secret, il est là, pour me briser doublement le cœur et faire de mon départ un vrai sacrifice. Puissiez-vous l'accepter, ô mon Dieu. (1) »

Le 13 octobre enfin, il laissa Coïmbatour, se dirigeant vers Bombay, par Mangalou. Dans cette dernière ville, il reçut la flèche du Parthe, c'est-à-dire des lettres pleines d'accusations gratuites envers de vénérables personnes. Pour sa part, il y était qualifié de « minus habens ! » Le saint évêque daigna répondre que « c'était pour cela qu'il donnait sa démission. »

Après un long voyage, il s'embarqua à Bombay, le 14 janvier. A Suez, il transborda, et reprit la mer à Alexandrie. Il traversa donc une bonne partie de l'Egypte où les enfants du futur fondateur des Missions Africaines administrent un vicariat apostolique très florissant. Mgr de Brésillac ne se doutait pas qu'un jour, sa postérité spirituelle évangéliserait les bords du Nil. La Providence a de ces surprises.

Il arriva à Rome le 19 avril 1854 et descendit chez les Carmes où il trouva Mgr Martini, un des

(1) Mémoires 1855.

Armes de Sa Grandeur Mgr Melchior
de Marion de Brésillac

assistants à son sacre, et dès le lendemain, il fut saluer Saint-Pierre, en sa Basilique.

L'évêque de Pruse avait hâte d'aller à la Propagande. Le Cardinal Fransoni, Préfet, le reçut avec une extrême bonté. Mais il était tellement âgé qu'on ne pouvait traiter avec lui, les affaires épineuses.

« De chez son Eminence, je passai au cabinet de Mgr Barnabo (1), homme plein d'intelligence et je fus étonné de le trouver si fort au courant de nos affaires. Il me parla avec une incomparable bonté. Je fus vraiment enchanté de notre première entrevue, mais nous n'allâmes au fond d'aucune question. Il m'engagea à écrire mes pensées et à les communiquer à la Propagande. Je ne promis rien, je ne refusai rien, je crus devoir mieux connaître et les choses et l'homme, avant de m'engager à rien. Je dis l'homme car, c'est évidemment de Mgr Barnabo que tout dépend à la Propagande : je ne pense pas qu'il fasse tout, mais je crois que sans lui, rien ne se fait. Le 25, j'eus un nouvel entretien avec ce même prélat, secrétaire général de la Propagande. C'est un homme habitué à traiter les affaires, d'un grand talent, d'une mémoire prodigieuse. Cette conférence dura deux heures. Je suis sorti de chez lui satisfait. Le Souverain Pontife est fatigué et ne reçoit personne.

« Rome, 7 mai, béatification de la Bienheureuse Germaine Cousin. La cérémonie a été magnifique ; ce sont des spectacles pieux dont on ne peut jouir qu'à Rome et, surtout, quand on en est témoin pour la

---

(1) Secrétaire de la Propagande et, après son cardinalat, Préfet de cette Congrégation. Il encouragea Mgr à fonder les Missions Africaines et fut toujours l'ami et le protecteur de la Société. Le P. Planque avait souvent sur ses lèvres, jusque dans son extrême vieillesse, le nom du cardinal Barnabo.

première fois, ils remplissent l'âme de délices. Une pensée m'a touché pendant la cérémonie : il peut fort bien se faire que ma grand'mère paternelle soit de la famille de l'humble et glorieuse bergère, ma grand' mère, en effet, était née Cousin, d'une famille bourgeoise de Nailloux, petite ville peu éloignée de Pibrac. Quoiqu'il en soit, j'adressai à la Bienheureuse, d'ardentes prières pour nos missions. (1) »

Monseigneur, peu de jours après, fut reçu par Pie IX. Il rend compte de l'audience en ces termes :

« Le 10 mai 1854, à dix heures trois quarts, j'ai été reçu par Pie IX. Rien n'égale sa bonté paternelle, Plein de douceur et, même, de gaieté, il vous met de suite à votre aise. A peine deux minutes sont-elles écoulées, qu'on est complètement revenu de l'émotion qu'on éprouve en se trouvant, pour la première fois, aux pieds du Vicaire de Jésus-Christ. A peine lui ai-je baisé les mains, qu'il m'a invité à me relever, ce que j'ai fait, et à m'asseoir, ce que je n'ai point accepté. Nous avons causé, tête à tête, pendant une bonne demi-heure, toujours en français. Il m'a parlé des missions comme n'étant pas très content de celle de l'Inde. Il s'est plaint de ce que parmi les missionnaires, il y en avait qui n'étaient pas tels qu'il les aurait voulus.

« A cela, je lui ai dit que je ne connaissais pas assez les missionnaires des autres congrégations pour en rien dire sur ce point, mais que je pouvais assurer que dans notre Congrégation, il n'y en avait pas un de mauvais sur cent. Mais j'avouai qu'il y en a qui portent en mission, un esprit exalté, de sorte qu'avec beaucoup de talent, beaucoup de zèle, ils manquaient

(1) Journal 1855.

de ces vertus qui ne s'obtiennent que par l'éducation à l'état qu'on embrasse. Cette explication n'a pas paru lui déplaire. J'ai dit à Sa Sainteté, que j'aimais beaucoup notre congrégation, j'ajoutai : « Ce qui me fait particulièrement de la peine, c'est que je suis persuadé qu'il y a grande confusion dans l'œuvre des missions, sans que j'aie aucun espoir de pouvoir concourir à améliorer l'état des choses, et c'est pour cela que j'ai demandé à me retirer et le demande encore à Votre Sainteté. « Mais, reprit-il, voilà longtemps que vous êtes en mission, il faut que vous nous fassiez connaître par écrit, ce que vous pensez, puis nous verrons. — « Je demande à Votre Sainteté la permission de lui lire un billet de Mgr Barnabo, sur ce sujet. Mgr Barnabo désire que j'écrive : 1º sur la question des rites malabares ; 2º sur tout ce qui touche aux missions de l'Inde ; 3º sur les missions catholiques en général.

« J'avoue, Très Saint Père, que j'ai beaucoup de répugnance à traiter ces questions en détail, pensant que je ne saurais faire un travail qui aboutit à quelque heureux résultat. Je ferai cependant ce que Votre Sainteté m'ordonnera.

« — Faites, me répondit-il. — On risque de froisser des personnes qu'on respecte, qu'on aime. — Que vous importe, puisque vous demandez à vous retirer, dites ce que vous pensez, pour la gloire de Dieu, sans songer à ce que diront les hommes. D'ailleurs, la Sacrée Congrégation ne publiera pas vos rapports et même, si vous le voulez, vous pouvez me les remettre à moi-même. — Je n'ai nulle méfiance envers la Sacrée Congrégation et grâce à Dieu, je ne tiens pas à ce que diront les hommes, seulement je n'aimerais pas à les indisposer contre moi, sans profit pour le bien. Mais, si Votre Sainteté me l'ordonne, je le ferai en conscience, sans vouloir blesser personne. Eh bien ! c'est cela, faites. »(1)

Les deux rapports demandés par le pape et par la Sacrée Congrégation de la Propagande, furent présentés. L'impression en fut excellente à Rome, qui, de ce fait, tarda assez longtemps pour accepter la démission du vicaire apostolique de Coïmbatour. Le Saint-Siège, cependant, ne voulait rien changer à l'état de choses existant.

Tous ces délais retinrent Mgr de Brésillac dans la ville éternelle, plus longtemps qu'il n'aurait voulu. Il put finalement la quitter.

« Rome, le 1er août. Le Souverain Pontife a daigné me recevoir une seconde fois et je suis très satisfait de ce qu'il me dit. Il me parut saisir la gravité des questions de mon rapport et de la nécessité de s'en occuper : « Je vois bien, me dit-il, qu'il faut pour cela une Congrégation de Cardinaux. J'en reparlerai à Mgr Barnabo. » En effet, la Congrégation des Cardinaux a eu lieu ; c'est Mgr Barnabo seul qui a rendu compte de mon rapport. Tout me fait croire qu'il l'a fait exactement, sans avoir saisi complètement toute ma pensée. Je n'ai vu aucun des Cardinaux, je n'ai parlé à aucun d'eux. Le résultat de cette Congrégation Générale, d'après ce que m'en a dit, ce matin, Mgr Barnabo, ne me laisse plus aucun espoir de procurer quelque bien réel dans l'Inde ; de plus, je ne vois pas comment je pourrai continuer à exercer le saint ministère dans ce malheureux pays. Quant à rendre quelque service général aux missions ou seulement à notre chère congrégation, il n'en est plus question. O mon Dieu, vous connaissez mes intentions ! Soyez, je vous en supplie, ma consolation

(1) Loc. cit, 1855.

et ma récompense. Vous connaissez aussi ma faiblesse, ô mon Dieu, ne permettez pas que le trouble s'empare de mon âme, secourez-moi dans la tentation. Bienheureuse Vierge Marie et vous, mes bons saints anges, secourez-moi dans le besoin où je me trouve, de paix intérieure, de renoncement à moi-même, de complet anéantissement.

« Le 12 août, j'eus mon audience de congé. Inutile de dire la constance de Pie IX, dans sa paternelle bonté. De mes affaires, il ne m'a dit qu'un mot qui me confirme dans la pensée qu'il n'y a rien à espérer. Il est évident que le Saint Père n'a point personnellement examiné ces questions, et qu'il n'en a connaissance que par les rapports verbaux de Mgr Barnabo. Or, des divers entretiens que j'ai eus avec ce prélat, pendant les trois mois qui viennent de s'écouler, il résulte évidemment à mes yeux : 1e que ces messieurs de la Propagande craignent de s'engager dans une affaire difficile, compliquée, délicate et dangereuse ; 2e il me paraît évident qu'on tiendrait pour condamnable l'état de choses actuel, si on croyait qu'il est tel qu'il est. On ne m'a jamais dit : « Soyez en sûreté, nous savons parfaitement ce qui se pratique et vous pouvez y participer en sûreté de conscience, tant cela est tolérable.

« Je quitte Rome le 20 août, au soir. L'avenir est sombre et l'on assure qu'il sera désastreux, à moins qu'il n'entre dans les desseins de la Providence de conserver la puissance temporelle à l'Eglise. Je ne vois que malheur à attendre d'un bouleversement politique dans Rome et de l'affaiblissement de la puissance temporelle qui paraît devoir nécessairement s'en suivre. Déjà Rome se gouverne à peine elle-même : ses portes sont gardées par des sentinelles étrangères. O Dieu, préservez la ville de Pierre de tout malheur.

« Rien à dire de Civitta-Vecchia, de Toulon, de Marseille, si ce n'est mon pèlerinage à N.-D. de la Garde. Après deux bons jours au petit séminaire de Carcassonne, j'arrive à Castelnaudary. A la vue du clocher de Saint-Michel, mon cœur battit plus fort. C'est sur la place publique que je trouvai ma mère, nous nous jetâmes dans les bras l'un de l'autre, ne pouvant plus retenir nos larmes. Mon père se méfiait de ses forces, il m'attendait debout au milieu du salon. Je me jetai dans ses bras et les larmes coulèrent abondantes. Aussitôt une foule de personnes accoururent à la maison de mon père. Les jours suivants, les gens du peuple ne me laissent pas un instant. Cependant, le choléra répand partout la terreur. Je prêche une neuvaine de sermons à Saint-Michel.

Vers le 20 octobre 1854, Mgr de Brésillac arriva au séminaire des Missions Etrangères, à Paris. Il causa avec ces Messieurs des affaires, surtout de l'affaire de la démission. Mgr déclara que lorsqu'elle aurait été acceptée à Rome, il se retirerait à Jérusalem. Rien, dans les lettres ou dans les Mémoires, ne nous explique le choix de cette ville sainte, comme séjour. Le prélat fit connaître sa détresse à la Société, car il était sans ressources, ayant sacrifié presque tout son patrimoine à ses œuvres de Salem, de Pondichéry et de Coïmbatour, On lui répondit qu'on s'engageait à lui allouer, annuellement, 1.500 francs, à moins qu'il n'eut de par ailleurs de quoi s'entretenir.

Enfin, une lettre du cardinal Fransoni, du 17 mars 1855, informait l'évêque de Pruse que, cédant à ses instances, le Pape le relevait de sa charge de vicaire apostolique de Coïmbatour et approuvait son avis pour la nomination de son successeur. Mgr accusa réception, ajoutant que puisque Sa Sainteté ne désirait pas le voir séjourner à Jérusalem, il se retirerait au couvent des Capucins de Versailles, dont le Gardien était le P. Dominique que les anciens des Missions Africaines ont bien connu.

Nous nous faisons un devoir de citer la lettre que l'évêque démissionnaire écrivit au bon M. Métral, le 19 mars 1855. Ce sont ses suprêmes adieux au Coïmbatour: adieux déchirants du père à ses enfants.

« Vous avez du croire que je vous ai oubliés, et cependant, je n'ai pas passé un seul jour sans penser à vous et à ce qui fut notre chère mission. Je ne vous écrivais pas parce que mon cœur était tellement brisé, mon âme tellement accablée, qu'il m'était comme impossible de prendre la plume. Aujourd'hui même, je n'entrerai dans aucun détail. Qu'il me suffise de vous dire que je n'ai pas cru pouvoir conserver en conscience la responsabilité de la charge de vicaire apostolique dans l'Inde, les choses en étant où elles sont. Ma démission vient enfin d'être acceptée... Ainsi, nous n'avons plus d'espoir de nous revoir sur cette terre, bien cher M. Métral. Puisse le Seigneur faire tourner tout cela à sa plus grande gloire, au salut des pauvres Indiens que nous aimions et que nous aimons tant, et à notre propre sanctification. Merci, bien cher ami, pour tout le bien que vous m'avez fait. Remerciez aussi pour moi tous ceux qui furent mes collaborateurs, spécialement MM. de Gélis et Ravel, car il est bien juste que je distingue ceux qui ne m'ont donné que des consolations. Je voulais écrire à ces deux derniers, mais je n'en ai pas eu le courage. Je serai heureux si vous vous souvenez toujours de moi dans vos prières, et vous serez bien charitables, vous et les autres, si vous me donnez quelquefois de vos nouvelles. Quant à moi, je vous assure que je ne laisserai pas passer un seul jour, sans prier pour le Coïmbatour. Qu'un autre y fasse le bien qui m'a été rendu impossible ! Vous connaissez le fond de mon cœur vous savez que c'était l'unique ambition de mon âme. Mais qui sait si Dieu n'accordera pas *au sacrifice* ce qu'il n'a pas accordé à *l'action* ? Peut-être aurez-vous quelque peine, cher ami, à lire cette lettre. Mais vous n'en aurez certainement pas autant que j'en ai à l'écrire. Vingt fois, les larmes sont venues m'interrompre. Elles coulent en ce moment. Je les mets aux pieds du crucifix, pour le Coïmbatour. Adieu. Mille choses aux séminaristes, à vos chrétiens. Je leur envoie des larmes au lieu de bénédiction. C'est dorénavant, celle d'un autre qu'ils devront implorer. Adieu. Adieu...

... C'en est fait : les liens sont brisés. Voilà le vaillant et loyal évêque de Pruse, sans situation, en une cellule de capucin, dans toute la force de l'âge..., à quarante-deux ans... Ce qui est arrivé, il l'a voulu, cherché, et il ne regrette pas sa décision...

Bonum quia humiliasti me...

Ainsi ont toujours parlé les saints... ! Mais Dieu avait ses vues...

DEUXIÈME PARTIE
1855-1859

Le Fondateur
des Missions Africaines
de Lyon

France (1855-1859) -:- Afrique (†1859)

CHAPITRE PREMIER
(1855)

Mgr de Brésillac regretté aux Indes. — Lettres d'amis. —
Il cherche sa nouvelle voie. — Propositions diverses. —
Il pense à l'Afrique. — Premiers pas vers une fondation. —
Conversations épistolaires avec Rome et Mgr Barnabo. —
A Rome.

Si Mgr de Brésillac ne regrettait pas d'avoir quitté
l'Inde, beaucoup déploraient son départ, ses amis,
d'abord, qu'il avait laissés nombreux, là-bas et aussi...
les autres..., ceux qui auraient pu et dû l'aider,
l'encourager et le soutenir. Mais, la décision était
prise.

Nous ne reviendrons sur le passé que pour citer

quelques fragments de lettres qu'on ne doit pas ignorer, à cause de la lumière qu'elles projettent sur la noble figure de celui que Dieu avait choisi pour doter son Eglise d'une nouvelle Société de Missionnaires.

De Mgr Bonnand, Sa Grandeur écrivait, en avril 1855 :

« ... Je n'essaierai pas de vous dépeindre la douleur et l'affliction dans lesquelles m'a plongé votre lettre du 20 janvier. Il me serait impossible de le faire ; je n'aurais jamais cru que votre voyage en Europe amenât un dénouement semblable. Oh oui, Monseigneur, le coup écrasant que vous m'avez porté pressera longtemps mon cœur. Et, s'il m'était donné de pouvoir quelque chose en cette affaire, je ne vous laisserais pas abandonner ainsi l'œuvre de nos Missions... »

De M. Métral :

« ... Je passe à la chose qui me touche au cœur, qui me désole, qui me tient, jour et nuit, dans une continuelle inquiétude ! Vous la voyez, cette chose : c'est Votre Grandeur qui en est la cause ; c'est sa résolution de ne plus revenir, de nous abandonner, nous et votre séminaire chéri, qui ne vivait que pour vous... Ah ! si j'étais quelque chose, j'écrirais hardiment à Rome qu'on se gardât bien de vous écouter et d'accepter votre démission...

« ... Vous me disiez votre ami. Jamais ennemi ne m'aurait pu faire autant de mal que vous m'en faites... Mais, pourquoi nous laisser ? Ne faisiez-vous pas le bien ?.. Voulez-vous entendre ce que pense de Votre Grandeur Mgr Bonnand qui m'écrit :

« J'en veux terriblement à Mgr de Brésillac !

Un homme qui avait tant de qualités pour faire le bien *ici*, nous quitter ainsi ; oh ! je ne puis digérer cela... Cela me fera mal pendant de longues années... »

Les termes de cette lettre sont vifs, il est vrai, mais le cœur qui les dictait, était celui du missionnaire le plus attaché à l'évêque de Pruse, son meilleur ami, de Coïmbatour. Là est son excuse.

De M. de Gélis :

« Il y a à peu près un mois, j'ai eu le plaisir et je dirai, en même temps, la peine de recevoir la lettre que Votre Grandeur a bien voulu m'écrire, après s'être retirée à Versailles. Vous comprenez mieux que je ne saurais le dire, les motifs de ces deux sentiments que m'a procurés votre lettre si remplie de vérité et de si sages conseils pour le bien de notre Société. Espérons que le bon Dieu fera connaître, tôt ou tard, la justesse des projets de Votre Grandeur, et que ce sont de bonnes pierres d'attente pour le bien, quand les moments de la Providence seront venus. »

Des séminaristes du Coïmbatour :

« Depuis le jour où vous êtes parti d'ici pour Rome, chaque mois, nos Pères reçoivent vos lettres et nous-mêmes, avant janvier nous en avons reçu deux et un livre. Depuis lors, voilà bientôt cinq mois, ni le P. Métral, ni aucun missionnaire n'a reçu une lettre de vous. Ce n'est pas seulement étonnant pour nous, mais encore comme l'enfant, quand sa mère est absente, pleure, attend, avec anxiété, l'arrivée de sa mère, ainsi avec un si grand tourment, nous attendions votre retour. Enfin, malheureux que nous sommes, nous apprenons par une lettre que vous avez envoyée au P. Métral, au mois de juillet, que vous ne reviendrez plus. Depuis que nos oreilles ont entendu cette triste nouvelle, notre tristesse ne fait qu'augmenter. Mais hélas ! en un tel malheur, que dire sinon : triste nouvelle. Notre douleur grandit, aussi grande qu'était grande notre affection pour vous. Déjà, en effet, Père très aimé, nous sommes privés du bonheur de voir Votre Grandeur. Déjà, en effet, Père très aimable, nous sommes privés des avertissements efficaces de Votre Grandeur, que nous aurions reçus pour nous perfectionner en notre état ; et encore d'autres biens et spirituels et temporels. Très malheureux, nous comprenons maintenant ce que vous nous disiez dans votre dernière lettre : « c'est Dieu qui dirige tout... Hélas ! nous sommes devenus orphelins mais, que Dieu ait pitié de nous, qu'Il nous bénisse, qu'Il nous garde... »

« Les chrétiens désolés, ont demandé au P. Métral, la permission d'écrire au Souverain Pontife pour qu'il vous envoie de nouveau ici. Mais, il n'a pas permis car cela lui paraît impossible. Quand Maniagarere, Codively, Valipaleam, Calipatty eurent bruit de cette mauvaise nouvelle, ils vinrent vers nous pour savoir si c'était vrai : ils s'en retournèrent avec une grande tristesse. Père très désiré, toutes les bouches des chrétiens disent : nous avons perdu notre bien-aimé père, nous n'aurons jamais un si bon évêque. Comme dans notre précédente lettre, nous disons : la famine augmente de plus en plus. Il y aurait beaucoup de nouvelles à vous annoncer mais la douleur nous force à les taire. Dieu seul sait ce qui arrivera ! Qui sera votre successeur ? Nous ne le savons pas. De tout notre cœur, nous vous assurons que jamais nous ne vous oublierons. Et nous vous supplions de daigner vous souvenir de nous et de tous les fidèles de toute la mission de Coïmbatour, au saint sacrifice de la messe et dans vos prières.

« Pour nous et pour tous les chrétiens, très humblement, nous demandons votre paternelle bénédiction. »

De M. Ravel :

« Vous nous avez donc quittés ! et cela pour toujours ! ! Ces paroles en disent trop pour que j'ose revenir là-dessus...

« Nous avons simplement dit aux chrétiens que vous voulez désormais vous occuper uniquement de votre âme. « Il ne reviendra donc plus » concluaient-ils eux-mêmes, en interrogeant, et on a été obligé de leur répondre : « Non. » Terrible non, qui a arraché des larmes aux personnes les plus graves. Les séminaristes ont ressenti, plus vivement encore, les effets de votre détermination. Ils me disaient une fois : « Mais, si nous lui écrivions une lettre toute suppliante. Mais, puisque tout est maintenant déterminé, que ferions-nous ? »

« Malgré cette peine tant sentie par eux, ils ne se sont nullement laissés aller au découragement... Je n'ai jamais eu besoin d'employer aucun moyen particulier, pour les engager à la persévérance. leur conduite est, de plus en plus, rassurante. »

De Mgr Berneux (1) :

« Je regrette bien sincèrement, Monseigneur, que Votre Grandeur ait cru devoir se démettre d'une charge qu'elle pouvait remplir si longtemps (2) encore, et dans laquelle avec les dons que vous avez reçus

---

(1) Berneux (Siméon-François). du Mans, né 1814), évêque de Capsa (1854), vic. apost. de Corée. Martyrisé (1866). Cause instruite à Rome.

(2) L'évêque de Pruse n'avait que 42 ans.

de Dieu, vous pouviez rendre de si importants services. Je n'éprouve pas un regret moins vif de la perte que fait notre Congrégation, pour le fait de votre démission. Je ne crois pas qu'on ait encore nommé personne à votre place, dans le vicariat de Coïmbatour. Ne pourriez-vous pas, Monseigneur, reprendre la direction d'une misssion où vous faisiez et pouvez encore faire tant de bien. Nous serions tous heureux, Monseigneur, que votre Grandeur prît cette détermination qui conserverait à Notre Société, un prélat dont elle s'honore à juste titre. »

Nous laissons de côté bien d'autres lettres qui prouvent que Mgr de Brésillac n'avait pas que des adversaires aux Indes et ailleurs...

Mais, qu'allait-il devenir lui-même ? La solitude du couvent de Versailles ne pouvait être que passagère et provisoire. À son âge et avec son tempérament ardent et initiateur, l'inaction lui serait impossible. On avait une haute idée de la vertu et des capacités du prélat, si éprouvé. Aussi, dès que sa démission fut officiellement connue, des propositions lui arrivèrent de divers côtés au sujet d'œuvres à créer ou de missions à fonder.

Ce fut d'abord, le gouvernement d'un vicariat apostolique, projeté en Islande (1).

Mgr Bonnand voulut le faire nommer au Japon, vicariat vacant par la nomination de Mgr Forcade au nouveau siège de la Guadeloupe. Plus tard (1856), le P. Léon des Avanchers, engageait Mgr de Pruse à se joindre à lui pour établir des missions sur la

(1) Ce pays n'a été érigé en Préfecture Apostolique, qu'en 1923 et confié aux Pères de la Compagnie de Marie (du Bx de Montfort).

Côte Orientale d'Afrique. « Il serait heureux, dit-il, de marcher sous ses ordres. »

Une nouvelle proposition : celle de se mettre à la tête d'une Société d'ecclésiastiques pour restaurer, en France, l'Ordre, jadis florissant, des Augustins (1).

On le voit, Monseigneur n'avait que l'embarras du choix. Cependant, il ne répondit à aucune de ces sollicitations. Déjà, sans doute, il pensait à l'Afrique Occidentale. Mais, avant de rien entreprendre, il voulait se recueillir, prier, consulter. Il attendait son heure, ou mieux, l'heure de Dieu.

Elle sonna, enfin, l'heure bénie qui devait doter l'Afrique d'une Société d'Apôtres nouveaux, et, devenir, pour des milliers de pauvres noirs, la source du salut.

Le 26 mai 1855, l'ancien évêque du Coïmbatour écrivit à Mgr Barnabo, secrétaire de la Propagande, la lettre suivante : « Dieu n'a jamais cessé de m'inspirer pour les missions, un ardent amour. Mais enfin, puisque tout espoir est perdu pour moi, de revoir les missions de l'Inde, qui me furent si chères, n'est-il pas un autre lieu, sur la terre, où je puisse être missionnaire ? Jeune encore, est-ce bien la volonté de Dieu que je reste dans l'inaction ? Je ne puis le croire, et je vous prie, Monseigneur, de présenter au Saint Père, *l'offrande* que je lui fais de moi-même pour quelque lieu que ce soit de l'univers. »

« Si le caractère épiscopal est un empêchement absolu pour travailler dans une mission déjà existante, n'y a-t-il pas encore un lieu, dans le monde, où les missionnaires n'aient point porté leurs pas ? *Par exemple, dans le centre de l'Afrique ?*

(1) Cette tentative fut faite sans Mgr, mais n'eut que peu de succès. Lors des décrets de 1901-1902, ces religieux n'avaient en France, que trois couvents, dont un à Nantes.

« Voici donc, Monseigneur, ce que je viens vous prier de demander pour moi au Saint Père : ou bien une mission quelconque, selon son bon plaisir, ou bien l'autorisation d'aller essayer une mission dans l'Afrique intérieure, là où les missionnaires des vicariats apostoliques n'ont pas encore pénétré.

« Je ne me fais pas illusion sur les difficultés, même sur l'impossibilité apparente de réussir, mais tout est possible à Dieu et nous mettons en lui tout notre espoir. Mon désir serait de me jeter en aveugle entre les bras de la divine Providence et d'aller absolument à l'apostolique, droit chez ces peuples, soit seul, soit avec un ou deux compagnons, si j'en trouve qui veuillent me suivre dans une voie où naturellement, nous devrons trouver bientôt la mort et puis le Ciel. Mais j'offre ma vie à Dieu et au Saint Père, avec la bénédiction duquel Dieu ne nous refusera pas la sienne et peut-être, permettra-t-il que, par cette mort et par un succès qui serait visiblement l'œuvre de sa grâce, nous fassions connaître à quelques pauvres peuplades, le saint nom de Jésus-Christ. »

Mgr Barnabo, sans décourager l'ardent missionnaire répondit que le temps n'était pas favorable pour parler au Saint Père, du désir exprimé, d'un nouvel apostolat.

Mais l'évêque tint bon et, le 23 juin suivant, il insistait, en ces termes :

« Permettez-moi d'espérer, Monseigneur, qu'un jour viendra où l'on reconnaîtra que je ne fais que mal exprimer des choses vraies, et que le fond de mes pensées était conforme aux besoins des missions de l'Inde (1) et surtout à l'esprit du Saint-Siège, pour

(1) Rome a réalisé cette prophétie. (Voir note, page 105, par. 1.

DAHOMEY - SACRIFICES HUMAINS

lequel j'ai toujours professé et professerai toute ma vie, une vénération profonde et un amour filial. Permettez-moi d'espérer que le Souverain Pontife reconnaîtra, lui-même, qu'il a, en moi, un fils plein de respect, d'obéissance et d'amour, et tout dévoué aux missions. »

« C'est dans cette espérance que j'ose lui demander de vouloir bien me laisser continuer cette œuvre, de me permettre d'ouvrir une mission en des lieux jusqu'ici inaccessibles. Si je ne réussis pas, qu'y aura-t-il de perdu ? Si le succès couronne mes efforts, Dieu aura fait tourner le mal en bien.

« Avec la bénédiction de Sa Sainteté, je me rendrai dans la Guinée. Après avoir pris toutes les informations possibles auprès des bons Pères du Saint Cœur de Marie, et auprès des naturels de l'intérieur, venant faire le commerce sur les côtes, je m'élancerai dans les bras de la Providence, vers l'intérieur. Ne se trouvera-t-il pas un ou deux compagnons dévoués pour se joindre à moi (1), il n'en faudrait pas davantage, ce me semble, au commencement. Et si le succès répondait à notre zèle, il ne serait pas difficile d'y attirer quelque Congrégation. Au reste, ce plan serait modifié selon les vœux de la Sacrée-Congrégation, dont je suivrais scrupuleusement les intentions.

« J'espère que le Saint Père verra dans cet offre, non point une légèreté d'esprit, mais bien uniquement, mon vif désir de rester fidèle à ma vocation et d'employer toute ma vie « à l'œuvre des missions ».

La Propagande fit alors savoir que le Pape voulait réfléchir sur cette affaire, et elle semblait déclarer que la place était prise.

____

(1) Première idée d'une Société nouvelle.

Mgr ne se tint pas pour battu et répliqua respec-
tueusement :

« Vous m'objectez que, dans les lieux désignés dans
ma précédente lettre, il y a déjà *des évêques*. J'ignore si
toute l'Afrique est comprise dans les limites affec-
tées aux divers ouvriers apostoliques, mais il me
semble que, soit à cause des difficultés qu'ils n'ont
pu vaincre, il y a bien des contrées où, de fait, il n'y
a pas encore de prêtres (1).

« En parlant de la Guinée, mon intention n'a point
été de demander à être envoyé dans un district où
il y a déjà des ouvriers pleins de zèle. Je témoignais
seulement la confiance que ces messieurs auraient
la charité de me laisser passer, chez eux, le temps
voulu pour prendre les informations nécessaires
avant de pousser plus à l'intérieur. « Les langues » :
mais, le premier qui y pénètrera, rencontrera toujours
cette difficulté.

« Au reste, si la Sacrée-Congrégation répond favorablement à ma demande, comme je l'espère, mon
désir serait de ne point partir, sans venir à Rome pour
m'entendre avec la Propagande et prendre ses instructions détaillées.

« Monseigneur, votre lettre m'a rempli de consolation et d'espérance de reprendre le ministère des
missions. Je dépose cet espoir dans le sein de l'Immaculée Vierge Marie et le confie à votre zèle bienveillant. »

(1) Mgr ne se trompait pas. Le seul Vicariat de l'Afrique
Occidentale, du Sénégal au Cap, était celui des Deux Guinées
et d'immenses contrées (toutes celles évangélisées actuellement, par les M. A. I., étaient sans prêtre : Ces contrées
forment aujourd'hui 8 Vicariats et 5 Préfectures apostoliques.

Pour mieux s'expliquer et arriver plus promptement à ses fins, le prélat quitta sa retraite de Versailles et partit pour Rome, en décembre 1855.

Près du Siège de Pierre, il allait chercher la lumière et la force nécessaire pour fonder les Missions Africaines de Lyon. Il avait trouvé sa nouvelle voie...

Dieu en soit, à jamais, béni et remercié.

CHAPITRE II

(1856)

Fondation des Missions Africaines de Lyon

A Rome. — Rapport à la Propagande. — Résumé de ce document. — Ses conséquences. — Rome approuvé, encourage et suggère l'idée d'une Société. — Acte de naissance de la Société des Missions Africaines : 29 *février* 1856. — Lés Pères du Saint Esprit. — Retour en France.

Arrivé à Rome et descendu chez les Capucins du Mont-Aventin, recommandé à ces bons religieux par le P. Dominique, de Versailles, Mgr de Pruse s'occupe immédiatement de rédiger un long rapport aux Cardinaux de la Propagande. Ce document peut être regardé, vu son importance, comme la « Charte de fondation des M. A. L. », dont nous lirons bientôt l'acte officiel de naissance.

Nous résumons ce rapport de Mgr de Brésillac ; le cadre de cet essai de biographie ne nous permettant pas de le reproduire in-extenso, à notre vif regret .

« Eminentissimes Seigneurs,

« § 1. — Lorsque, à cause de l'état des missions de l'Inde, et en particulier, de celle de Coïmbatour, je me crus obligé de donner ma démission et de quitter un vicariat apostolique dont le souvenir sera toujours cher à mon cœur, je ne fus nullement porté à cette détermination par dégoût pour l'œuvre d'évangélisation des peuples encore plongés dans les ténèbres de l'idolâtrie, ni par le désir de me reposer après douze ans de travaux pénibles, sans doute, mais que la grâce rend aimables. Jeune encore et plein de force, mon désir est de ne point cesser de travailler dans la vigne du Seigneur.

« Le 28 mai de l'année qui vient de finir, j'écrivis une lettre dans ce sens, à Mgr Barnabo, Secrétaire de la Sacrée Congrégation de la Propagande. Une correspondance s'en est suivie et j'ai cru devoir venir à Rome , exposer moi-même ma demande à la Sacrée Congrégation, et si elle m'approuve, demander au Saint Père une bénédiction qui féconde mes vœux pour l'évangélisation de l'Afrique.

« Or, voici qu'avant l'exécution de ce projet, la divine Providence semble m'avoir fourni le moyen de fixer, sur un point déterminé, les vues générales et encore vagues que j'avais d'entreprendre une mission dans des pays encore inexplorés, ou bien actuellement dépourvus de missionnaires.

« § 2. — Le Père Ambroise, Gardien du couvent des Capucins, à Versailles, ainsi que le Père Dominique, maître des novices, connaissaient mes intentions. Or, il arriva que le premier de ces deux Pères étant allé aux Eaux-Bonnes, fit la connaissance de M. Régis aîné, de Marseille, très bon chrétien, dit-on, fort riche, armateur, faisant le commerce sur les côtes de la Guinée. Ce monsieur lui parla du dénuement complet de missionnaires, dans le royaume d'Afrique où il fait principalement son commerce, ajoutant qu'il serait personnellement disposé à faciliter l'action des missionnaires dans un pays où il a quelque influence, quoique les habitants soient des plus barbares, mais heureusement disposés, en ce moment, pour les Français.

« A son retour des eaux, le Père Ambroise me communiqua cette ouverture de M. Régis, mais je n'attachai pas d'abord une grande importance à cette communication. Cependant, je quittai Versailles dans l'intention de passer deux mois au sein de ma famille, avant de me rendre à Rome. Déjà ces deux mois étaient presque écoulés, quand je reçus une lettre du Père Dominique, qui s'était rendu à Marseille pour les affaires de son Ordre, et qui avait eu occasion de parler à M. Régis. Il me faisait l'éloge de cet armateur et m'engageait fort à le voir, à mon passage car, il était fort persuadé qu'il y a quelque chose à faire avec lui, pour la gloire de Dieu, dans la propagation du Saint Evangile.

« A mon passage à Marseille, je n'eus qu'à me louer de ses bonnes grâces et de ses heureuses dispositions à seconder l'établissement d'une mission dans le royaume du Dahomey, où sa maison de commerce exerce, comme je l'ai dit, une grande influence. Voici, au reste, le résumé de sa conversation :

« § 3. — Le royaume du Dahomey, me dit-il, est l'un des plus puissants de l'Afrique Occidentale. Le roi est maître aujourd'hui du pays où était situé le fort de Whydah, autrefois possession française, mais abandonné depuis longtemps. Dans ce fort, avec l'autorisation du Gouvernement français, nous avons établi une factorerie. Nous sommes dans d'excellents rapports avec le roi du Dahomey qui nous protège, et sur lequel nous avons eu assez d'ascendant pour empêcher jusqu'ici, qu'il autorisât les ministres protestants à venir exploiter le pays. Car, nous sommes catholiques, et notre vif désir serait de voir s'établir là, une mission catholique. Nous savons que les Messieurs du Saint-Esprit et du Saint Cœur de Marie sont actuellement chargés de la juridiction spirituelle sur toutes les côtes de la Guinée. Cependant faute de sujets suffisamment nombreux, et par suite des pertes qu'ils ont subies sur plusieurs points de la côte, il leur a été, par le fait, impossible, jusqu'ici, d'établir la mission du Dahomey.

« Le roi ,d'ailleurs, est très bien disposé pour nous et pour les Français. Il verrait avec plaisir qu'on établit des écoles près de notre comptoir, et peut-être aussi, dans l'intérieur, et jusque dans la capitale, pour enseigner la langue française aux jeunes négrillons. Il nous semble que c'est par ce moyen que les missionnaires devraient d'abord s'introduire chez les Dahoméens.

« En 1851, le Gouvernement Français ayant envoyé M. Bouët, lieutenant de vaisseau, explorer les côtes d'Afrique, cet officier fit avec Guézo, actuellement régnant, un petit traité, dans lequel il eut soin d'insinuer un article favorable aux missionnaires qui viendraient pour instruire ses sujets. Il est à remarquer que les musulmans ne se sont point encore établis dans ce royaume.

« Quoique ces peuples soient très cruels et qu'ils aiment à voir couler le sang, il n'y a rien à craindre dans ce moment, pour les missionnaires français, à cause de la bonne harmonie dans laquelle nous vivons avec le roi ; car, nous nous chargeons de recevoir d'abord les missionnaires chez nous, de leur donner le moyen de se mettre en communication avec le roi, et de les loger jusqu'à ce que la mission soit établie. L'air de Whydah n'est pas absolument malsain ; nous y entretenons de nombreux employés ; quelques-uns y sont depuis de longues années et s'y portent fort bien. Il y a ,sans doute, quelques précautions à prendre contre les fièvres intermittentes, qui n'y sont pas cependant aussi dangereuses qu'ailleurs et que l'on a plus à redouter dans l'intérieur du royaume. »

« § 4. — Voilà, Eminentissimes Seigneurs, le résumé de ce que m'a dit M. Régis aîné.

« Or, de tout cela, il me semble résulter que le moment de la Providence est venu d'aller essayer de planter l'étendard de la Croix, dans l'intérieur du royaume du Dahomey. Il importe de prévenir les protestants, qui ont l'œil au guet et qui s'efforceront de prendre, les premiers, possession du terrain, et, ce qui est pire, de l'esprit de ces populations. Les possesseurs de la factorerie de Whydah sont parvenus à déjouer jusqu'ici, leurs tentatives, mais ils ne le pourraient vraisemblablement pas longtemps, me disait M. Régis lui-même, s'ils revenaient à la charge.

« § 5. — Quant aux difficultés d'exécution, elles sont grandes, sans doute, mais elles ne me paraissent pas invincibles. L'objection qui s'offre la première à l'esprit, est celle-ci :

« Le royaume du Dahomey est enclavé dans le vicariat apostolique que le Saint Siège a confié aux dignes prêtres du Saint-Esprit et du Sacré Cœur de Marie. Pourquoi donc, ne point l'abandonner à leur zèle, au lieu de créer une nouvelle mission ?

« Assurément, Eminentissimes Seigneurs, les prêtres du Saint-Esprit et du Sacré-Cœur de Marie n'eussent point négligé cette partie de leur vaste territoire, *s'ils eussent pu effectuer* tout ce que leur zèle leur suggère. La Sacrée Congrégation sait, mieux que tout autre, que le zèle et l'esprit de sacrifice dans cette pieuse Congrégation, ne sont nullement en défaut. Chargés d'une immense étendue du pays, ils n'ont pu consacrer qu'un nombre relativement faible de sujets à ces missions. On sait d'ailleurs quelles pertes énormes ils ont éprouvées dans les lieux qu'ils ont cru devoir premièrement occuper. . Obligés de remplir, en ces mêmes régions, les vides faits par la mort, il leur a sans doute été impossible de pourvoir aux besoins de beaucoup d'autres lieux. Tout fait présumer qu'ils seront longtemps dans cette impossibilité. Ils le sentent eux-mêmes car, ils ont demandé depuis longtemps d'être déchargés d'une portion de leur vicariat. Je pense donc qu'ils ne seront nullement fâchés de la création d'une mission nouvelle dans le Dahomey, et que leur charité acceptera avec joie, comme des frères bienvenus, ceux qui se présentent pour partager leurs pénibles et glorieux travaux.

A qui pourrait-on confier cette nouvelle mission ? Dans l'état actuel des choses, il semble qu'on ne peut y pourvoir qu'au moyen d'un corps religieux, de prêtres qui s'occupent directement ou accidentellement de l'œuvre de l'évangélisation à l'étranger. Or, quelle est la congrégation qui voudra s'en charger ? »

« Peut-être même, serait-il bon, avant d'offrir à une congrégation une mission nouvelle, telle que serait celle du Dahomey, d'y envoyer d'abord quelques missionnaires dévoués et dépendant uniquement de la Propagande. Que faudrait-il, ce me semble, pour commencer ? Un évêque, accompagné de deux missionnaires solides, ou de trois tout au plus, avec un ou deux frères servants. Or, il me semble qu'avec la bénédiction du Saint Père, je pourrais trouver, sans trop de difficultés, ce nombre d'ouvriers évangéliques.

« Comment pourrait-on parer aux frais de préparation de premier établissement et d'entretien ?

« Si la Sacrée Congrégation partageait mes espérances, il me semble qu'elle ne balancerait pas à faire elle-même quelques sacrifices, au moins pour le premier établissement. Je ne doute point ensuite que l'Œuvre de la Propagation de la Foi ne vienne à notre secours, dès que le Dahomey sera érigé en mission distincte. Nous pouvons encore espérer, je pense, en l'Œuvre de la Sainte Enfance car, les missionnaires du Dahomey devant s'appliquer dès leur début à diriger leur action sur les enfants, soit dans les écoles, soit de toute autre façon, il est à présumer que l'Œuvre de la Sainte Enfance aura pour nous quelque sympathie et qu'elle viendra ainsi à notre aide. Enfin resterait la ressource d'une quête spéciale, à laquelle néanmoins, je crois que vu l'état de gêne où se trouve actuellement l'Europe entière, il ne faudrait avoir recours qu'à la dernière extrémité

« § 6. — Je termine, Eminentissimes Seigneurs, en demandant très humblement à la Sacrée Congrégation :

1º S'il ne serait pas opportun de créer en ce moment une mission distincte dans le royaume du Dahomey ?

2º Si elle ne trouverait pas bon que, tout en me mettant à sa disposition pour telle œuvre qu'elle daignerait me confier, je m'offre d'une manière spéciale, pour aller essayer de planter la foi dans ce pays, barbare, inhumain, sanguinaire, mais dans lequel le Dieu de toute miséricorde s'est, peut-être, réservé quelques élus pour ces derniers temps ? »

La Sacrée Congrégation de la propagande ayant examiné ce rapport, reconnut qu'il méritait de fixer l'attention. Puis, elle écrivit à Mgr Bessieux (1) et à Mgr Kobes (2), chargés de l'immense étendue de la Guinée.

Quelques temps après, on donna à Mgr de Brésillac des lettres d'encouragement pour pouvoir se procurer en France des hommes et de l'argent afin de fonder une société de missionnaires au service de la Propagande, pour les pays *les plus* abandonnés de l'Afrique, et, notamment, le Dahomey. L'idée de cette société avait été suggérée, dès le principe, par Mgr Barnabo.

Quant au rapport lui-même, la lettre ci-dessous montre quel accueil favorable Rome faisait au projet de Mgr de Brésillac. Cette pièce est comme l'acte officiel de naissance de la Société des Missions Africaines de Lyon.

« Monseigneur,

« J'ai lu avec intérêt la lettre par laquelle Votre Grandeur me fait connaître le projet qu'elle a d'instituer une société de prêtres pour entreprendre une mission apostolique dans les pays les plus abandonnés de l'Afrique et, en particulier, dans le royaume du Dahomey, où, comme vous le dites, on peut d'autant plus espérer (eu égard aux circonstances particulières) d'amener ce peuple à la connaissance de Jésus-Christ, qu'il est enveloppé de plus épaisses ténèbres. Quant à moi, ainsi que la Sacrée Congrégation de la

- (1) Mgr Bessieux (Jean-René) du Saint-Esprit, né en 1803, diocèse de Montpellier, ev. de Callipoli ou Callipolite (1848), vic. apos. des Deux Guinées (mort en 1876).

(2) Mgr Kobès (Aloys) du Saint-Esprit, né en 1820, dioc. de Strasbourg, évêque de Modon ou Méthone (1848). Coadjuteur des Deux Guinées, puis vic. apos. de la Sénégambie en 1863, (mort en 1872).

Propagande, je loue singulièrement le désir qu'a Votre Grandeur d'établir la susdite société, d'autant plus que les missions de ce genre ne peuvent être avantageusement entreprises et promettre des fruits durables, qu'en étant confiées à un Institut de prêtres qui se succèdent sans interruption. Au reste, tout en jugeant le dessein de Votre Grandeur, digne d'être secondée par d'autres ecclésiastiques enflammés du zèle de la gloire de Dieu, je ne puis cependant dissimuler que vous aurez de grandes difficultés à surmonter pour atteindre le but que vous vous proposez, dans le Seigneur. Je prie Dieu, avec ardeur, Lui qui est le Maître de la moisson d'envoyer avec vous, d'autres ouvriers à cette moisson, afin que par eux, Il conduise miséricordieusement à la véritable foi de Jésus-Christ les nombreuses nations africaines qui sont jusqu'ici, restées dans les ténèbres, assises à l'ombre de la mort.

« Rome, au Palais de la Sacrée Congrégation de la Propagande, le 29 février 1856.

« De Votre Grandeur, comme frère très affectionné, J. PH. Card. Fransoni, préfet.

Al. Barnabo, secrétaire.

« A Mgr de Brésillac, évêque de Pruse. »

Les Pères du Saint-Esprit ne se montrent pas fâchés ni jaloux d'un projet destiné à soustraire à leur juridiction une partie notable du trop vaste territoire confié à leur zèle. Au contraire, le Supérieur général, Père Schwindenhammer, qui avait succédé au Vénérable Libermann, écrivait à Mgr de

Brésillac que ce serait de grand cœur qu'il céderait une place à de nouveaux apôtres. Après avoir cité ce passage d'une lettre de Mgr Kobès :

« Je n'aurai pas le temps d'écrire à Rome, avant le départ du navire. Je pense répondre que Mgr de Brésillac fera mieux d'aller à Sierra-Leone, et qu'il devra avoir des missionnaires-religieux pour faire une œuvre solide... »

Il ajoutait :

« Tel est, Monseigneur, le texte fidèle de la lettre de Mgr Kobès. Depuis lors, il ne m'a plus rien écrit à ce sujet, et je ne sais pas non plus s'il l'a fait à la Sacrée Congrégation de la Propagande. Maintenant, Monseigneur, je vous réitère ce que j'ai déjà eu l'honneur de vous dire de vive voix. Non seulement nous ne sommes pas opposés à votre louable projet mais, nous le favoriserons même (1) autant qu'il pourra dépendre de nous, en faveur de cette pauvre terre d'Afrique dont l'entreprise de la conversion nous à déjà coûté si cher. »

Muni de la lettre de la Propagande, Monseigneur s'occupa de son œuvre même à Rome. Il rédigea une notice qui fut imprimée par la Sacrée Congrégation ; nous la donnons en appendice. Il prêcha à Saint-Louis-des-Français y faisant sa première quête, relativement bonne. A Rome, il cherchait des sympathies et des protections, plutôt que de l'argent... Il écrivit plusieurs lettres à des amis de France, pour préparer la Croisade qu'il devait entreprendre en faveur de

____

(1) Les RR. PP. du Saint-Esprit ont toujours rempli cette promesse du R. P. Schwindenhammer, avec une constance et une amabilité qui leur donnent, à jamais, des droits à la reconnaissance de Mgr de Marion-Brésillac et de ses enfants spirituels.

l'Afrique. Quelques-unes étaient adressées à M. l'abbé Vian, de Toulon, son ami fidèle.

« Vous pouvez rendre à mon œuvre les plus grands services pour fonder notre maison en France. Seulement, il faut s'attendre à des déboires, des humiliations, des croix, mais sans cela, vous n'en voudriez pas. C'est là notre véritable profit et nous les partagerons en amis, comme aussi, les consolations que le Dieu Tout-Bon se plaît à répandre de temps en temps, sur les entreprises les plus difficiles, par ménagement pour ses faibles serviteurs. Au reste, il y a longtemps que vous avez médité l'« abneget semetipsum. »

Enfin, l'évêque de Pruse quittait la Ville Sainte, le 10 avril 1856 et débarquait à Toulon, deux jours après...

Il n'avait pas perdu son temps.

Près du tombeau des Apôtres était née la Société des Missions Africaines. Elle devait grandir à Lyon.

Le Très Révérend Père Augustin Planque
co-fondateur et premier supérieur général
des Missions Africaines de Lyon 1826-1907

CHAPITRE III

(Avril-Novembre 1856)

Un aimable prélat. — Témoignages. — La Croisade apostolique. — Le prédicateur. — Les voyages... — Lyon, choisi
pour berceau. — La Chartreuse. — Grenoble. — La Salette.
— Réunion de famille. — Mgr de Brésillac s'installe dans
sa maison de Lyon.

Une des lettres que Mgr de Brésillac écrivait
de Rome, à M. l'abbé Vian, faisait bien pressentir les
difficultés â venir. Quoi d'étonnant, les œuvres de
Dieu ne sont pas, ordinairement, comprises et elles
souffrent contradiction. Le fondateur devait l'éprouver largement.

Disons, cependant, que grâce à son énergie, il ne
se découragea jamais.

Sa *distinction*, sa bonté, sa loyauté, lui attirèrent
de suite, de précieuses sympathies parmi l'épiscopat, le clergé et les fidèles... Il est merveilleux qu'en
si peu de mois, il ait pu faire autant. Dieu était avec
lui... Le Père Dominique disait que l'évêque de Pruse
« *était un enchanteur, et son sourire irrésistible.* »
Ce mot explique, peut-être, en partie, son rapide
succès. Dieu se sert des dons naturels pour sa gloire
et le bien des âmes.

Mademoiselle Bathilde de Brésillac, qui mourut
en 1909, à un âge patriarcal, ajoutait qu'« *il suffisait
de voir son frère une fois, pour l'aimer toujours.* »
Nous sommes loin de mettre sur le compte de l'affection familiale cette opinion de la bonne demoiselle.

Monseigneur, au fond, même au cours de ses luttes fit, de ses contradicteurs, ses amis : « Discutons et aimons-nous lui écrivait Mgr Bonnand (1). »

Le Père Planque, de vénérable mémoire, était peu suspect d'exagérer, en fait de compliments. Nous avons cependant recueilli de lui, ce mot : « Mgr de Brésillac était un saint François-de-Sales... méridional. »

C'est peut-être, à cause de cela que, dans deux lettres au moins, écrites plus tard, l'aimable prélat trouve « M. Planque un peu raide ». Mais, celui-ci n'était pas du Midi. Cela ne l'empêcha pas de s'entendre à merveille avec le fondateur, auquel il succéda, heureusement pour l'Œuvre, de 1859 à 1907, et d'en devenir ainsi, le co-fondateur, comme on le verra plus loin.

Donc, dès son retour en France (12 avril 1856) commence pour Mgr de Brésillac, une vie nouvelle, toute de travaux incessants et de sacrifices souvent « honorée d'humiliations » (2). Nous allons le suivre dans cette laborieuse mission de frère quêteur, qu'il accepte et embrasse comme une croix nécessaire.

Le Pape avait parlé : « Fondez une Société de prêtres pour assurer l'avenir des Missions qui vous seront confiées ». Pour arriver à ce but, rien ne coûtera à l'ancien missionnaire des Indes. Dans toute la France et la Belgique, du haut des chaires des cathédrales, comme dans les villes et les villages, même les plus obscurs, nouveau Pierre l'Ermite, il

(1) Mgr de Brésillac avait déjà fondé les M. A. L., quand Mgr Bonnand fut nommé par Rome, Visiteur général de tous les Vicariats de l'Inde. Il « **supplia** » Mgr de Pruse, de lui adresser « **longuement** » ses conseils pour bien remplir cette mission délicate.

(2) Le Gallen. « Vie de Mgr de Brésillac », p. 485.

prêchera la nouvelle croisade et il réussira. Il part de Toulon. On l'entend dans les diocèses de Fréjus, Nice, Digne, Aix, Marseille, Carcassonne. Partout il est cordialement reçu par les évêques ; le clergé et les fidèles. Il ne récolte pas des sommes fabuleuses. Les temps sont durs, à cause des inondations désastreuses dans tout le Midi; que lui importe, il fait connaître son Œuvre : le fruit positif viendra bientôt. Il le sait : il a confiance en Dieu.

Le 14 juin, Monseigneur est à Lyon où les Pères Maristes lui donnent une fraternelle hospitalité. l'archevêque-cardinal de Bonald est absent. A la Propagation de la Foi, on lui déclare qu'on ne peut lui octroyer de subvention que lorsqu'il aura déjà établi une mission en Afrique. C'est le règlement de cette œuvre admirable qui ne soutient que les missionnaires en exercice. Plus tard, l'évêque fut largement secouru par elle, à son départ pour la Guinée.

Le 17 Juin, il monte à Fourvière, célébrer le saint sacrifice et Dieu lui inspire la pensée de placer à Lyon, sous le patronage de la Madone tant aimée des Lyonnais, le berceau des Missions Africaines. Née dans la Rome des Papes, la Société s'épanouit dans la Rome des Gaules. Le choix était bon car, jamais la charité de la catholique cité, ne fit défaut aux « Pères Africains ». Le Père Planque, pendant quarante-huit ans, sillonna les rues et les places de Lyon, où sa physionomie est restée légendaire : il y glana des ressources... pour les noirs. Honneur à Lyon ! Merci à Notre-Dame de Fourvière ! C'est par reconnaissance et par amour que l'office de cette bonne Mère a été inséré dans le propre du bréviaire et du missel de la Société des Missionnaires Africains, fils de Marie-Immaculée qui, pour le dire de suite, lui furent consacrés dans l'ancienne chapelle, par le fondateur en personne, le 8 décembre de cette même année 1856, consé·ration renouvelée lors du cinquantenaire, le 8 décembre 1906, par le T. R. P. Planque, seul survivant de la cérémonie de 1856.

Le 21 juin, Monseigneur écrit à l'abbé Vian :

« Je suis venu ici pour sonder le terrain, et voir si ce ne serait pas le lieu favorable pour notre Maison de France. Plus je vais, plus je suis persuadé que c'est ici que nous devons d'abord nous caser. Mais, que de difficultés à vaincre ! Ne désespérons pas cependant de la Providence. Si seulement, deux ou trois prêtres venaient se joindre à moi, cela me permettrait de faire bientôt une démarche de plus auprès de la Propagande. Quel temps précieux, nous perdons ! Tout cela, sans doute, entre dans les vues de la Providence. »

Le 24 juin, à Madame Blanchet, personne charitable de Paris, qu'il avait rencontrée à Rome, ce billet :

« Des sujets se présentent et je voudrais bien trouver un lieu où nous puissions nous réunir, à peu de frais et vivre en communauté. »

Le 24 juin aussi, il note dans son journal :

« Le Cardinal de Bonald étant de retour à Paris, je l'ai vu et je lui ai parlé de mon œuvre ; elle ne paraît pas lui sourire beaucoup. Je voudrais établir notre Maison-Mère à Lyon, mais, d'après ce que je vois, nous ne pouvons guère compter sur la protection de l'archevêque-cardinal (1). Le Président et quelques autres membres du Conseil de la Propagation de la Foi semblent regretter de ne pouvoir pas

---

(1) Le Cardinal de Bonald se montra mieux disposé, quelques temps après. Né au diocèse de Rodez. Anc. év. du Puy (1787-1870).

contribuer, de suite, au succès de mon entreprise. »

« Les Pères Maristes sont toujours fort aimables. J'ai dit un mot aux élèves du *grand séminaire*, dirigé par les Sulpiciens. L'Econome est venu avec moi visiter plusieurs maisons, m'aidant ainsi, à trouver un local qui convienne aux conditions de mon œuvre naissante. La grande difficulté, c'est que je n'ai pas d'argent, et qu'en dehors de mes quêtes qui ne pourront pas reprendre de quelque temps, je ne vois pas comment je pourrai m'en procurer. Espérons dans l'infinie bonté de la Providence et dans la miséricorde pour les peuples que je voudrais aller évangéliser. »

« Je vais partir ce soir, pour la Grande Chartreuse. Il y a longtemps que je n'ai fait de retraite en règle. Puisse le Seigneur, bénir les prières que je lui adresserai dans ce lieu de pieuse solitude. »

« Me voici au milieu des enfants de saint Bruno. Le Père Prieur m'a reçu avec toute la charité qui caractérise les moines de ces lieux, si bien placés pour oublier toutes les misères de la terre. Je commencerai ma retraite vendredi 27. »

« La retraite terminée, je restai encore un jour à la Chartreuse. Je profitai de ce temps pour visiter chaque Père, dans sa cellule. Ce fut une journée de grande édification pour moi. Que de calme dans ces âmes retirées du monde, quelquefois depuis plus de trente ans ! Que de paix, que de profonde piété ! »

« Le samedi, vers midi, je partis pour Grenoble, après avoir pris congé du Père Prieur, qui fut fort aimable tout le temps, et du Père Dom Jean-Louis, confesseur des étrangers, qui fut d'une extrême charité pour moi ; il s'est vivement intéressé à l'œuvre des Missions Africaines. Indépendamment des prières qu'il me promit, il obtint une aumône du Père

Prieur qui fait beaucoup de bien en tous genres, par les revenus considérables que la liqueur apporte au couvent. De plus, comme il est savoisien, il s'engagea presque, et le Prieur y consentit, à quitter momentanément et fort extraordinairement sa retraite pour aller quêter, pour nous, en Savoie. Il est douteux, néanmoins, qu'il accomplisse cette résolution qui n'est point, pour lui, sans difficulté (1). »

« A Grenoble, je logeai au séminaire où me fut donnée une bien cordiale hospitalité. Je connaissais un peu le bon M. Rousselet, l'ayant vu à Rome, dans un moment critique pour l'affaire de la Salette. Quel plaisir d'apprendre qu'il y avait plusieurs élèves qui aspiraient aux missions. Les directeurs m'en parlèrent les premiers, et ils parurent bien aises que je leur adressasse la parole, le dimanche, à l'heure de la lecture spirituelle. Plusieurs de ces jeunes gens me témoignèrent en effet le désir de participer à mon œuvre. Ils allaient commencer la retraite de la fin de l'année scolaire. Je les engageai fort à invoquer les lumières du Saint-Esprit, et de me dire leur pensée, à mon retour de la Salette. »

« Car, j'allai à la Salette. Ce n'était pas d'abord mon projet. Mais le bon M. Rousselet m'engagea si fort, en me proposant de m'accompagner lui-même ; Monseigneur de Grenoble poussa si bien à la roue, que je me décidai. C'était d'ailleurs, avec plaisir car, ma conviction a toujours été qu'il y avait réellement quelque chose de surnaturel, dans le fait de cette merveilleuse apparition, qui semble appuyée par des

(1) Les Chartreux furent toujours charitables pour les Missions Africaines et leur procurèrent en partie les ressources pour bâtir le séminaire du cours de Brosse (actuellement cours Gambetta).

miracles, et dont les résultats sont tous à la gloire de Dieu. »

« Le lundi, 7 juillet, nous partîmes donc, avec M. Rousselet ; il était plus de huit heures quand nous eûmes atteint le sommet béni par la présence de notre divine Mère. Les missionnaires nous attendaient. Je donnai en arrivant, la bénédiction du T. S. Sacrement à la foule des pèlerins qui se succèdent sans interruption, à cette époque. Cependant, ce ne fut que le lendemain que je pus jouir de la magnifique position du lieu et de la piété qu'on y respire. Le soir, je fis une petite instruction aux pèlerins, plus nombreux que la veille. Et nous partîmes, le mercredi après avoir, pour la seconde fois, offert le T. S. Sacrifice à l'autel de Marie. »

« Vers les cinq heures, nous étions de retour à Grenoble où Mgr l'Evêque nous attendait pour dîner. Le lendemain, plusieurs élèves s'empressèrent de venir me confier leur désir des missions. Huit ou dix s'ouvrirent à moi, et quatre surtout paraissent fondés dans leur vocation ; de ces quatre, je compte presque sur deux. »

Cette retraite terminée et ce pieux pèlerinage accompli, Mgr de Brésillac revint à Lyon qu'il ne voulait pas quitter, tant qu'il restait quelque chance de trouver, sans trop de dépenses, un local pour réunir ses premiers aspirants.

Les Mémoires continuent :

« Bien des combinaisons ont manqué, quand enfin, je me décidai pour un petit clos renfermant deux petites maisons sur le chemin du *Petit Sainte-Foy*, appartenant aux dames Carmélites. Ce n'est pas petite affaire que d'acheter un terrain quelconque. Que de paroles, de propositions, de contre-propositions ! Enfin, nous tombâmes d'accord, pour trente quatre mille francs, payables en plusieurs termes, mais la maison ne sera libre que le 31 octobre. L'affaire a été conclue le 29 juillet 1856. C'est donc à Lyon que sera notre Maison-Mère, mise sous la protection de la Sainte-Famille. »

« Le cardinal-archevêque de Lyon paraît commencer à s'intéresser à mon œuvre. Il m'a invité à présider la clôture de la retraite ecclésiastique. « Cela, me dit-il, fera du bien à votre œuvre ».

« Impossible de recommencer encore à prêcher, au moins sur les bords du Rhône. Je vais tuer mon temps en allant passer quelques jours dans ma famille, prêchant, si c'est possible, dans quelques villes des environs de Toulouse.

« Parti hier matin, 4 août, de Lyon, j'arrivais le soir à Marseille pour voir M. Régis. Ses dispositions sont toujours les mêmes. A mes yeux, il est grandement regrettable que la Propagande n'érige pas de suite la mission du Dahomey. J'avancerais dans mon œuvre avec beaucoup plus d'assurance, et vraisemblablement, avec plus de succès.

« Le 6 août, j'écris de nouveau à Rome, au Cardinal Barnabo, pour lui faire part de l'achat d'une maison à Lyon, et lui dire comment, à mes yeux, il serait à désirer que l'érection de la mission du Dahomey ne fût pas trop retardée. Je remets cette lettre au Révérend Père Dominique, capucin, le priant de voir le Cardinal Barnabo, de sonder ses intentions et de m'en faire part. Le Père Dominique me rendit bientôt compte de ses démarches à la Propagande :

« Rome, le 17 août 1856.

« J'ai eu l'honneur de voir son Eminence le Cardinal Barnabo, hier matin. Il a été tout à fait bon et aimable. Il vous aime et vous estime de tout son

cœur ; mais il vous trouve un peu trop de « furia
francese ». Il secondera de tout son cœur, votre
œuvre ; mais il veut la voir bien établie. Il m'a fait
une comparaison pour faire comprendre sa pensée et
son désir. Il veut que vous ayez « un bataillon carré
de missionnaires » qui puissent se succéder sans
difficulté, pour la continuation de l'évangélisation
de ces pauvres pays de l'Afrique. Cette interruption
aurait lieu si les missionnaires n'étaient pas assez
nombreux pour se remplacer quand la mort ou autre
cause les ferait disparaître. Son argument est fort,
Monseigneur, j'en conviens. Il n'a qu'un seul côté
vulnérable, peut-être : on pourrait le détruire s'il
était constant que le climat de ces contrées n'est pas
aussi meurtrier qu'on le pense. Cette appréhension
paraît lui faire une forte impression. Je lui ai parlé
des faits racontés par M. Régis, Il trouve cela fort
bon, mais il veut du monde. Tout, pour vous, Monseigneur, consiste donc, à fonder votre Congrégation
sur des bases solides; à avoir bientôt de bons ouvriers
de la vigne du Seigneur et votre affaire ira grand
train. »

De Marseille, Mgr remonte à Montpellier, Béziers,
Carcassonne et Castelnaudary, son pays. Partout,
il prêche et il quête. Il peut donner trois mille francs,
en signant le contrat d'achat de sa maison de Lyon ;
il s'engage à en donner sept autres mille, trois mois
après.

Il fait ses comptes : le 27 août il a, dans sa bourse
de quêteur 7.319 fr.35. Il pense alors, à réunir quelques
sujets à Lyon, au commencement de novembre.

Le prélat écrit, le 27 août :

« Après nous avoir permis de payer dix mille francs
le 31 octobre, pour lesquels je serai sans doute,

obligé d'avancer quelque chose sur mon patrimoine, Dieu nous enverra sans doute, la nourriture et le vêtement.

« Je devais prêcher à Limoux, le 4, et j'ai retardé d'un jour, à cause de la cérémonie très intéressante qui eut lieu à Prouille, près de Fangeaux, où l'on va rétablir le célèbre couvent que fonda saint Dominique, qui dura jusqu'à la Révolution, et dont il ne reste pas aujourd'hui pierre sur pierre. Trois ou quatre villages des environs et plusieurs maisons de Toulouse ont été presque complètement bâtis avec les débris de ce couvent, et la charrue passe, depuis plus de cinquante ans, sur les champs qu'arrosaient autrefois, les larmes des servants du Seigneur. On ne le relèvera pas, sans doute, avec la magnificence qu'il étalait à la fin du XVIIIᵉ siècle. Mais, qui nous dit que le Seigneur n'y sera pas aussi bien servi. Cette cérémonie m'intéressait d'autant plus que Fangeaux est le berceau de mes ancêtres. Brésillac est tout près de là.

« L'archevêque de Toulouse (1), à qui j'avais écrit mon désir de prêcher et de faire une quête dans sa cathédrale, avait froidement répondu à mon désir. J'avoue que j'en éprouvai de la peine, surtout parce que s'il avait été dit qu'à Toulouse, presque dans mon pays, l'archevêque s'était opposé à ce que je fisse connaître mon œuvre, cela aurait pu indisposer d'autres évêques. Je lui écrivis dans ce sens, en le priant de me faire connaître sa détermination définitive, à Pamiers. Je viens de recevoir de Sa Grandeur une nouvelle lettre qui m'autorise à prêcher à Saint Etienne, le 14. »

(1) Mgr Mioland, de Lyon, anc. év. d'Amiens, puis coadj. et archev. de Toulouse (1788-1859).

L'infatigable Croisé se donna un peu de repos au début de septembre. Toute la famille était réunie à son occasion, au château de Lasserre de Monestrol :

« Vous avez permis, ô mon Dieu ! s'écrie l'évêque, que nous fussions encore une fois réunis sur cette terre, vraisemblablement que c'est pour la dernière fois ; mais, bénissez-nous pour qu'un jour, nous ne manquions pas d'être, tous ensemble, au pied de votre trône, dans la céleste Patrie. »

A Lasserre, la famille de Brésillac reçut la visite de l'archevêque de Toulouse, Mgr Mioland ; ce prélat fut, de suite, conquis par l'évêque de Pruse qui s'en félicite et narre la suite de sa campagne :

« Le 19 septembre, je dis adieu à mon père, à ma mère, à Bathilde, à Céline, à mon beau-frère, à la petite et charmante Etiennette, à ma belle-sœur, à ses deux beaux enfants et je pars pour Toulouse avec Henri. Quand reverrai-je cette bonne famille ? peut-être jamais. Les larmes étaient aux yeux, mais pas si fortes qu'autrefois, car on avait l'espérance de me revoir, avant mon départ pour l'Afrique. Mais, mon vieux père, qui s'est affaibli, ces deux dernières années, le reverrai-je jamais ici-bas ? A quatre-vingt-quatre ans, chaque jour n'est-il point la vigile de l'agonie ?

« Le dimanche, je prêche à Toulouse, L'auditoire était nombreux, mais peu riche. La quête fut cependant « relativement bonne. »

« Le lundi, j'allai faire mes dévotions au tombeau de la bienheureuse Germaine de Pibrac.

« De Lavaur, je me rendis à Albi, Castres, où je vis les religieuses de l'Immaculée-Conception, ayant la pensée de les demander plus tard pour notre mission d'Afrique. Je continuai ensuite ma tournée par

Rodez, Villefranche, Saint-Geniez (Mende, Langogne, Marvejols) (1) et le Puy.

« Le bon évêque (2) de cette ville me fit un accueil à souhait, il interrompit un voyage pour venir me recevoir et me retint huit jours pour me permettre de me reposer. Ensemble, nous fîmes visite aux Jésuites de Vals, où on nous fit des compliments en français, en anglais, en espagnol et en tamoul, cette dernière langue était parlée par un scholastique du Maduré. Mgr du Puy eut encore la délicate attention de faire venir à l'évêché, un ancien missionnaire de Pondichéry, M. Olagne, nous nous étions connus dans l'Inde. Je prêchai encore à Yssingeaux, Monestrol et rentrai à Lyon (3).

« Dès le lendemain matin, 29 octobre 1856, je me rendis chez les Carmélites pour savoir s'il était possible d'aller loger dans notre maison. Presque l'absolu nécessaire manquait encore ; cependant, je m'y rendis après-midi, avec M. Alba (4) pour ne pas en ressortir. Nous en fûmes quittes pour un souper froid et quelques embarras qui n'effrayent point des missionnaires. Le lendemain, quelques personnes nous apportèrent quelques objets les plus indispensable s et nous commençâmes notre ménage.

« Mgr l'archevêque m'a accordé l'essentiel. Le supérieur du grand séminaire, M. Duplay, continue

(1) Du diocèse de Mende, dont l'évêque était alors, Mgr Foulquier, de 1836 à 1878.
(2) Mgr de Morlhon qui érigea la statue monumentale de N.-D. de France. Né à Rodez en 1799. — 1862.
(3) Le diocèse du Puy a donné aux M. A. L. de très nombreux missionnaires dont NN. SS. Moury et Girard.
(4) Jeune ecclésiastique de Toulouse.

à se montrer très bienveillant. Les prêtres des paroisses paraissent grandement sympathiser à mon
œuvre. La Propagation de la Foi nous comprend de
mieux en mieux, chaque jour.

Le 5 novembre, Monseigneur écrit à Me Blanchet :

« Voici cinq jours que je me suis casé, tant bien que
mal, dans notre nouvel établissement, ayant avec
moi un jeune ecclésiastique, et avant la fin du mois,
nous serons huit ou dix. »

CHAPITRE IV

(Novembre 1856-Février 1857)

A Lyon. — Une bonne recrue. — M. l'abbé Planque et Mgr de
Brésillac. — Lettres réciproques. — La réunion. — M. l'abbé
Reymond. — La Communauté. — Encore la Croisade. —
M. Papetard. — Audience de Napoléon III.

Voici l'œuvre dans ses meubles. Elle a rencontré
beaucoup de sympathie à Lyon, et les collectes de
Monseigneur lui ont permis de payer 13.000 francs,
sur les 34.000 d'achat de la maison, à Saint-Irénée, et
du petit clos attenant. Il compte sur deux prêtres
que nous connaîtrons bientôt ; il attend aussi un
diacre, deux sous-diacres, un minoré. Avec l'évêque-
fondateur, la hiérarchie sera au complet. C'est à la
bonne Vierge qu'il doit ce succès... Mais, Marie va
bientôt, lui faire le plus beau de tous les cadeaux, dans
la personne d'un prêtre éminent, bien que jeune encore
et qui viendra des plaines de Flandres ; c'est bien le
cas de dire : les extrêmes se touchent car, la distance
est grande, de Lille à Castelnaudary. Le nord et le
midi de la France ont convergé vers le centre et le
résultat a été l'œuvre de Dieu.

« Le 6 et le 15 novembre 1856 sont des dates
remarquables dans l'histoire de la Société des Missions Africaines. Ces jours-là, les deux premiers
prêtres qui s'attachaient à l'œuvre de Mgr de Marion-
Brésillac, vinrent le rejoindre à Lyon. Le premier
devait, dans un avenir prochain, remplacer le fondateur à la tête de la Société et continuer l'œuvre pendant de longues années. Le second fut le premier

missionnaire envoyé par Monseigneur, sur la côte de Guinée, où il devait lui aussi, victime de son zèle, expirer sur la tombe à peine fermée de son évêque, après lui avoir donné les derniers sacrements. »

« Dès le mois de mai 1856, M. l'abbé Augustin Planque, prêtre du diocèse de Cambrai, s'était mis en rapport par correspondance, avec le fondateur de la Société des Missions Africaines. Membre de la Société de Saint-Martin, composée d'ecclésiastiques voués à l'enseignement dans les diocèses de Cambrai et d'Arras, il se trouvait à cette époque, dans cette dernière ville, en qualité de professeur de philosophie au moyen-séminaire.

« Le 23 mai 1856, dans sa première lettre à Mgr de Marion Brésillac, il sollicite des renseignements et des avis sur une question qui le préoccupe. Depuis deux ans déjà, il serait entré aux Missions Étrangères, mais son directeur, après mûre réflexion, jugea qu'il restait une considération au-dessus de laquelle il ne devait point passer et qu'il devait attendre pour réaliser ses projets, un changement de circonstances...

« Je déférai, écrit-il, à la décision de mon directeur, appuyée par mes supérieurs. Au milieu de ces circonstances, je me suis demandé en voyant naître votre belle œuvre, si ce n'était pas le cas d'examiner un projet mûri pendant de si longues années... L'obstacle qui m'a retenu est fragile et peut disparaître d'un jour à l'autre, mais il peut rester aussi quelques années et voici que j'arrive à trente ans. Ne serait-ce pas le cas, Monseigneur, de me préparer à l'œuvre des missions en me mettant à votre disposition ? A l'heure même où la difficulté qui m'arrête disparaîtrait, je serais prêt à voler où votre Grandeur m'assignerait un champ à défricher. Monseigneur, dites-moi votre pensée entière, j'aviserai au moyen de

Le Révérend Père Papetard
un des premiers auxiliaires de
Mgr de Brésillac

réaliser mon projet ; Mgr l'archevêque de Cambrai, ni mes supérieurs n'y mettront aucune entrave (1). »

A cette ouverture de cœur, Mgr de Brésillac répondit immédiatement, le 28 mai 1856 :

« Je commence par bénir le Seigneur du dessein qu'Il vous inspire. Il saura bien, Lui-même, aplanir toute difficulté, si votre pensée, comme je l'espère, vient de Dieu.

« Après y avoir mûrement réfléchi devant Dieu, voici ma pensée, en deux mots :

« La persévérance jusqu'à votre âge, dans le dessein de travailler à l'œuvre des Missions, me paraît être un signe puissant de vocation. Je présume que vos directeurs en vous donnant le conseil d'attendre, pour la raison que vous m'indiquez, ont eu soin de peser et de vous faire peser avec eux ces paroles du Saint-Esprit : « *Sequere me et dimitte mortuos sepelire mortuos suos* ». Partant de cette hypothèse, je respecte la répugnance que vous auriez encore de quitter votre patrie, de suite. Mais, la divine Providence qui dispose des évènements et de notre propre cœur, comme Elle veut, les conduisant toujours à ses fins, pourvu que nous ne mettions pas de résistance à sa grâce, n'a-t-elle pas voulu vous réserver pour concourir à l'établissement de l'œuvre que je médite ? Car, dans l'état actuel des choses, j'aurais besoin de quelques hommes comme vous, prêts il est vrai, à partir au moment donné, mais qui, par le fait, ne partiraient pas de suite. Il me les faudrait de suite, pour

---

(1) Planque (Augustin), né en 1826, à Saint-André-lez-Lille, fils d'un médecin spécialiste, eut pour condisciples XX. SS. Fava, évêque de Grenoble, Célannoy, évêque d'Aix, Mortier, évêque de Digne et Dom Michel, prieur de la Grande Chartreuse. Après la mort de Mgr de Brésillac il restaura la Société et la gouverna pendant 48 ans (mort en 1907). Figure restée légendaire en France, surtout à Lyon, comme nous l'avons dit.

qu'un noyau de la Société fut définitivement formé
et que la Sacrée Congrégation de la Propagande, pouvant compter dessus, en favorisât énergiquement le
développement. Lui fournir *deux ou trois noms respectables* de personnes qui consentissent à se donner de
tout cœur à cette œuvre, produirait une impression
très favorable à Rome. Quoique mon projet soit à
peine connu, deux mois n'étant pas encore écoulés
depuis que je l'ai produit au dehors, je pourrais bien
donner à la Sacrée Congrégation deux ou trois noms
de jeunes gens qui se sont offerts, mais ce sont des
vocations qu'il faut éprouver quelque temps à la
maison du noviciat, *tandis que votre position, votre
âge et les antécédents que vous me faites connaître, me
donnent tout lieu de croire que votre vocation est certaine.* Votre nom, uni à celui d'un *prêtre vénérable*
que je connais personnellement et sur lequel je crois
pouvoir compter, suffirait pour le moment. Si vous
consentiez donc à partager mes travaux avec les
difficultés ; les croix inséparables de toute bonne
œuvre, surtout quand il s'agit de la fonder, vous feriez
bien de m'en donner l'assurance au plus tôt. Maintenant voici ce qui arriverait : vous continueriez
paisiblement les travaux qui vous sont confiés,
jusqu'au moment où nous pourrons nous réunir en
communauté, vous exerçant pendant ce temps, aux
vertus apostoliques qui se résument dans le parfait
renoncement à soi-même.

« Combien cela durera-til ? Dieu le sait. Cela dépen-
dra du nombre et de la qualité de ceux à qui le
Seigneur inspirera de s'unir à moi, et aussi, des ressources matérielles qu'il Lui plaira de nous envoyer ;
peut-être aussi, de l'activité plus ou moins grande
de la Sacrée Congrégation de la Propagande qui,
malheureusement, vient de perdre son vénérable

Préfet. Mais, une des vertus apostoliques auxquelles nous devons nous livrer particulièrement est celle que saint Paul exprime par ces paroles « *Per patientiam curramus*.». Le moment venu, je vous appellerais et nous vivrions quelque temps ensemble, en attendant l'heure du départ. Cependant, à cause de votre position particulière, je vous donne à l'avance l'assurance que vous ne partiriez pas, tant que la raison qui vous a retenu jusqu'ici subsisterait. Je partirais alors, avec d'autres et vous viendriez me joindre plus tard, vous rendant utile, en attendant, à la naissante association.

« Je ne pense pas que la respectable Société des Missions Etrangères puisse être, le moins du monde offensée de votre détermination, vu les circonstances où vous vous trouvez et n'ayant d'ailleurs passé aucun temps au noviviat, et je ne puis pas supposer que votre *pieux et savant évêque* (1) mette le moindre obstacle à votre zèle. Mais, si la patience nous est nécessaire, nous ne pouvons pas perdre le temps par notre faute. Il importe au succès de mon entreprise que la Sacrée Congrégation sache que des cœurs généreux répondent à mon appel. Il importe encore, que, le plus tôt possible, nous ayons une maison-centre, un domicile de la Société, un noviciat pour les jeunes qui se présentent. Si donc, après y avoir réfléchi devant Dieu, tout ce que je viens de vous dire répond aux attraits de la grâce sur votre cœur, je vous serais obligé de me le faire savoir et de m'autoriser à donner votre nom à la Sacrée Congrégation de la Propagande. La perfection serait que vous

---

(1) Mgr Parisis, d'Orléans, anc. év. de Langres, puis d'Arras, où M. Planque était professeur (1775-1866).

fissiez un billet signé, en ces termes ou à peu près :
« Je soussigné, A. Planque, prêtre, actuellement
professeur de philosophie au séminaire d'Arras,
âgé de .. ans, déclare me mettre à la disposition
de Mgr de Marion-Brésillac, évêque de Pruse, pour
l'Œuvre des Missions Africaines, acceptant les articles fondamentaux du règlement, tels qu'ils vont
être soumis à l'approbation de la Sacrée Congrégation
de la Propagande, qu'ils seront acceptés ou modi-
fiés par la susdite Congrégation. Fait à Arras, le
...... 1856 ». J'enverrais cette pièce à la Sacrée
Congrégation de la Propagande, je ne doute pas que
dès qu'elle en aura reçu deux ou trois semblables,
elle me confirme les encouragements qu'elle m'a déjà
donnés par la lettre dont je vous envoie une copie,
avec une petite notice qui renferme la substance des
articles fondamentaux dont je sollicite l'approbation. Bon courage donc, mon cher Monsieur, réunis-
sons-nous pour la plus grande gloire de notre bon
Maître, pour le salut des âmes qui ne connaissent
pas encore Jésus-Christ, car il y en a et ce sont surtout ceux-là que notre Société ambitionne d'aller
évangéliser. »

Un échange de lettres s'établit entre Mgr et l'aspirant missionnaire. Toutes les voies s'aplaniront et,
le 28 octobre, M. Planque recevait ce message :
« Maintenant, bien cher Monsieur, je vous attends avec
impatience : venez le plus tôt possible et veuillez
bien m'écrire quel jour vous arriverez, afin que
dans votre chambre, il y ait au moins ce qui suffisait au prophète : un lit, une table et un chandelier. »

Ayant reçu cette lettre, l'abbé Planque se mit en
route et, le 6 novembre, il rejoignait Mgr de Brésillac,
au berceau de la Société, sur la colline de Sainte
Foy. L'évêque note que l'entrevue fut cordiale et

l'impression des plus favorables. Il pouvait, une fois de plus, remercier la Sainte Vierge.

Le 16 novembre 1856, nouvelle arrivée, nouvelle conquête : M. l'abbé Reymond (1), du diocèse de Besançon, prêtre dévoué, s'il en fut, venait augmenter la petite famille.

Comme M. Planque, il avait correspondu avec Monseigneur et l'entente, entre eux, s'était vite établie.

Le 19 novembre, le fondateur quittait Lyon pour continuer sa vie de quêtes. Il laissait, à la communauté naissante, M. Planque avec trois jeunes aspirants et partait pour Paris, avec M. Reymond.

De la capitale, Monseigneur écrit souvent à M. Planque pour l'encourager dans sa charge de directeur des aspirants, à la tête desquels il l'avait placé, pour le tenir au courant de ses succès et de ses déboires personnels.

Une lettre du 20 janvier 1857, mérite de fixer l'attention car, elle marque encore une conquête des plus précieuses, celle de M. Papetard qui devait être, si nous pouvons nous exprimer ainsi : le grand argentier des Missions Africaines.

« Cette lettre, bien cher M. Planque, vous sera remise par *M. Papetard*, prêtre, vicaire général de Nesqualy, qui a gagné ce titre en procurant quelque cinquantaine de mille francs au bon évêque, Mgr Blanchet (2) que je connus à Rome, l'année passée.

(1) Reymond (Louis), né en 1823, prêtre en 1848, à Besançon, précepteur, vicaire. Il précéda Mgr de Brésillac à Sierra-Leone, où il mourut le 28 Juin 1859, deux jours après son évêque vénéré.

(2) Blanchet (François, Norbert), de Québec, né en 1795, év. titul. de Philadelphie, vic. apos. d'Orégon (1843), puis év. d'Orégon (jadis Nesqualy), promu premier archevêque (1857), dém. (1876), et arch. titul. d'Amida (1883). Ses parents étaient des Parisiens établis au Canada.

« Ayant terminé ses collectes pour Monseigneur de Nesqualy, il s'est souvenu des Missions Africaines et quoiqu'il ne se sente pas encore appelé à en faire définitivement partie, il veut bien compter au nombre des affiliés et employer pour elles, le zèle et le talent que Dieu lui a donnés pour recueillir des aumônes. Il se propose actuellement d'aller dans le nord de l'Italie, puis peut-être, en Hongrie et dans la Pologne, et si Dieu bénit ses efforts comme il en a été dans son voyage en Allemagne, il verra, plus tard, s'il n'est pas d'autres lieux dans le monde, où il puisse espérer faire ouvrir les bourses. Il se rend à Nice en passant par Hyères et Cannes où je suis allé moi-même, mais dans un temps où il n'y avait plus d'étrangers. Veuillez le bien accueillir et l'encourager dans sa généreuse entreprise en notre faveur... »

M. Papetard se mettait au service de Mgr de Brésillac pour l'aider sans vouloir encore s'engager dans la Société. Plus tard, il en fit définitivement partie. Voici, d'après le P. Le Gallen, quelques notes sur ce digne collaborateur du fondateur.

M. l'abbé Papetard que la divine Providence envoyait ainsi au secours du fondateur des Missions Africaines, était une âme d'élite que Dieu avait favorisée de grâces de choix.

Fils d'un militaire, le colonel d'Etat-Major Jean-Louis Papetard et de Jeanne-Emilia Marchand, il était né à Pierry, dans le département de la Marne, le 15 juin 1808. Après avoir fait ses études au collège de Reims, voulant suivre la même carrière que son père, il entra à Saint-Cyr, en octobre 1826 et en sortit à la promotion de 1828, sous-lieutenant au 24e de Ligne. Lieutenant en 1834, capitaine en 1837, il prit part aux guerres d'Afrique, s'y distingua et fut décoré de la Légion d'Honneur sur le champ de bataille.

Sans être impie ou athée, il était victime de cette indifférence qui faisait partie essentielle de la mode, en 1830. S'il portait une médaille de la SainteVierge, la médaille miraculeuse, c'était pour complaire au désir de sa pieuse mère qui priait avec ferveur pour un fils exposé, chaque jour, à la mort du corps et peut-être, à celle de l'âme. Au célèbre siège de Constantine, en montant un des premiers à l'assaut, à la tête de sa compagnie, il fut renversé par une balle reçue en pleine poitrine. Sous la violence du choc, il tomba évanoui et lorsqu'on le releva, étonné de ne sentir aucune blessure, il découvrit la balle qui, après avoir percé son uniforme et ses vêtements, s'était moulée sur l'image en relief de la médaille (1). Le fait lui parût assez singulier mais, au milieu du fracas de la guerre, emporté par le tourbillon des affaires et des plaisirs, notre vaillant officier ne songeait guère à tirer de cette préservation miraculeuse, une conclusion quelconque au profit de son âme.

Envoyé en garnison à Paris et se trouvant, un jour, près de l'église de N.-D. des Victoires, il se réfugia à l'abri de la pluie sous le portail de cette église. Voyant les fidèles y entrer, il suivit machinalement la foule et se trouva bientôt en face de la chaire où le curé, M. l'abbé Desgenettes, faisait en ce moment le récit des grâces merveilleuses accordées par la Sainte Vierge au moyen de la médaille miraculeuse. Notre capitaine comparant les prodiges racontés par M. Desgenettes, se disait à part lui que si le prédicateur connaissait ce qui lui était arrivé

---

(1) Médaille et balle sont conservées au Séminaire de Lyon, cours Gambetta, 150.

à Constantine, il y verrait encore une preuve plus frappante de la protection surnaturelle de la Sainte Vierge. Poussé sans doute, par la grâce, il suivit M. le curé à la sacristie et, lui montrant la balle aplatie où l'on voyait finement reproduits en creux dans le plomb, tous les traits de la médaille miraculeuse, il lui raconta comment cette médaille lui avait servi de cuirasse et conservé la vie. Une conversation, animée par une émotion réciproque s'ensuivit et le saint prêtre, avec son zèle ardent et sa science des âmes, fit comprendre au jeune officier qu'il avait été préservé par une faveur insigne, dont il devait être reconnaissant à la Sainte Vierge. Il ouvrit, à ses yeux, les horizons infinis du Ciel, au-dessus de cette petite terre qui, jusque là, l'avait captivé.

Ame droite, cœur généreux, le soldat fléchit les genoux devant l'homme de Dieu et courba le front sous la sentence de miséricorde qui ramena, en lui, la paix avec le pardon du passé.

Dès ce moment-là, le capitaine Papetard qui avait exposé si souvent sa vie pour sa patrie, voulut consacrer toutes ses forces, toute son intelligence, tout lui-même, au service du Roi des rois. Déposant son épée, il se fit étudiant en théologie, à l'âge de trente-trois ans et entra au Séminaire Romain, en 1841. En 1845, il fut ordonné prêtre à l'ordination de la Trinité, par le cardinal Patrizy, et pendant plusieurs années, il se donna au service de Dieu et des âmes, dans le sanctuaire de Notre-Dame des Victoires, à Paris.

Un évêque, missionnaire de l'Amérique du Nord, Mgr Blanchet, évêque de *Nesqualy*, émut le cœur du vicaire de M. l'abbé Desgenettes sur le récit des privations de ses missionnaires et de la pénurie de son diocèse et trouva en lui, un auxiliaire dévoué qui se consacra à lui venir en aide. C'est à cette époque que Mgr de Marion-Brésillac rencontra providentiellement l'abbé Papetard qui devait être un si précieux auxiliaire (1) pour la fondation de l'œuvre.

De Paris, toujours, où il avait été un des premiers à accourir auprès de l'archevêque, Mgr Sibour, lâchement assassiné par Verger l'apostat ; Mgr manda à M. Planque (février 1857) :

« Je crois avoir parlé d'un prêtre du diocèse d'Autun, qui s'est offert. J'ai pris des informations auprès du supérieur du grand séminaire : elles sont passablement bonnes, je vais donc, quoiqu'il soit un peu âgé, ayant 42 ans, écrire à ce prêtre, M. Bresson, en lui exposant encore, de nouveau, les épreuves auxquelles il doit s'attendre et lui dire que s'il se croit la force de les supporter, il pourra venir comme aspirant... »

« Il me tarde bien d'aller vous voir, je vous assure, mais il faut encore rester ici quelques jours. Avant hier, j'ai eu une audience de l'empereur. Sa Majesté à été très gracieuse et j'espère qu'elle contribuera à notre fondation ; mais comment et pour combien ? Je lui ai demandé : 1º de nous faire bâtir un séminaire, pour sa part ; 2º de me permettre de demander à l'impératrice de finir de payer notre clos ; 3º de permettre au prince impérial de fonder deux bourses pour l'entretien de deux aspirants. L'empereur n'a pas dit non, mais il n'a pas dit oui ; mais seulement de remettre pour lui être communiquée, une note à Mgr le premier aumônier. »

Nous verrons au chapitre suivant ce que fit Sa Majesté Napoléon III, pour l'œuvre éminemment patriotique de Mgr de Brésillac...

(1) Le P. Papetard (Adolphe), mourut à Nice, le 6 Mai 1877. Il fut un des grands quêteurs des Missions Africaines.

CHAPITRE V

Avant de quitter Paris, Monseigneur reçut la
réponse de celui qui, d'après le grand écrivain
H. Lasserre « du rôle de conspirateur avait passé,
par aventure, à celui d'empereur des Français. »
Voici ce document dans tout son froid laconisme
protocolaire :

> « Monsieur l'Evêque,
>
> « Vous ne doutez pas du vif intérêt que je porte
> à des œuvres comme celle que vous avez entreprise
> et du concours que j'aimerais à leur prêter. Mais,
> quand leur fondation exige des dépenses extraor-
> dinaires, il ne m'est pas possible d'y subvenir per-
> sonnellement. D'ailleurs, la multiplicité des besoins
> de la même nature sur beaucoup de points de la
> France, m'oblige à répartir avec équité, les secours
> à ma disposition. Je vous offre l'expression de mon
> sincère regret, et sur ce, Monsieur l'Evêque, je prie
> Dieu qu'Il vous ait en sa sainte garde.
>
> « Ecrit au Palais des Tuileries, le 5 février 1857.
>
> « Napoléon ».
>
> « A M. l'Evêque de Pruse. »

Et c'est tout. A la suite de ce refus, l'Empire ne s'en porta pas mieux. Il croula un jour, et l'Œuvre de « M. l'Evêque de Pruse » est florissante. La Providence a ses desseins.

L'évêque de Pruse fit, peut être, ces réflexions en lisant la lettre impériale du monarque qui abandonna Pie IX, comme il avait abandonné Mgr de Brésillac.

Quelques jours plus tard, il recevait cette autre lettre :

« Palais des Tuileries, le 14 février 1857

« Monseigneur,

« Lorsque j'ai pu trouver l'occasion de parler à l'empereur de l'Œuvre à laquelle vous vous consacrez, *Sa Majesté* m'a dit qu'elle vous avait déjà *répondu*. Je suis donc arrivé trop tard pour avoir l'espoir d'exercer quelque influence sur la réponse qui vous fut faite, mais non pour parler de vous, Monseigneur, et pour *trouver l'empereur bien disposé à m'écouter*.

« Agréez, je vous prie, Monseigneur, l'hommage de mes sentiments respectueux et dévoués.

« Maréchal Niel ».

N'ayant rien obtenu des « officiels », Monseigneur rentra à Lyon, dans sa chère communauté, vers la fin de février. Disons que sa présence n'était pas de trop pour soutenir le courage des aspirants. Il avoue franchement que le jeune M. Alba n'est pas aussi solide que les autres ; que M. Planque, toujours animé du même dévouement est cependant un peu

raide vis à vis des jeunes aspirants. M. Riocreux (1)
lui plait beaucoup ; M. Reymond fait beaucoup
compter sur lui ; M. Bresson (2), curé, du diocèse
d'Autun, est arrivé le 8 mars 1857 (3). Dans son impatience de se dévouer aux âmes, Monseigneur aurait
voulu voir les affaires aller plus vite. Il écrit à M.
Blanchet :

« Les éternels brouillards de Lyon ou la lenteur
avec laquelle marche notre œuvre, me jettent dans un
état de tristesse dont il m'est difficile de me défendre. Il me vient souvent dans l'idée, de partir pour
Rome. Mais que ferais-je là, devant l'inflexibilité
du cardinal Barnabo, si je ne puis lui démontrer clair
et net, que mon établissement est fondé ? Il me semble l'entendre : « La voilà, la furia francese ». Pour
aller à Rome avec quelque chance de succès, il faudrait avoir fini de payer l'établissement de Lyon, et
lui assurer un minime revenu. Or, il me faudrait
encore pour cela, une quarantaine de mille francs...
A mon grand regret, je me vois obligé de perdre un
temps précieux. Je ne vois pas que, de tout le carême,
je puisse prêcher une seule fois pour l'œuvre ; car
j'ai besoin d'être ici quelque temps, et le cardinal de
Lyon, aussi bien que l'évêque de Grenoble ne veulent
pas permettre de quête en ce moment. Malheureusement encore, M. Papetard est tombé malade. Il est,
en ce moment, à l'hôpital de Toulon... Voilà bien des

(1) Riocreux (Louis), du diocèse de Lyon, né en 1832,
prêtre en 1857, fit partie du deuxième départ, avec Mgr ;
il mourut à Sierra-Leone, le 2 juin 1859.

(2) Bresson (Jean-Baptiste), né en 1812, prêtre en 1835 ;
curé, partit avec M. Reymond (premier départ), mort à
Sierra-Leone, le 5 juin 1859.

(3) Notes de Mgr de Brésillac.

épreuves. Est-ce un indice que le Seigneur nous réserve plus tard des consolations ? Que sa volonté soit faite. Au reste, les épreuves ne sont elles pas ses dons les plus précieux ? Mais, je m'aperçois que je fais un sermon de carême. Arrêtons nous là... Votre amitié m'est d'autant plus précieuse que le germe en a été sur la poussière des saints (Rome), qu'elle a grandi dans le concours à une bonne œuvre, et qu'ainsi, sans rien perdre de ce qu'elle a ici bas, de délicieux, elle profitera chez nous tous, pour notre spirituel avancement... »

Nous remarquons que dans cette lettre, Mgr de Brésillac dit : « Le cardinal Barnabo » au lieu de **Mgr** Barnabo. C'est que l'éminent Secrétaire de la **Propagande** venait (1856) d'être honoré de la pourpre, succédant au cardinal Fransoni, comme Préfet de la Sacrée Congrégation. Il fut profondément attaché à la Société des Missions Africaines et, après le désastre de Sierra-Leone, il soutint le P. Planque qui, jusque dans son extrême vieillesse, ne parlait du cardinal Barnabo qu'avec un respect ému.

Mais, Mgr de Brésillac ne partit pas pour Rome. Bientôt, il reprit sa tournée apostolique dans le centre, l'ouest et le nord de la France. Nous ne le suivrons pas jour pour jour, nous contentant de signaler les principales étapes et les résultats acquis par ses prédications.

Avant son départ, il fit insérer dans « La Gazette de Lyon » un exposé pour les affiliés à son œuvre, ce qui lui rapporta quelques aumônes, et il pensa déléguer, à Paris, M. Papetard, pour y diriger un comité de dames zélatrices, sous la présidence de Mgr de Ségur, qui acceptait.

De Nevers, où il prêche, il écrit, le 18 mars à M. Planque :

« Quoique je n'aie pas grand chose à dire, je vous écris ces deux mots pour vous donner signe de vie. La quête ici, n'a pas été bien bonne. Néanmoins, j'ai recueilli environ, jusqu'à ce jour, trois mille francs. Ainsi, pour si peu que le bon Dieu bénisse encore mes efforts, j'espère que nous pourrons bientôt finir de payer les Dames Carmélites. Aussi, dans quelques jours d'ici, vous feriez bien d'aller voir M. Berloty pour lui demander quand est-ce que nous pourrons aller prendre nos titres et savoir s'il n'y a pas de danger à ce que nous finissions de payer. Je crains que la fin du mois de mai ne soit pas aussi bonne que le commencement pour mes recettes ; je ne sais pas encore où je prêcherai jeudi, jour de l'Ascension. « Patience. »

« Il m'en faut et il vous en faut ; mais elle a bien son mérite, et elle vient à bout de bien des choses.

« Dites mille choses agréables, de ma part à nos chers confrères et croyez toujours, je vous prie, à ma sincère affection. »

Après divers arrêts et sermons, le prélat arrive à Paris, la première semaine de juin 1857. Il y reçoit une lettre du cardinal Wiseman, archevêque de Westminster, ce qui prouve que Monseigneur avait pensé à quêter en Angleterre.

« Londres, le 11 juin 1857.

« Monseigneur,

« Une absence, en tournée pastorale, m'a empêché de vous répondre plus tôt. Je n'oserais pas vous encourager à venir prêcher à Londres, dans ce moment ! Chaque dimanche, il y a déjà quelque œuvre qui l'occupe. Dimanche prochain, je prêche pour une fondation du célèbre abbé Carron pour un établissement d'orphelines, et M. l'abbé Lavigne prêche en français, chez les Jésuites. Le dimanche suivant, il est défendu de prêcher, puisqu'on fait la quête dans toutes les églises catholiques du royaume pour les écoles des pauvres.

« Le terrain donc, est tout occupé et je ne pourrais pas vous promettre chance de succès ! (1) ».

Quoique le vénéré Mgr de Ségur ne pût, pour le moment, s'occuper pratiquement de l'œuvre, nous sommes heureux de citer de lui, une lettre qui témoigne de la sympathie du saint aveugle pour l'œuvre des Missions Africaines.

« Château des Mouettes, le 2 juillet 1857.

« Très cher Monseigneur,

« Je vous demande avant tout, humblement pardon du long silence que j'ai gardé avec vous. J'ai tant à faire à Paris que les occupations viennent se couvrir les unes les autres, et que je suis obligé de remettre à un plus tard qui me fait rougir, les affaires qui ne sont pas urgentes au moment même. En dépouillant mes papiers dans le repos de la campagne, votre lettre est venue me frapper comme un coup de foudre, et j'aurais envie de m'arracher les cheveux en pensant à cette négligence tout involontaire. »

« J'ai parlé de votre œuvre au P. Pététot qui est, comme moi-même, tout sympathique à vos pensées

(1) Le deuxième successeur de Wiseman, le cardinal Waughan se montra l'ami des M. A. et reçut à Mill-Hill, en 1871, les séminaristes de Lyon fuyant la Commune.

de dévouement et de charité, mais que ses charges et devoirs de toutes sortes empêchent de pouvoir y prendre une part active. Paris est une véritable Afrique, un vrai pays de mission, où il manque des missionnaires. C'est toujours et partout la réalisation de la triste parole du Sauveur : « *Messis multa, operari autem pauci* ». Là même où il y en a beaucoup, il y en a peu : « *Multi nomine, pauci opere* ». C'était, il y a quinze cents ans, la plainte de saint Ambroise : il n'y a rien de nouveau sous le soleil. Pardonnez-moi donc, cher Monseigneur, mon silence et plus encore, l'inutilité de mes sympathies *si vives et si cordiales* cependant. Veuillez vous en venger selon la méthode chrétienne, en aimant davantage,

« Votre tout dévoué et affectionné serviteur,

« L. Gaston de Ségur, chan.-év. de St-Denis. »

A Paris, Mgr de Brésillac s'occupa de prédications et de quêtes. Il adresse la parole aux élèves des Dames Augustines du Roule et aux demoiselles de la Légion d'Honneur, à Saint-Denis, pour les engager à trouver des ressources pour son œuvre, pendant les vacances.

CHAPITRE VI

(Juin-Août 1857)

On ne peut qu'admirer la vaillance du pèlerin apostolique qui, sans lassitude, ni faiblesse, tend la main partout où il passe, pour Dieu et les âmes des Noirs. C'est bien là une croisade.

Le 29 juin 1857 (car cette année est bien remplie), Mgr de Pruse est au Mans d'où il écrit à M. Planque pour le diriger (1) :

« Les missions seraient impossibles si, ne fût-on que deux, il n'y en a pas un qui soit chef et qui décide pratiquement, dans un cas donné, ce qu'il y a à faire, sans que ses confrères se livrent à de perpétuelles contestations. Comment cela serait-il possible si, à Lyon, les aspirants ne prenaient pas l'habitude de condescendre par esprit d'obéissance et de simplicité, à ceux qui sont chargés de diriger la maison. Vous voyez que je pense là-dessus comme vous. Seulement, surtout dans le commencement, usons de notre côté ,de beaucoup de douceur et de patience pour mener à bien ce qu'il y a d'imparfait, sans porter au découragement ceux qui ont d'ailleurs bonne volonté de concourir au succès de l'œuvre...

(1) Nous citons ce passage à cause de ses idées maîtresses de gouvernement intérieur de la Société.

« Il m'est impossible d'aller avec M. Papetard, en Allemagne. Pourquoi courir à l'incertain sur la seule espérance du mieux, quand j'ai encore tant de lieux où je puis continuer en France, ce que je fais avec assez bonne réussite ? Je ne regrette qu'une chose, c'est de ne pas être plus longtemps à Lyon. J'écrirai à M. Papetard et je l'encouragerai à aller seul. Voilà seulement huit jours que j'ai quitté Paris. Tout semble se réunir pour contrarier jusqu'ici mes prédications et mes quêtes. Cependant, Dieu permet que quelques cœurs se laissent toucher. Voilà deux pauvres servantes qui viennent de m'envoyer, chacune cent francs et j'ai ainsi recueilli dans ces huit jours, un millier de francs. »

Du Mans, brûlant le diocèse de Laval, nouvellement érigé, Monseigneur passe dans celui de Rennes qui devait, un jour, fournir aux Missions Africaines tant de missionnaires. A Vitré il prêche sans quêter, à l'église. Mais les bons paroissiens viennent successivement lui apporter leurs offrandes, ce qui le touche beaucoup, car l'auditoire lui avait paru composé de pauvres.

Décidément, le quêteur se plaît en Bretagne car de Rennes, il mande au « cher M. Planque » :

« A Rennes, le sermon était annoncé avec la condition de ne point faire de quête dans l'église. Deux directeurs du séminaire m'attendaient à la gare. A peine arrivé, j'allai faire ma visite à l'évêque (1). Il avait chez lui Mgr Maupoint, nouvel évêque de Bourbon. (2) Les deux prélats assistaient le lendemain

(1) Mgr Brossais-Saint-Marc, devenu premier archevêque de Rennes, le 3 janvier 1859, ce siège étant érigé en Métropole ; puis cardinal (mort en 1878).

(2) Saint-Denis, de la Réunion, où Mgr Fava, ami du père Planque, était alors vicaire général.

au sermon. Quand Sa Grandeur eut entendu le sermon,
elle sembla regretter de ne m'avoir pas permis de
quêter ; d'ailleurs, les fidèles répondirent très bien
à mon appel et c'est la ville où j'ai fait la meilleure
collecte.

« Il me semble qu'en effet, le moment est venu de
faire faire les plus urgentes réparations de la maison.
Je n'ai pas besoin de vous recommander de ne faire
que l'absolu nécessaire et avec le moins de frais
possible...

« Veuillez voir ensemble, dans une conversation
de récréation, quelle époque serait convenable pour
faire notre retraite annuelle, après mon retour.

« Saint-Brieuc, 13 juillet. Maintenant, mon cher
M. Planque, que grâce à Dieu nous allons être en
dehors du plus grand ennui du côté matériel, il faut
absolument que nous travaillions à créer l'esprit qui
doit dominer dans notre congrégation. Commençons
par nous-mêmes en adoptant l'esprit d'*une grande
condescendance* sur les défauts d'autrui, mais sans
faiblesse cependant et sans laisser croire que la douceur dont nous ne voulons pas nous départir, transige
avec les principes qui, seuls, peuvent maintenir le
bon ordre...

« J'ai beau vouloir aller vite, la Bretagne est un
si bon pays que je vais à pas de tortue. Malgré mille
et un embarras, j'ai recueilli depuis mon départ de
Paris, près de cinq mille francs. Je ne puis donc pas
renoncer aux quelques villes qui me restent à voir,
ce qui retardera encore mon arrivée à Lyon. »

« Dans le diocèse de Quimper se passèrent les
petits incidents suivants, que Monseigneur raconte
avec assez de verve. On voit qu'il ne se formalisait
guère des difficultés ; il allait droit au but. C'était
fin juillet 1857.

« Je n'avais pas encore eu de réponse de l'évêché de Quimper et cependant, je passai à Morlaix sans savoir si je prêcherais ou non. En arrivant, je trouvai une lettre du grand vicaire qui, en l'absence de l'évêque (1), donnait avec crainte la permission de prêcher... J'arrivai à six heures du soir, et le curé avait annoncé le sermon pour sept heures et demie. La quête ne fut pas heureuse.

« Le lendemain, je partis pour Brest, ne doutant pas que le curé eût reçu une semblable lettre que celui de Morlaix, vu que dans les journaux de Brest, arrivés le soir à Morlaix, nous avions vu le sermon annoncé pour le lendemain, à sept heures. J'arrivai donc, à Brest, à une heure et demie du soir. Le curé vint à moi avec une figure de déterré, me témoignant de sa peine et de son embarras. Il venait de recevoir, une demi-heure avant, une lettre de l'évêché, en contenant une de Mgr l'Evêque, datée de Paris, qui n'autorisait pas la quête. Que faire ? Dans les journaux du matin, il avait encore fait annoncer le sermon et la quête pour le soir. Mon avis fut qu'il fallait prêcher afin de ne pas scandaliser la population, mais ne pas faire de quête. En disant que les fidèles pourraient, s'ils le voulaient, m'apporter leurs offrandes, c'était une interprétation de la quête annoncée, sans que le peuple fut porté à critiquer cette regrettable restriction. Néanmoins, le curé avec un de ses collègues et quelques autres prêtres, tinrent conseil et décidèrent que, pour le bien public, il ne fallait rien changer au programme annoncé, et qu'on écrirait à l'évêché ce qui s'était passé. La quête eut donc lieu, mais elle fut modique.

(1) Mgr Sergent, du diocèse de Nevers (1802-1871). Il venait d'être sacré (1856).

« Avant de partir, je vis Mgr Péllerm (1), qui arrivait de Quimper, et qui me dit que j'étais attendu à l'évêché et non au séminaire.

« En effet, en arrivant le samedi soir, je trouve le secrétaire de Sa Grandeur, à la diligence. Il fut charmant, je lui dis ce qui s'était passé à Brest, et le lendemain matin, les vicaires généraux reçurent les lettres du curé de Brest. Ils trouvèrent que nous avions bien fait. Le soir, à vêpres, je prêchai à Quimper. Je m'abstins même de dire qu'on pouvait m'apporter les aumônes, mais les bons fidèles le comprirent, et quoique l'auditoire fût assez nombreux parce qu'on n'avait annoncé mon sermon que très tard, plusieurs m'apportèrent leur offrande. Au reste, nous fûmes parfaitement traités à l'évêché.

« Là, je reçus une lettre de Mgr de Soissons, qui m'invitait à assister au couronnement d'une statue de la Vierge, dans son diocèse (2). Je lui ai répondu conditionnellement.

« Chose assez curieuse dans ce voyage, dans chaque diocèse, j'éprouve quelque embarras, et cependant, malgré vents et tempêtes, les recettes sont assez bonnes. J'ai maintenant six mille francs.Comme vous, je désirerais que cet argent ne fut pas inutile, et comme il nous est assez difficile de nous mêler de ces choses là, j'ai prié M. Blanchet, si intelligent en affaires et qui nous est si dévoué, d'être notre trésorier. Déjà, je lui remis en quittant Paris, le peu d'argent qui me restait.

« Je pars ce soir, sans trop savoir comment je remplirai la semaine : à la conduite de notre bon ange qui nous a bien menés jusqu'ici.

(1) Vic. apost. de Cochinchine.
(2) N.-D. de Liesse.

« De Brest, où nous étions au bout du monde, *finis terrae*, nous nous approchons enfin de Lyon. J'espère que, de Nantes ou d'Angers, je pourrai vous fixer le jour de mon arrivée.

« A Dieu. Bien des choses à tous. M. Riocreux (1) vous envoie ses compliments. »

A Vannes, bonne réception du vieil évêque (2) que ses infirmités empêchent de marcher. Mais il est très gai et très aimable. Il charge son vicaire général de « piloter » le missionnaire, et la quête est excellente.

Redon (du diocèse de Rennes) garnit encore un peu la bourse, et Monseigneur part pour Nantes. Dans ce beau diocèse, qui sera plus tard le siège d'un petit séminaire des Missions Africaines, source de vocations apostoliques, et donnera deux évêques à la Société, Mgr de Brésillac ne put rien faire pour son œuvre. L'évêque (3) refusa toute espèce de prédication et de quête. Depuis, les choses ont bien changé et Nantes est devenu une sorte de Providence pour les Missions Africaines.

Prenant le bateau d'abord, le chemin de fer ensuite, Mgr se rendit à Angers, non sans avoir salué les bonnes demoiselles Du Guiné qui l'avaient si bien reçu, à son départ pour les Indes, en 1841.

Angers lui donna les mêmes résultats que Nantes, c'est-à-dire nuls, car il ne put y prêcher. Il écrivit alors, à l'archevêque de Tours, une lettre qui arriva trop tard pour pouvoir organiser un sermon. Le bon

_____

(1) Qui accompagnait Mgr.
(2) Mgr de la Motte de Broons de Vauvert, du diocèse de Rennes (1782-1860).
(3) Mgr Jaquemet, né dioc. de Grenoble (1803-1869). Anc. vic. gén. de Mgr Affre, qu'il accompagnait aux barricades, en 1848.

Mgr Guibert (1) ne comprenait pas bien l'œuvre.
Il se la fit expliquer à fond, et essaya de combiner,
avec le curé de la cathédrale, un sermon « impromp-
tu ». La quête fut médiocre ; mais Mgr de Brésillac
s'estima heureux d'avoir pu reprendre ses sermons.

De Tours, il passe à Soissons, par Noyon. A Soissons, il est l'hôte de l'évêque (2), il y prêche ; Le
18 août, il assiste à la belle fête du couronnement de
N.-D. de Liesse, avec un grand nombre d'évêques.
Le 20 août enfin, Monseigneur était rendu à Lyon
où il revit, avec un grand bonheur, « sa petite famille ».

L'évêque de Pruse avait bien gagné un peu de
repos. Ce repos ne fut pas inactif...

---

(1) Guibert (Hippolyte), né dioc. d'Aix (1802). Oblat. M.-I.
évêque de Viviers, archevêque de Tours, puis de Paris, et
cardinal (mort en 1886). Eut pour coadjuteur et successeur,
le saint cardinal Richard, de Nantes, ami des M. A. (1819-1908).
(2) Mgr Cardon de Garsignies, de Cambrai (1803-1860).

CHAPITRE VII

(Août 1857 - Novembre 1858)

Correspondance avec Rome. — La Propagande offre la mission de Sierra-Leone. — Acceptation. — Grenoble et M. Rivaux. — Renseignements reçus sur Sierra-Leone. érigé en Vicariat. — Rapport à la Propagation de la Foi. — La « source Papetard » en Espagne. — Troisième voyage à Rome, avec M. Planque. — Lettre de Mgr Kobès. — Premier départ des prêtres des Missions Africaines, à Marseille (4 novembre 1858). — Anecdote : les larmes d'un Père.

A peine arrivé au milieu des siens, Mgr de Brésillac écrivit, le 28 août 1857, à la Propagande, pour lui exposer l'état de l'œuvre, insister sur l'établissement d'une mission et s'entendre avec le cardinal Barnabo, sur un voyage à Rome.

Le 23 septembre, le Préfet répondit qu'une lettre, adressée à Mgr de Pruse, le 27 avril, avait dû être égarée : Son Eminence lui en envoyait le duplicata. Le fondateur résume ce document :

« D'après cette lettre, datée du 27 avril, nous apprenons que la Sacrée Congrégation ne juge pas qu'il soit actuellement possible de *créer une mission au Dahomey*. Mais, elle nous offre celle de Sierra-Leone qui irait depuis le fleuve Nimez jusqu'à la République Libéria, inclusivement. On nous demande notre avis afin que dans l'hypothèse affirmative, on présente l'affaire aux cardinaux pour la conclure. »

« Le 25 septembre 1857, j'écris à la Propagande que nous déposons avec *joie* le désir que nour avions de commencer notre œuvre par le Dahomey, afin d'entrer purement et simplement dans les vues de la Sacrée Congrégation, espérant que ce sera toujours là l'esprit de notre Société ; qu'en conséquence, nous acceptons volontiers la mission de Sierra-Leone. Dans une seconde lettre, je demande au Cardinal Préfet, quelques renseignements sur l'état actuel de la religion, dans ce pays. »

En septembre, également, Monseigneur recevait une lettre de M. l'abbé Rivaux (1), directeur du grand séminaire de Grenoble, homme érudit et pieux. Nous donnons cette lettre parce qu'elle fait preuve de la réelle sympathie que l'œuvre avait trouvée en ce diocèse qui donna aux Missions Africaines tant de prêtres et surtout, Mgr Paul Pellet, de regrettée mémoire, deuxième successeur de Mgr de Brésillac à la tête de la Société.

« Je vous remercie de la lettre que Votre Grandeur a bien voulu m'adresser ; je remercie aussi de tout le bien que nous ont fait, durant le cours de notre dernière année scolaire, vos saintes communications avec nos trois bons élèves : MM. Girard, Gourd et *Noché*. Ces trois enfants ont continué à nous édifier de plus en plus. J'ai eu, toute l'année, à admirer en eux la divine opération de la grâce, et j'ai fait part à Monseigneur notre évêque et à un de ses vicaires généraux, de toutes mes remarques et impressions. Il ne leur a pas été difficile de reconnaître dans nos trois chers enfants, l'action de l'esprit de Dieu et tous les caractères d'une vocation divine. Je puis même, affirmer à Votre Grandeur qu'ils ont été bien édifiés et vraiment touchés de tout ce que j'ai eu

(1) Auteur d'un manuel d'histoire ecclésiastique, à l'époque, modèle du genre. Parmi les séminaristes dont parla M. Rivaux, seul M. Noché vint aux Missions Africaines.

le bonheur d'avoir à leur communiquer, au sujet de l'esprit, de la conduite, des sentiments de ces trois futurs missionnaires. Ces trois enfants chéris ont sollicité plusieurs fois de Monseigneur la permission d'aller vous rejoindre ; jusqu'ici, Sa Grandeur, tout en admirant et bénissant leur pieux désir, a jugé à propos de les retenir encore quelque temps. Sa Grandeur, convaincue, ce me semble, de la réalité de l'action divine dans le cœur de nos chers élèves m'a paru désirer avoir de plus amples et plus intimes renseignements sur l'œuvre elle-même à laquelle ils brûlent de se consacrer.

« Si la divine Providence pouvait donc diriger vos pas vers Grenoble, MM. Girard, Noché (1) et Gourd, en seraient tout heureux, et je crois qu'un entretien de Votre Grandeur avec notre saint et savant évêque pourrait être très utile à leur vocation ainsi qu'à votre œuvre sainte. Daigne l'esprit de Dieu vous ramener encore à Grenoble, pour achever ce que vous avez si bien commencé ! Votre Grandeur dans cette œuvre héroïque et divine, est l'instrument que la divine Providence s'est choisi, dans sa sagesse ; c'est par vous, qu'elle veut peut-être tout opérer. C'est votre première visite qui a donné à nos enfants une vocation et une force surhumaine ; c'est peut-être une seconde visite de votre part qui, en communiquant à Monseigneur toutes vos lumières sur votre œuvre, le décidera définitivement à vous céder tous ses droits sur des enfants que Dieu lui avait donnés et confiés, et que sa Providence semble maintenant vous destiner, comme j'ai eu bien des fois dans le

____

(1) Noché (Hector), né en 1834, prêtre en 1858, mort à Porto-Novo, le 1ᵉʳ juillet 1864.

courant de cette année, l'occasion de le voir et de le remarquer.

« Comme vous, Monseigneur, je regarde comme un peu dangereuse l'épreuve du ministère ordinaire pour nos trois élèves, et dans l'intérêt de leur si belle vocation, je bénirai de tout mon cœur la divine Providence quand elle jugera à propos de faire cesser cette épreuve...

« Je m'empresse de répondre à la nouvelle lettre dont vient de m'honorer « Votre Grandeur ». La retraite ecclésiastique du diocèse de Grenoble aura lieu du 24 septembre au 1er octobre, je serai au grand séminaire durant ce temps-là. »

« Si Votre Grandeur trouve ce moment favorable pour venir conférer avec notre évêque de la belle œuvre des Missions Africaines, je la verrai avec un vrai bonheur. La retraite sera prêchée par Mgr Chalandon, archevêque d'Aix ; cette circonstance sera peut-être une bonne fortune pour vos saints projets.

« Il nous sera aussi bien facile, si Votre Grandeur le désire, d'appeler auprès d'elle, à Grenoble, MM. Girard, Noché et Gourd. Ce sera pour notre diocèse, un moment de grâce, qui sait s'il n'entre pas dans les desseins de la divine Providence d'en profiter, pour accorder à notre diocèse, la grâce de participer à votre œuvre héroïque et sainte. Votre Grandeur peut compter que je prierai de mon mieux à cette intention... »

Mgr de Brésillac s'était soumis loyalement au choix fait par la Propagande, de Sierra-Leone, comme première mission. Mais cela ne l'empêchait pas de regretter le Dahomey : il le manifeste clairement dans une lettre à son frère :

« Rien de fixé encore sur mon départ pour Rome, bien moins encore pour l'Afrique. Je pense avoir une réponse de la Sacrée Congrégation de la Propagande, à la fin de décembre, qui déterminera mon voyage à la capitale du monde chrétien, et là, je saurai quelque chose, je l'espère sur le pays de Sierra-Leone et de Libéria, où le Saint Siège préfère nous voir commencer nos missions, plutôt qu'au Dahomey. Cela me contrarie, mais que faire ? Nous sommes dans ce monde pour être contrariés. Là, nous aurons toutes les misères des colonies européennes, avec celles des barbares, tandis qu'au Dahomey *nous n'aurions eu que les sauvages qui, plus vite, auraient pu nous couper la tête*, mais qui auraient pu aussi reconnaître la vérité, tandis que ceux à qui les protestants prêchent la contradiction ne nous feront pas sauter la tête sous le canon anglais, mais n'écouteront nos paroles que pour recevoir de l'eau-de-vie et quelques pagnes... A Dieu, mille choses à tous les tiens. »

Le futur évêque de Sierra-Leone avait demandé des renseignements sur le pays aux Pères du Saint-Esprit dans la juridiction desquels se trouvait le vicariat à ériger. Le Supérieur Général lui répondit, en substance. le 19 avril 1858 :

« Monseigneur,

« Je m'empresse de vous donner les quelques renseignements que vous me demandez à l'occasion et au sujet de la mission de Sierra-Leone que la Sacrée Congrégation de la Propagande est sur le point de vous confier.

« Pour ce qui est d'abord de l'adresse de NN. SS. Kobès et Bessieux, le premier reste à Dakar (Sénégambie) ; le deuxième, à Sainte-Marie-du-Gabon

(Guinée). Mgr Bessieux et surtout Mgr Kobès, qui est plus rapproché de Sierra-Leone, *sera heureux*, Monseigneur, si vous vous mettez en rapport avec lui, de vous donner toutes les indications et vous faire part de tous les fruits de son expérience dans ces pays, et notamment sur le climat et certaines précautions à prendre pour la santé ; ce sur quoi Mgr Kobès ne m'a point laissé de note que je puisse transmettre à Votre Grandeur, conformément à son désir.

« Le vêtement de nos missionnaires du Sénégal et de l'Afrique en général, est la soutane noire ordinaire. On avait parlé, dans un temps, de soutane blanche, mais on a abandonné ce projet (1). Seulement, on se sert d'étoffes légères, comme il se conçoit. Dans l'intérieur de leurs demeures comme au dehors, ils ont ce même costume. Pour ce qui est des voies de transport, il y a peu de navires français qui aillent jusqu'à Free-Town ou Sierra-Leone, la plupart s'arrêtent au Sénégal, notamment à Gorée, mais là, il se présente encore assez d'occasions de navires pour vous rendre à votre destination. Il y a, au moins chaque mois, le packet anglais qui passe, tous les 7 à Gorée et arrive le 10 à Sierra-Leone (2).

« En terminant, j'exprime le vœu, Monseigneur, que Dieu bénisse cette mission qui va être confiée à votre zèle et à votre dévouement. Le bien ne se fera sans doute pas, comme toujours, sans quelques obstacles, mais les difficultés ne résistent pas indéfiniment à la patience et à la persévérance, comme nous en avons fait l'expérience où tant d'épreuves nous

---

(1) Un changement s'est opéré depuis. Les bons Pères portent la soutane blanche et le cordon noir; les missionnaires de Lyon aussi, sauf le cordon.

(2) Mgr de Brésillac, on le verra, n'emprunta cet itinéraire que partiellement,

SÉMINAIRE DE THÉOLOGIE DES MISSIONS AFRICAINES DE LYON

étaient réservées et où nous commençons à avoir de belles espérances. »

Le mardi, 13 avril 1858, une lettre du cardinal Barnabo annonçait que Sierra-Leone était définitivement érigé en vicariat apostolique confié à la Société des Missions Africaines .Dans l'audience du 21 mars, Pie IX en avait nommé premier vicaire apostolique Mgr de Brésillac, évêque de Pruse. La jeune Société avait désormais sa place au grand soleil d'Afrique, et son vaillant fondateur, un champ de bataille pour évangéliser les païens.

Il s'empressa de faire part de cette bonne nouvelle aux conseils de la Propagation de la Foi. Nous résumons son rapport :

« Messieurs,

« Dès que la Sacrée Congrégation de la Propagande m'eut fait connaître officiellement, par la lettre dont j'ai eu l'honneur de vous envoyer copie que nous étions définitivement chargés de la Mission de Sierra-Leone, j'ai pris des informations auprès du supérieur général du séminaire du Saint-Esprit, ainsi qu'à Marseille. Nous pouvons être forcés de prendre le paquebot anglais car « il n'y a pas de navire français qui aille à Free-Town », m'écrit-on. Or, sur le paquebot de Plymouth, le prix est de douze à quinze cents francs. Je pense que le premier prix est celui des places de seconde classe, et le second, celui des premières. Quant à la vie, on m'écrit de Marseille que « les vivres y sont à un très haut prix ; la vie y revient plus cher qu'en Angleterre. Et dans un document anglais imprimé, je trouve que le salaire d'un artisan est de 4 livres 10 shillings par mois ;

c'est-à-dire plus de 110 francs. Qu'en sera-t-il du loyer d'une maison, pour si modeste que nous la prenions, à moins qu'en arrivant, nous prenions une case indigène, ce qui serait *indécent*, en un lieu où habitent déjà de nombreux ministres protestants, et ce qui nous exposerait, d'ailleurs presque sûrement, à prendre la fièvre.

« Qu'en sera-t-il aussi, d'un établissement quelconque qu'il faudra bien tâcher de faire en arrivant, etc., etc. ? J'avoue, Messieurs ,que j'en suis effrayé ; mais enfin, l'obéissance doit passer avant tout ; c'est là que nous sommes envoyés, c'est là que nous irons ; Dieu, sans doute, ayant des vues cachées que nous connaîtrons plus tard. Vous vous associerez à notre peine, Messieurs, je n'en doute pas, et vous nous faciliterez les moyens de vaincre les obstacles de tous genres que nous allons rencontrer, par une allocation en rapport avec la position.

« Dans quelques jours je vais partir pour Rome ; je serais heureux de pouvoir faire connaître à la Sacrée Congrégation de la Propagande le chiffre de la *première allocation* (1) de la Propagation de la Foi, pour la mission de Sierra-Leone. »

Nous cédons au plaisir de citer une page charmante d'une lettre du vicaire apostolique de Sierra-Leone à Mme Blanchet :

« Petites collectes dans mes tournées. Mais, voici que la source Papetard commence à fournir et, si le Bon Dieu lui donne la santé, j'espère que la suite répondra au début. Mais c'est tout une histoire, que le début Papetard. Ecoutez : Il allait donc partir

____

(1) La Propagation de la Foi offrit quarante mille francs.

pour Londres quand je quittai Paris ; deux jours après mon arrivée ici, je reçus une lettre de lui, couché sur son grabat de l'hôtel du bon Lafontaine, plus une consultation du médecin qui lui interdisait le séjour de Londres pendant cette saison de l'année. Il avait besoin de se chauffer au soleil du Midi. Donc, il m'annonçait son départ pour Perpignan, se proposant de parcourir ensuite quelques diocèses du Midi de la France. L'évêque de Perpignan (1), l'un de ses anciens amis, le reçut parfaitement, l'admit à sa table, lui fit prendre de bon bouillon et favorisa sa quête ; cependant, je l'engageai fort à aller un peu essayer de l'Espagne, au lieu des diocèses où j'avais encore chance de passer moi-même, et il partit pour Barcelone. Là, grand désappointement, peine infinie à parvenir jusqu'à l'évêque pour lequel je lui avais envoyé une lettre. Pour le retenir là, je fus obligé de lui écrire une dissertation et lui prouver, philosophiquement, que les chrétiens d'un pays catholique ne pouvaient pas être moins généreux que ceux des pays protestants ou demi-protestants ; on devait sûrement trouver, dans un pays catholique, plus de véritable vertu, plus de charité qu'ailleurs, et comme la charité est une, que l'amour de Dieu, de la Sainte Vierge et des Saints ne peut pas être vrai sans l'amour du prochain, qu'on devait trouver là plus de zèle pour les missions qu'ailleurs. Seulement, il faut faire la part du caractère national pour ne pas être choqué de la forme particulière dont chaque peuple vit et exerce ses vertus, et ne pas le choquer lui même par la forme qui nous est propre, et que naturellement, nous sommes portés à trouver

(1) Mgr Gerbet, de Saint-Claude. (1798-1864). Prélat bien connu, pléiade Lammenais, Lacordaire, Montalembert, etc.

la meilleure, sinon quelquefois, la seule bonne.
Pendant tout ce temps-là, le bon Dieu arrangeait les
choses ; l'évêque fut enfin visible, les bourses s'ouvrirent, un Triduum fut prêché pour notre œuvre,
l'évêque assistait au dernier sermon, et M. Papetard
vient de m'envoyer de Barcelone seulement, six mille francs, tous frais de voyage payés ; et il est parti
pour Madrid, muni d'excellentes lettres de recommandation.

Avec joie, en juin, Mgr partit pour Rome, accompagné de M. Planque. Il arriva la veille du « *Corpus
Chrisli* », après avoir donné quelques jours à sa famille, afin de lui présenter son collaborateur qu'il
devait laisser en France, comme son *alter ego* et
mandataire.

A Rome, les voyageurs furent parfaitement bien
reçus à la Propagande. L'audience du Pape fut très
bienveillante (1). L'évêque reçut ses brefs et rentra
rapidement à Lyon, préparer le premier départ pour
Sierra-Leone. Quelque temps après, il reçut cette
lettre de Mgr Kobès. Elle mérite d'être reproduite.

« Dakar, 21 août 1858.

« La lettre que vous m'avez fait l'honneur de
m'adresser, en date du 20 juillet, m'est arrivée le
7 courant. Je m'empresse d'y répondre par le premier
packet anglais qui passe à Gorée.

« Je n'ai reçu jusqu'à ce jour aucune communication de la décision de la Sacrée Congrégation de la
Propagande, au sujet de votre vicariat apostolique
de Sierra-Leone. C'est votre lettre qui m'en a apporté

(1) Le P. Planque racontait que Pie IX les embrassa cordialement et fit, à Mgr, de nombreux cadeaux utiles pour le
culte divin.

la première et la seule nouvelle. Mais, je pense que l'avis de la Propagande ne tardera pas à me parvenir.

« Je serais heureux, Monseigneur, de contribuer quelque peu au succès de votre mission, en vous communiquant, ainsi qu'à vos missionnaires, le fruit de nos expériences du climat de ce pays et en vous épargnant peut-être par là, les pertes nombreuses que nous avons faites de notre personnel, dans le principe. Si la Providence vous amène à Dakar, nous vous offrons avec plaisir, notre hospitalité de missionnaires, ainsi qu'à tous les vôtres. Mais, il faudra éviter d'arriver ici avant décembre pour une première arrivée d'Europe, le mois de novembre serait trop accablant et par ses chaleurs, et par ce qu'on appelle les calmes plats.

« Les occasions, par navire de commerce, se présentent de temps à autre, mais rarement pour aller de Gorée à Sierra-Leone. Le packet anglais passe à Gorée tous les 6 du mois. Je pense qu'à Sierra-Leone, janvier doit être le premier mois de la bonne saison. »

Le premier départ se préparait activement, Mgr de Brésillac avait désigné pour en faire partie, M. Reymond qu'il nommait son provicaire, M. Bresson et le Frère Eugène.

Au mois de Septembre, il se rend dans sa famille avec M. Reymond, comme pour faire ses adieux, mais sans le dire de façon expresse. Puis, il rentre à Lyon.

A la fin d'octobre, les « partants » firent, sous la direction du fondateur, une petite retraite pour que le bon Dieu préparât leurs voies aux nouveaux apôtres, prémices de la nombreuse phalange qui devait marcher sur leurs traces. Ils dirent adieu à Notre-Dame de Fourvière et se dirigèrent sur Marseille avec Monseigneur. Le Père ne voulait quitter ses fils qu'à bord de l' « Express », navire qui devait les emporter sur la « plage africaine » où, comme dit le chant du « Départ » :

« Les attendait un peuple dans la nuit,
« Abandonné comme un peuple maudit. »

De Marseille, Mgr écrivait au P. Planque, le 30 octobre 1858 :

« Nous arrivons de la chapelle de N.-D. de la Garde, où nous avons failli être emportés par le vent. Il fait en ce moment un mistral à tout renverser. Ainsi, l' « Express » fût-il prêt, impossible serait-il de partir demain, mais il ne l'est pas, les pluies torrentielles qu'il a fait jusqu'ici, ont empêché, dit-on, de le charger, de sorte que tout ce que nous pouvons espérer est qu'on parte mercredi. Cependant, depuis hier au soir, les effets de ces messieurs sont dans le navire, tout était arrivé de Lyon, à bon port.

« Je reçois une lettre de Mlle Gabrielle Blanchet qui m'annonce l'arrivée de son tableau. Ces Messieurs vont bien. Ils vous adressent leurs affectueux compliments, ainsi qu'à tous nos chers confrères, joignez-y les miens pour vous et pour eux.

« N'oubliez pas de chanter une grand'messe pour les bienfaiteurs défunts, pendant l'octave des morts.

« 4 Novembre. — Nos trois premiers missionnaires sont embarqués aujourd'hui. Je les ai accompagnés jusqu'en pleine mer et suis revenu sur la barque du pilote, après leur avoir donné ma bénédiction. A « Dieu ».

Un jeune prêtre, alors professeur de théologie à la Faculté de l'Etat, M. l'Abbé Boyer (1) a raconté au

(1) Boyer (Jean-Pierre), né à Paray-le-Monial, en 1829, coadjuteur de Mgr Feron, puis évêque de Clermont (1878), ami des Missions Africaines, cardinal archevêque de Bourges (mort en 1896).

Père Chautard, de pieuse mémoire, cette touchante anecdote :

Il se trouvait à Marseille le 4 novembre, chez l'évêque Mgr de Mazenod, fondateur des Oblats de Marie-Immaculée, à l'occasion d'une fête de Notre Dame de la Garde. Il remarqua un jeune évêque, qui venait, le jour même, d'embarquer ses premiers missionnaires. Le vicaire apostolique de Sierra-Leone se tenait isolé, triste, et des larmes silencieusement, coulaient sur son noble visage. Un des prélats présents, l'ayant interrogé, il répondit : « Mes enfants sont partis... et je reste... ».

« Ce simple trait peint Mgr de Brésillac tout entier : son cœur affectueux, son *âme ardente...* » conclut le Père Le Gallen (2).

------

(2) Cette anecdote nous fut racontée par le « bon » Père Chautard lui-même, diocésain de Mgr Boyer, à Clermont. Il la redisait souvent ; même il se proposait d'écrire une vie de Mgr de Brésillac, quand la mort vint le surprendre en 1915.

CHAPITRE VIII

(Novembre 1858-Mars 1859)

Pour aider le Père Papetard. — Lettre à M. Reymond. —
Le Père suit ses enfants. — Mgr de Brésillac prépare son
départ. — Démarches à Paris. — Il obtient des recommandations et un passage sur la « Danaë », vaisseau de guerre. —
Nouvelles de Sierra-Leone, par M. Reymond. — Dernières
dispositions. — Départ de Lyon et de Brest. — « A Dieu vat ! »

Ses premiers missionnaires partis, Mgr de Brésillac
se prépara à les suivre bientôt. Mais auparavant, il
voulut assurer encore plus l'avenir de son œuvre en
Europe, et voyant que le P. Papetard réussissait si
bien en Espagne, il résolut de lui concilier de nouvelles sympathies dans ce pays si catholique.

Dans ce but, il écrivit à Mgr Barili (1), nonce à
Madrid, pour le remercier de l'appui donné au Père
et lui recommander encore les Missions Africaines.

Dans le même sens, il écrivit un appel qui fut
publié dans le journal « La Régénéracion », de Madrid
et dans lequel il disait entre autres choses :

« Avant de quitter la France pour me rendre en
Afrique, permettez-moi d'avoir recours à la publi-
cité de votre excellent journal pour remercier les
pieux Espagnols de la sympathie qu'ils ont manifestée
pour l'œuvre des Missions Africaines et de la charité
qui les a portés à nous venir efficacement en aide
dès le début. » « Ainsi, j'ai aujourd'hui la confiance

_____

(1) Barili (Jean-Laurent), né en 1801, arch. de Tyanei. p.
(1853-1868), cardinal (mort en 1875).

que l'Espagne entière secondera notre difficile entreprise, et, pourquoi ne le dirais-je pas, mon cœur,
catholique, avant tout, en est profondément touché
car, je le répète, notre œuvre est catholique, c'est
l'unique caractère que nous voulons lui reconnaître,
et pour cela, nous faisons appel au bon vouloir du
clergé et à la charité des fidèles de toutes les nations ;
mais enfin, c'est la France et l'Espagne qui l'auront
créée au moment où leurs drapeaux sont unis au-delà
des mers, pour la cause du Christ et de son Evangile. »

Ensuite le vicaire apostolique se tourna vers ses
enfants voguant vers l'Afrique, et le 29 novembre,
il adressait à M. Reymond, une lettre dont nous ex-
trayons les passages ci-dessous :

« Vous devez avoir bien souffert, les premiers
jours de votre traversée. Nous avons bien pensé à
vous et même, nous n'avons pas été sans crainte,
tant le temps a été affreux dans le Midi de la France.
Cependant, je viens de recevoir des nouvelles de
Marseille qui m'assurent que le temps ne peut pas
vous avoir fait courir de danger. Il me tarde bien
de le savoir par vous-mêmes, et nous attendons
votre première lettre avec impatience. Inutile de
vous dire combien tous ceux qui vous connaissent,
directement ou indirectement, joignent leurs vœux
aux nôtres pour que le Seigneur dirige vos pas et
bénisse votre première action. Tous mes parents,
en particulier, m'ont prié de vous le dire.

« Tous nos messieurs vous envoient leurs compliments, ainsi que M. Papetard qui m'a quitté il y a
deux jours, pour aller passer quelque temps à Marseille, dans le projet de rentrer en Espagne...

« Indépendamment du consul français, vous ferez
bien de voir, de suite, le consul d'Espagne auquel

il paraît que vous avez été vivement recommandés.

« Aussitôt que possible, envoyez-nous *une lettre qui puisse être publiée dans les Annales de la Propagation de la Foi* et une autre qui puisse l'être dans les journaux d'Espagne.

« Voilà tout ce que je puis vous dire aujourd'hui, pour ne pas manquer la poste car, depuis hier soir, je n'ai pas eu un instant. Cette lettre est autant pour M. Bresson que pour vous ; je lui envoie donc les mêmes compliments qu'à vous-même, en vous recommandant la « sainte patience, la prudence et les autres vertus du moment, que la bonne Vierge vous obtiendra, j'espère, dans un degré d'autant plus éminent qu'il vous sera plus nécessaire, selon les circonstances. Mille amitiés au bon Frère Eugène, et croyez-moi tous et toujours, bien chers confrères et amis, tout vôtre, dans les Cœurs sacrés de Jésus et de Marie, et en union de prières et d'œuvres.

« Mes respectueux hommages à Mgr Kobès et mille amitiés à ses missionnaires. »

La lettre demandée à M. Reymond, fut écrite de Free-Town, chef-lieu de la colonie de Sierra-Leone, le 19 janvier 1859. Les missionnaires après un excellent voyage, avaient été bien reçus à Dakar, Gorée, par les Pères du Saint-Esprit ; à Free-Town, par les autorités anglaises. La mission avait commencé et promettait pour l'avenir. Monseigneur était attendu avec impatience. Une deuxième lettre confirma ces bonnes nouvelles, plus longuement. Ces deux lettres furent publiées par les « Annales de la Propagation de la Foi », après le départ de l'évêque de Pruse.

Car celui-ci, activement, pendant que les Pères s'installaient à Sierra-Leone, brûlant du désir de les rejoindre, préparait son propre départ. Il s'adressait au gouvernement pour obtenir son passage sur un navire de l'Etat.

Pour ce, il se rendit à Paris, fin décembre, et réussit. On lui accorda un passage pour lui, un prêtre et un frère, sur la « Danaë » qui devait partir du 10 au 15 février 1859. On lui promit des lettres de recommandation aux officiers de la marine impériale et aux agents consulaires d'Afrique.

Nous ne rentrons pas dans le détail des démarches qu'il fallut faire pour arriver à ce résultat ; nous ne suivrons pas non plus Monseigneur dans un rapide voyage qu'il effectua en Belgique pour y faire connaître l'œuvre...

Il revint à Lyon, le 2 février 1859 pour arrêter les derniers préparatifs et attendre l'ordre d'embarquement.

Le 19, rien encore n'était arrivé. Monseigneur mit ce retard à profit pour régler toutes les affaires, annoncer son départ à la Propagande et à ses amis. Il établit M. Planque, supérieur du séminaire et son représentant auprès de la Propagation de la Foi.

En partant pour son Vicariat apostolique de Sierra-Leone, Mgr de Marion-Brésillac laissait son œuvre bien établie à Lyon.

Comme dans presque tous les diocèses de France il avait reçu des évêques, du clergé et des fidèles, l'accueil le plus favorable, il pouvait croire que les vocations à son œuvre d'évangélisation de l'Afrique seraient bientôt nombreuses.

Le supérieur qu'il avait mis à la tête de son séminaire était un homme *intelligent, instruit, dont la fermeté et l'habileté* lui inspiraient toute confiance.

Du côté matériel, son entreprise apostolique avait

été également bénie. A son départ, la Société possédait un petit capital, destiné à la construction d'un séminaire, et l'avenir laissait entrevoir les plus magnifiques espérances (1).

Les lettres de M. Papetard, alors en Espagne, et celles du R. P. Planque, nous disent la générosité des fidèles de ce pays, et les ressources qu'on en attendait. Ces lettres écrites à Monseigneur dans les mois de janvier, de février et mars 1859, c'est-à-dire au moment même de son départ, durent adoucir la douleur de la séparation et rassurer les appréhensions du fondateur.

Vint le grand jour du départ du saint évêque, de M. Riocreux et du Frère Gratien. Ce fut le 19 février 1859, qu'après avoir béni et embrassé ses enfants, il quitta Lyon pour Brest où l'attendait la « Danaë ».

---

(1) Avenir réalisé : **En 1925:**

a) Vicaires et Préfets apostoliques (dont 8 évêq.)	12
b) Missionnaires relevant de l'Institut	439
c) Missionnaires relevant d'autres Instituts	66
d) Religieuses européennes et indigènes	524
e) Catéchistes	1.262
Total du personnel missionnaire	2.303
Stations principales et secondaires	1.686
Eglises et chapelles	1.708
Néophytes	168.976
Catéchumènes	72.623
Baptèmes d'enfants et d'adultes	28.859
Confirmations	8.730
Confessions	621.616
Communions	1.374.720
Mariages	2.712
Ecoles	467
Elèves	38.183
Dispensaires, hôpitaux, refuges	67
Malades soignés	626.177
Orphelinats, crèches, ouvroirs	180

Après s'être arrêté à Tours et à Nantes, il arriva à Brest le 22, et il écrit :

« Ce jour-là même, je fus rendre visite à l'amiral qui fut d'une complaisance extrême, et qui envoya l'ordre au commandant de la « Danaë », de venir s'entendre avec moi pour les effets. Dans peu de temps, cet officier supérieur fut là ; il se rendit chez le curé, fit enlever nos bagages du bureau de la diligence, et le lendemain, nous allâmes visiter la « Danaë » dans le canot même de l'amiral qui nous l'avait offert et qui vint me rendre ma visite. La « Danaë » est une très belle frégate, mais je crains bien que, malgré sa capacité, nous ne soyons pas au large. Si à la place des canons, il y avait des cabines pour les étrangers, ce serait très bien, mais on ne dérange pas ces respectables machines, et la place des passagers est bien peu de chose. De plus, il y en a plusieurs qui ont droit à la table du capitaine, et entr'autres, des dames, plusieurs aussi seront à la table des officiers et ils coucheront vraisemblablement dans des hamacs, ainsi que M. Riocreux. Quant au Frère Gratien, je ne sais trop où on le mettra car, indépendamment de quatre cents hommes d'équipages, il paraît qu'on transportera aussi des troupes. Au reste, si les officiers sont aussi agréables qu'ils le paraissent jusqu'ici, ils feront le mieux possible, et c'est tout ce que nous pouvons désirer.

« Le 23 février, M. Boss (1) n'est pas encore arrivé, on l'attend d'un moment à l'autre.

« *Le préfet maritime est très gracieux*, il appelle le commandant Roppert qui est à bord et qui doit

____

(1) Nouveau Gouverneur des établissements français de l'Afrique Occidentale

commander en second, pour venir nous demander si nous avons quelque chose à embarquer.

« Dans le canot de l'amiral préfet, nous allons d'ailleurs, visiter la frégate où nous apprenons que vraisemblablement, nous aurons quelques jours à attendre à Brest.

« Nous voilà au 1er mars 1859. M. Boss n'est pas encore arrivé, et le départ semble devoir encore être retardé. Que de dépenses nous eussent été épargnées si nous avions su cela à l'avance !

« Reconnaissance que nous devons au clergé de Saint-Louis de Brest, pour nous avoir donné, si longtemps et si agréablement une charitable hospitalité. »

Ce n'est que le 10 mars que nous embarquons enfin sur la « Danaë ». M. Boss n'est arrivé que depuis deux jours. Nous sommes allés le voir. Le préfet maritime, l'amiral Odet-Pelliou, nous prête son canot pour nous embarquer.

« Brest, 9 mars 1859.

« Définitivement, mon cher M. Planque, nous partons.

« C'est à peine si j'ai pu voir encore un instant le capitaine. Dans tous les cas, je pense que nous célèbrerons les fêtes de Pâques à Dakar, où je compte recevoir de vos nouvelles et de notre cher séminaire. Je vous écrirai de là. A la prochaine ordination, faites tonsurer M. Brossard.

« J'écris un mot à M. Papetard, que je vous prie de lui envoyer. Mille, mille choses à tous, priez pour nous, cela va sans dire et croyez-moi plus que jamais, bien cher M. Planque, tout vôtre en N.-S. »

« La « Danaë », 11 mars 1859.

« A l'instant je reçois votre lettre et on lève l'ancre. Le temps est mauvais. Je ne sais si je pourrai faire partir ces lignes par le pilote. Si elles vous arrivaient, dites bien des choses à tous. Avertissez le bon M. Courdioux (1), et encouragez-le en même temps, car il y a étoffe à faire de lui un excellent missionnaire »

« Nous ne partîmes pas ce jour-là, malgré le beau temps. Le 11 mars (1859), le temps est mauvais l'ordre étant donné de partir, M. Boss va voir le préfet à huit heures, pour lui manifester ses craintes. Le préfet insiste pour le départ. On lève l'ancre à dix heures du matin. »

Ainsi, l'Apôtre a repris sa carrière que nous avons vue un instant brisée. Que Dieu protège son serviteur et lui rende les âmes qu'il a tant recherchées... par delà les mers...

« A Dieu vat ! ! ! »

---

(1) Prêtre de Lyon, longtemps missionnaire au Dahomey.

UN FRÈRE INDIGÈNE

CHAPITRE IX

(Mars-Juin 1859)

Tempête. — Relâche. — Cherbourg. — En mer... — Gorée. —
Dakar. — Fraternité. — Free-Town. — Epreuves. — Sur
la croix. — Epidémie à Sierra-Leone. — Les 2, 5, 13 juin 1859
— Trois deuils. — Fiat ! !

Une remarque pourrait être faite ici : Mgr de Bré-
sillac ne semble pas témoigner d'un enthousiasme
excessif au moment de s'embarquer pour l'Afrique.
Quoique plein d'ardeur et de zèle, il n'avait pas
l'habitude de se répandre en formules exubérantes.
Sa joie, comme sa douleur, nous l'avons vu dans ses
Mémoires, se ressentaient mais ne se chantaient pas.
Tout était concentré dans son âme et les actes seuls,
étaient une preuve de sa nature, ardente et généreuse.
C'est peut-être à cause de cela qu'il souffrit tant.

En partant de Brest, il emportait de graves préoccupations et de grands espoirs. Il laissait sa jeune
Société encore au berceau : les aspirants viendraient-
ils nombreux, pour assurer la « relève » dans des
climats qu'il savait débilitants et difficiles ? Des
ressources financières dont il avait doté son œuvre,
une fois épuisées, seraient-elles renouvelées à mesure
que les missions s'amplifieraient? Autant de questions
qu'il se posait avec une sorte d'angoisse. D'autre part,
le bon esprit de ses enfants, l'énergie et le savoir faire
du P. Planque ; la pensée que Sierra-Leone n'était
que le premier jalon d'une vaste série de missions
sur la Côte Occidentale, la pensée d'arriver à ce
Dahomey qu'il convoitait toujours, tout cela entretenait ses espérances.

Dieu devait bénir les Missions Africaines ; mais, à quel prix ! On le verra bientôt.

. . . .

« Rade de Torbay, 15 mars 1859.

« Quelque temps qu'il fasse à Lyon, bien cher M. Planque, vous ne pensez pas, sans doute, que celui que nous avons vu dès notre arrivée en mer, nous ait conduit au mouillage de Torbay, près de Dormouth, après nous avoir mis à *deux doigts* de notre perte. Rendez grâce à la bonne Vierge dont la protection nous a sauvés, et à nos bons anges et, surtout celui de Sierra-Leone, qui doit s'intéresser à ce que nous arrivions dans ce malheureux pays, malgré vents et tempêtes. Hier donc, le temps prit un caractère beaucoup plus sérieux que les deux jours précédents.

« Jusque là, nous n'avions fait que tirer des bordées fatigantes, mais dont le grand inconvénient était de ne pas nous faire avancer. Mais hier, le temps était affreux ; avant la nuit, toutes les embarcations étaient brisées ou emportées et malheureusement, un homme fut lancé à la mer et abandonné à son malheureux sort, car la mer était tellement furieuse qu'il fut impossible d'envoyer un secours quelconque. M. Riocreux qui était sur le pont, fut averti de l'évènement presque aussitôt par l'officier de quart, et il hasarda une absolution ; c'est tout ce qu'il pouvait et devait faire. Quelques heures après, nous étions à nous demander s'il nous restait un quart d'heure à vivre. Un bruit affreux se fit entendre et l'eau arrivant de tous côtés par torrents, on se demandait : coulons-nous ? Tout l'équipage pousse un cri d'horreur, il semble même qu'il y a un moment d'hésitation et de trouble général, qui grandit le danger. Le fait est qu'un terrible coup de mer venait de s'abattre sur le pont, renversant le bastingage et défonçant trois sabords. La masse d'eau qui couvrait la frégate l'empêchait de se relever de suite, de sorte qu'une seconde lame nous eut précipités au fond des mers. Vite, on court aux pompes, on bouche les sabords avec des hamacs et dans moins de temps qu'il n'en faut pour l'écrire, le gros danger était passé. Je dis le gros danger, car les avaries étaient considérables, la mer toujours épouvantable et le vent, furieux. Il fallut, dès ce moment, renoncer à tout autre chose qu'à chercher un mouillage, afin d'attendre que le temps nous permit d'atteindre Cherbourg ou Brest, ou la pauvre « Danaë » devra aller se radouber. Nous voilà donc bien avancés !

« Vraisemblablement, il faudra passer quinze jours dans l'un de ces ports, avant de reprendre la mer. Qu'allons-nous devenir pendant ce temps-là ? »

De Torbay, la « Danaë » vint à Cherbourg pour réparer ses avaries. De ce port, Monseigneur écrit à Lyon :

« Au R. P. Planque,

« Le 17 mars, jeudi, je descends à terre, chez le curé de la Sainte-Trinité. Je désirais vivement, dire la messe, et le lendemain, tant en mon nom qu'en celui de l'équipage, je dis une messe d'actions de grâces.

« J'accepte l'hospitalité du curé de la Sainte-Trinité et ne reviens pas à la frégate.

« 18 mars. — Pendant qu'on radoube la frégate, nous nous occupons de nous radouber nous-mêmes. Le coup de mer ayant inondé la batterie et les chambres, nos effets sont tout mouillés. M. Riocreux a perdu son manteau ; une lampe, ayant chaviré pendant ce roulis, à inondé d'huile une de mes soutanes, et plusieurs autres vêtements. Je suis forcé de faire faire une autre soutane. Les bonnes sœurs de la Charité nous rendent pour cela bien des services. »

Les réparations terminées, on reprit la mer après quelques jours et le 30 mars 1859, de Madère, le vicaire apostolique mande à M. Planque quelques notes de voyage. Depuis Cherbourg, la traversée a été bonne, grâce à la vapeur aidant les voiles. Ce fut cependant monotone car, on ne vit « que ciel et mer ».

Le 8 avril, on arrive à Gorée. Le Curé, Père du Saint-Esprit, reçoit fort bien Monseigneur, qui se rend à Dakar, auprès de Mgr Kobès. De là, il écrit, le 15 avril. :

« Nous voici encore à Dakar, bien cher M. Planque car tout semble se réunir pour prolonger notre voyage. Vous avez dû recevoir une lettre que je vous écrivis de Madère où nous ne restâmes qu'une soirée pour faire du charbon. Depuis là, le voyage s'est fait sans rien de remarquable. Le vent était seulement contraire, il fallait aller doucement ou employer énormément de charbon et la moyenne qu'on a prise nous faisait arriver ici, deux jours trop tard pour que nous puissions profiter du bateau à vapeur anglais. Le commandant de la « Danaë » se proposait, il est vrai de se rendre sous peu de jours, à Sierra-Leone, mais une complication d'affaires semble devoir le retenir encore longtemps, dans la rade de Gorée, et sans doute que la prochaine occasion pour rallier Free-Town, sera le vapeur anglais que nous prendrons dans ce cas, après être restés ici, un long mois ; ce qui n'est pas amusant, comme vous le pensez. Quelques jours, c'était bien : nous en avions besoin pour voir et entendre , mais un mois, c'est long. Ces messieurs nous traitent en bons confrères, et nous ne pouvons que nous louer d'eux.

« Plus je vais, plus les renseignements que l'on me donne, m'effraient au sujet des énormes dépenses qu'il faudra faire à Sierra-Leone. J'ai vu M. Protet, le commandant de la station, que M. Boss vient remplacer, l'aumônier de la « Jeanne d'Arc » et plusieurs officiers ; tous s'accordent avec ce que je sais d'ailleurs, sur le prix exorbitant de toutes choses : et cependant, nous devrions paraître là, d'une manière honorable, et commencer par quelques œuvres extérieures. Il sera indispensable de créer des écoles de garçons et de filles et, pour celles-ci, d'avoir des Sœurs. Je viens d'écrire à la Supérieure Générale des Sœurs de l'Immaculée-Conception de Castres. pour qu'elle me dise définitivement si elle pourra m'en envoyer, cette année même. Les Sœurs d'ici sont toutes désireuses que la chose s'arrange et j'espère qu'elle aura lieu. Faites valoir cela auprès de la Propagation de la Foi. Si j'étais arrivé plus tôt à Free-Town, j'aurais écrit aux directeurs, dans l'espoir qu'ils recevraient ma lettre avant la répartition de cette année ; mais, ma lettre, adressée ici, n'aurait pas d'autorité. J'écrirai cependant, un petit mot à M. Ménis, et soyez d'ailleurs notre « avocat ».

« J'espère qu'une de vos lettres m'attendra à Free-Town, où il me tarde bien d'arriver. Ce sera dans la mauvaise saison. Il fait ici une chaleur très grande, dans ce moment ! Cependant, nous nous· portons bien. Pour vous dire autre chose, il faut attendre d'être à Free-Town. Il ne me reste donc qu'à vous prier de faire mes compliments à qui de droit, et à vous assurer de nouveau, de toute mon affection.

« A Dakar, nous fûmes parfaitement accueillis par Mgr Kobès et ses confrères. La Mission a, là, un grand établissement, des ateliers, un collège, des Sœurs de l'Immaculée Conception de Castres, un pensionnat de filles. Dans un pays aussi ingrat que les côtes de l'Afrique, il a dû falloir du temps, de la patience et de grandes dépenses pour obtenir ce résultat.

« Il n'y a pas de navire qui soit sur le point de se rendre à Free-Town, à moins d'une occasion imprévue de retard, nous devons attendre le packet du mois prochain, que nous irons prendre à Sainte-Marie-de-Bathurst, le 8 mai. »

« 23 avril, saint jour de Pâques ; j'ai célébré ce grand jour et les trois précédents à Gorée, où j'ai officié pontificalement, le Jeudi Saint et le jour de Pâques ; j'ai prêché la Passion, le vendredi. Mgr Kobès fait tout cela à Dakar. »

« 5 mai 1859, M. Boss m'écrit que la frégate partira aussitôt après avoir reçu les lettres de France, que le packet doit apporter. Je me décide à continuer mon voyage sur la frégate, cela ne me donnant que trois ou quatre jours de retard. » .

« Le 7 mai, nous quittons Dakar. Nous allons coucher chez le curé de Gorée et nous faisons réembarquer nos bagages. »

« Le 8, dimanche, je dis un mot, après vêpres, à la réunion du mois de Marie. »

Avant de quitter Dakar, Monseigneur reçut des mains du coadjuteur de Mgr Bessieux, les pouvoirs les plus étendus pour tout l'immense vicariat des Deux Guinées.

Voici copie du document épiscopal :

« Jean-Rémi Bessieux, par la grâce de Dieu et du Saint-Siège, évêque de Callipolite, vicaire apostolique des Deux-Guinées et de la Sénégambie.

« A tous ceux qui liront les présentes, salut dans le Seigneur.

« Pour la plus grande gloire de Dieu et le salut des âmes qui nous ont été confiées, nous accordons au RR. et Illustrissime Seigneur Melchior de Marion-Brésillac, évêque de Pruse, vicaire apostolique de Sierra-Leone, dans toute l'étendue du vicariat apostolique des Guinées et de la Sénégambie, le pouvoir d'administrer tous les sacrements, en particulier celui de la pénitence, et de faire usage de toutes les facultés et privilèges soit ordinaires, soit extraordinaires, dont il jouit lui-même dans son propre vicariat; et de communiquer les mêmes pouvoirs aux prêtres de sa juridiction, selon qu'il le jugera bon dans le Seigneur.

« Donné à Dakar, le 8 mai de l'année mil-huit cent cinquante neuf.

« Pour le Vicaire Apostolique absent :

« † Louis Kobès, évêque de Méthon. »

Continuons maintenant, le journal de l'évêque missionnaire :

« Le 9 nous nous embarquons. »
« Le 10, je reviens à terre le matin, pour dire la messe. Les lettres de France sont distribuées ce jour-là, et nous apprenons la triste nouvelle de la guerre probable entre la France et l'Autriche. »
« Le 11, nous prenons la mer, de grand matin. »
« Le samedi, 14, en nous levant, nous apercevons

les montagnes de Sierra-Leone. Nous entrons dans la rivière, vers midi. A une heure, on jetait l'ancre ; à deux heures, on saluait le fort. Avant trois heures, nos chers confrères : M. Reymond, M. Bresson et le Frère Eugène, venaient à bord et nous les embrassions. A quatre heures nous touchions cette terre, désormais le théâtre de notre zèle, terre désolée sous tous les rapports.

« Le climat, toujours si mauvais de Sierra-Leone, semblait, en ce moment, redoubler de malignité. C'est au point qu'on conseillait au commandant de ne laisser descendre personne de l'équipage. Les Européens mouraient comme des mouches. La troupe, déjà si petite, des catholiques venait de faire des pertes cruelles. Le consul général d'Espagne était mort, ainsi que le vice-consul. Ces deux derniers avaient rendu à nos confrères les plus grands services, à leur arrivée. Le premier représentant de la maison Malfilatre venait aussi de mourir. Plusieurs autres étaient gravement malades ; l'un d'eux mourait le soir même, et une dame, trois jours après. Aussi, le lendemain, dimanche (15 avril), n'eûmes-nous que deux personnes à la messe. « Cette messe ou plutôt, nos quatre messes, furent célébrées dans la petite maison qu'occupaient nos confrères, et dans laquelle nous étions les uns sur les autres. Cela ne pouvait pas durer.

« Je m'occupai ensuite de trouver une maison plus spacieuse, ce qui n'était pas facile et coûtait fort cher. Nous nous sommes décidés à prendre, jusqu'au mois de mai prochain, la maison qu'occupait le consulat d'Espagne, en nous mettant au lieu et place du défunt consul général qui l'avait louée pour jusqu'à cette époque. »

» Le 19 mai 1859, nous fîmes notre déménagement,

et le vendredi nous dîmes la messe dans cette nouvelle maison, dont nous avons transformé une grande salle en chapelle. »

Mais, il était dans les desseins de la Providence que la famille apostolique ne serait pas longtemps réunie. Les épreuves allaient commencer et les deuils succéder aux deuils. A son arrivée dans son vicariat, l'intrépide évêque trouva encore la croix, toujours la croix... il devait y rester attaché et mourir bientôt. Ce n'est pas sans une émotion filiale que nous allons reproduire ses dernières lettres, les ultimes pages des Mémoires, pages douloureuses... et l'histoire de son martyre obscur..., de sa sainte mort...

« Free-Town, 19 mai 1859.

« Après bien des misères, nous voilà donc arrivés, bien cher M. Planque, nous voilà à Sierra-Leone où le démon règne en maître, aidé du protestantisme qui concourt à faire de ce lieu, une véritable image de l'enfer. Sous le rapport physique, le pays ne semble pas mal, mais sous le rapport moral c'est un désordre dont rien n'approche. La chaleur, en ce moment, est accablante, et cela s'ajoute aux fatigues du voyage et à l'incommodité d'être les uns sur les autres, dans une petite maison qui n'a guère qu'une chambre. Je suis incapable de faire quoi que ce soit; c'est à peine si je puis tenir la plume pour vous écrire deux mots. Il m'est impossible d'écrire à la Propagation de la Foi, J'écris seulement quelques lignes à M. Ménis. Cependant, je vais bien et tous ces Messieurs aussi. On dit que le mois passé a été très malsain, et c'est peut-être par une protection de la Providence que nous avons été forcés de rester tout un mois à Dakar, où nous avons commencé à nous acclimater. Le fait est que les Européens mouraient comme des mouches. Le consul Espagnol et le vice-consul sont morts, M. Porcant, de la Maison Malfilatre, mort, M. Lambert, mort, une dame catholique, à l'agonie. Bientôt, nous aurons enterré tous nos catholiques. Mais aussi, comment vivent-ils ! Tous les excès sont ici, à l'ordre du jour, et je reste persuadé, avec M. Reymond, qu'en vivant prudemment et sagement, on ne mourra pas plus ici que dans les autres pays chauds. Les voyages, par exemple, seront bien difficiles, et pour que les missionnaires aient l'absolue nécessité de vivre, sans s'exposer à périr dans une case de Noirs, il faudra des dépenses énormes. Au reste, je ne me fais pas encore idée de la cherté des vivres ici ; c'est à n'y pas croire. Tout cela m'a jeté dans une certaine tristesse intérieure que je surmonterai par la grâce de Dieu, mais qui me rend incapable de vous écrire au long, et de vous parler d'affaires. Ce sera pour le mois prochain. Mille choses à tous, dans la maison et hors de la maison, à ceux qui s'intéressent à nous. Le Frère Eugène va mieux ; le Frère Gratien assez bien ; M. Bresson et M. Riocreux, très bien sous tous les rapports. »

Mgr Kobès si bon, le consola un peu en lui écrivant, le 7 juin, de Bathurst :

« Unissons, Monseigneur, nos peines et nos prières, nos efforts et nos espérances dans l'amour de Dieu ! Unissons-nous surtout à Celui sans le secours de qui nous ne pouvons rien, et soyons entre ses mains comme l'instrument entre les mains de l'ouvrier qui le manie. Mais j'oubliais, Monseigneur, que j'écris à mon aîné dans les combats du Seigneur. Pardonnez-moi, ou plutôt pardonnez à mon affection pour les

Noirs abandonnés. Sans être enthousiaste et sans me faire illusion sur notre œuvre, je désire voir les cœurs de tous nos missionnaires remplis de deux sentiments prédominants : une grande affection pour les pauvres Noirs et une immense patience dans le travail de leur conversion. *Patientia opus perfectum habet.* »

« Le journal du Sénégal nous annonce qu'il y a une espèce d'épidémie parmi les Européens à Sierra-Leone, veuillez me dire ce qu'il en est, car c'est pour la première fois que j'entends parler d'épidémie. Et comment va votre chère santé et celle de vos collaborateurs et de vos frères ? Avez-vous déjà payé quelque tribut à la fièvre et au climat, et vous en êtes-vous complètement remis ? Ce sont autant de questions, Monseigneur, qui m'intéressent autant que si je les adressais aux missionnaires dont la garde m'est confiée, et je serai heureux de recevoir, de votre part ou de la part d'un de ces messieurs, quelques détails. Vous pouvez m'adresser la prochaine lettre à Bathurst d'où je ne partirai que par le vapeur de Gorée, après l'arrivée du packet de Sierra-Leone.

« Veuillez, me recommander au bon souvenir et aux ferventes prières de vos prêtres et frères, et nous, Monseigneur, prions ensemble, souffrons ensemble et espérons que le Seigneur nous tiendra compte de nos peines et de nos travaux, tant pour notre propre sanctification que pour la conversion des Noirs.

« Je suis, dans la Charité de N.-S., votre plus dévoué et affectionné serviteur. »

« Le 21, visite au Gouverneur par intérim ; il est malade, nous y recevons assez bonne réception. »

« Le 22 mai, dimanche, il y a bien peu de monde à la messe, 1° parce qu'il n'y a pas de chrétiens à Free-Town ; 2° parce qu'en ce moment, il n'y a même ni consul Espagnol, ni consul Français ; 3° parce que parmi ce petit nombre de chrétiens, il y a des malades. »

Dans l'office du dimanche des Rameaux, il est un moment où la Sainte Liturgie est brusquement coupée par cette annonce solennelle :

PASSION DE N.-S.-J.-C.

... De même, en copiant les Mémoires, on doit inscrire tout à coup, sans transition :

LES TOMBES DE SIERRA-LEONE

Mort de M. Riocreux.

« Le 2 juin 1859, jour de l'Ascension, mort de M. l'abbé Riocreux. C'est un immense malheur qui pourra avoir de bien fâcheuses conséquences pour l'œuvre. Il a été malade huit jours. Jusqu'au dernier moment, nous avions gardé l'espoir de le conserver. Il a fait une mort bien douce et bien édifiante. Je suis effrayé des suites que cette mort peut avoir contre le succès de cette mission. Les décrets de Dieu sont impénétrables.

« Adorons-les en silence, le cœur brisé. »

Mort de M. Bresson.

« Le 5 du même mois, dimanche dans l'octave de l'Ascension, mort de l'abbé Bresson. C'est une vraie désolation. Il était un peu malade depuis le dimanche précédent. Rien ne semblait grave. Le grand malheur de la mort de M. Riocreux ne semblait pas l'avoir affecté de façon à me faire craindre pour ses jours. Le samedi, tout à coup, son état devint plus alarmant, et il est mort le dimanche, à cinq heures du matin.

« C'est un nouveau coup de foudre qui me laisse inconsolable ; mais, par la grâce de Dieu, je reste soumis à sa volonté sainte, sans la comprendre... »

« A Monsieur Vian,

« Sierra-Leone, 10 juin 1859.

« A votre bonne lettre du 16 mars, bien cher Monsieur, je me proposais de répondre dès mon arrivée ici, dans l'espérance d'avoir toute espèce de bonnes choses à vous communiquer. Hélas ! C'est tout le contraire, ou si ce sont de bonnes choses dans les desseins de la Providence, à notre grossière appréciation, elles sont de la pire espèce. Vous avez sans doute appris, quelque chose de notre triste traversée et de l'accident qui faillit nous précipiter au fond de la mer, quelques jours après notre départ de Brest. Nous espérions qu'après nous avoir ainsi sauvés, Dieu nous réservait à travailler longtemps à son œuvre, en un lieu où le démon règne en maître, depuis si longtemps. Eh bien, à peine arrivés ici, nous nous réjouissions d'être six réunis pour un commencement d'action ; les deux prêtres qui m'attendaient avec impatience, depuis le mois de janvier, se portaient parfaitement ; malgré les ravages qu'une épidémie faisait dans le pays, nous étions heureux et nous dressions nos plans de campagne quand, dans l'espace de trois jours, j'ai perdu deux de ces chers confrères, deux prêtres sur trois : le bon M. Bresson qui m'avait devancé et l'excellent M. Riocreux qui était mon compagnon de voyage. Celui-ci était tout jeune, plein de santé, de talents, de piété, je fondais sur lui les plus grandes espérances. Il s'est envolé au Ciel, le jour même de l'Ascension, et le dimanche, dans l'octave, il était suivi de M. Bresson. Vous dire l'effet de ce double coup de foudre sur mon âme, c'est impossible. L'épidémie, d'ailleurs la plus forte dont on ait souvenance depuis 27 ans, n'est pas passée, et presque tous les Européens succombent. Un de ces jours, on enterrait l'évêque protestant. En ce moment, j'ai un des frères bien malade. Il n'est donc pas improbable que M. Reymond et moi, suivions de près ceux que nous pleurons, et la mission de Sierra-Leone sera alors aussitôt finie que commencée. Mais, si le bon Dieu veut me laisser encore souffrir sur cette terre, je crains bien que le malheur qui vient de nous arriver ait un contre-coup terrible, qui entrave singulièrement notre entreprise. Je parle selon la nature car, Dieu sait tirer le bien du mal même, et peut-être, je le disais au commencement, tous ces maux sont des biens. Mais aussi peut-être, sont-ils de terribles effets de la colère céleste. Quoiqu'il en soit, priez pour que la sainte volonté de Dieu s'accomplisse en nous. A Dieu... »

Mort du Frère Gratien

« P. S. du 18. — Le Frère est mort ; c'était mon autre compagnon de voyage. Depuis le 10, j'ai moi-même été malade ; il paraît qu'aujourd'hui le danger est passé. »

Ce n'est cependant, que les pieds de la montée du calvaire..., sous peu nous serons au sommet...

La dernière lettre de Sa Grandeur à son frère très aimé, M. Henri de Brésillac, porte en sa triste et brève rédaction, le cachet de la plus grande résignation chrétienne.

« Free-Town (Sierra-Leone), le 12 juin 1859.

« Je ne t'écrivis pas, le mois passé, bien cher Henri, parce que je me trouvais sous l'influence d'une indéfinissable tristesse... »

« A trois jours de distance, j'ai perdu deux Missionnaires sur trois. L'épreuve n'est pas finie ; j'ai mes deux frères laïques malades... M. Reymond n'en peut plus de fatigue, de tristesse et de l'influence maligne du climat qui jamais, dit-on, n'a été pire que cette année...

« Le bon Dieu me conservera-t-il avec M. Reymond pour continuer son œuvre, ou bien veut-il que cette mission finisse en même temps qu'elle a commencé ? Lui seul, le sait, que sa sainte volonté s'accomplisse en tout...

« Voilà trois semaines que je ne passe pas une nuit tranquille. Nous étions arrivés ici le 14 mai... A Dieu.

« M. M. J. de Marion-Brésillac, évêque de Pruse,

« vicaire apostolique de Sierra-Leone.

... Mais, l'énergique prélat ne devait hélas ! « continuer l'œuvre » que du haut du Ciel où Dieu l'appellera bientôt. Comme l'écrit l'un de ses successeurs, « *son action efficace ne commença qu'après sa mort* » (1) par sa protection tutélaire sur ses enfants spirituels, s'efforçant de marcher sur ses traces et d'achever le sillon ébauché là-bas.

---

(1) T. R. P. Chabert, cinquième Supérieur des M. A. L.

ICI ONT ÉTÉ DÉPOSÉS
DANS LA PAIX DU SEIGNEUR
AU MOIS DE JUIN 1859

Le 2. — R. P. Louis Riocreux, de Lyon
à 27 ans

Le 5. — R. P. Jean-Baptiste Bresson, d'Autun
à 47 ans.

Le 13. — C. F. Gratien Monnoyeur, de Saint-Claude
à 29 ans

Le 25. — S. G. Mgr M.-M.-J. de Marion-Brésillac
de Carcassonne - Evêque de Pruse
Vicaire apostolique de Sierra-Leone
à 46 ans

Le 28. — Louis Reymond, de Besançon
Vicaire général
à 36 ans

R. I. P.

Les tombes de Sierra-Leone

CHAPITRE X

(Juin 1859)

L'HOLOCAUSTE

.. Derniers jours... — Détails donnés par M. Reymond, sur la maladie de son évêque. — Dernière lettre de Mgr de Brésillac. — L'agonie d'un héros. — Les derniers sacrements. — La vie sur les tombes. — *Mors et Vita...*

Les 2, 5, 13 juin avaient été des jours de tristesse. Il ne restait plus, dans la pauvre maison épiscopale, que le saint évêque de Pruse et son vaillant provicaire, M. Reymond. Celui-ci, sur l'invitation de Mgr atteint du terrible fléau de la fièvre jaune, écrivit à M. Henri de Brésillac, ces détails lamentables sur le désastre de la mission. C'est la dernière lettre de M. Reymond.

J. M. J.

« Sierra-Leone, le 16 juin 1859.

« Monsieur,

« Je regrette de ne vous avoir pas écrit plus tôt, car ma lettre aurait été joyeuse et peut-être intéressante, à cause de la distance qu'elle aurait parcouru. Mais aujourd'hui, je suis bien triste et bien fatigué. Depuis deux mois, j'ai éprouvé tant d'émotions que je ne sais plus comment vivre. Après avoir ardemment désiré l'arrivée de Monseigneur, j'avais fini par souhaiter un retard de quelques mois, à cause de la mauvaise saison. Cette année, par une exception incompréhensible, ne ressemble nullement aux autres années. Il faut remonter à vingt-sept ans en arrière pour trouver une saison aussi mauvaise, de l'aveu de tous. La pluie n'arrive pas et la chaleur continue lourde, étouffante comme celle d'une étuve. Les nuages se rassemblent un peu, le tonnerre gronde sourdement on espère la pluie, et une seule rafale de vent brûlant emporte le nuage avec l'espérance de la pluie.

« La petite vérole décime la population noire, et le choléra ou, plutôt, *la fièvre bilieuse*, se changeant souvent en vomito negro (fièvre jaune) détruit la population blanche.

« Depuis deux mois, cela dure, et je regardais comme un bonheur, chaque jour de retard pour l'arrivée de la « Danaë ». J'ai été bien heureux cependant, quand j'ai vu le drapeau français dominer toute la masse des navires anglais, français, américains, qui couvraient la rade. Tout le monde était dans l'admiration de ce beau navire, le plus beau qu'on ait vu, depuis longtemps, devant Sierra-Leone.

« J'étais heureux de voir arriver Monseigneur, et en ce moment, j'oubliai l'épidémie, la chaleur, les privations et tout. Nous avons passé quelques jours bien heureux, on riait, on causait, on faisait des projets. Il y avait si longtemps qu'on ne s'était vu !

« Depuis le 14 mai, jusqu'au 26, nous avons **joui** d'un grand bonheur ; nous projetions des excursions et nous nous préparions, M. Riocreux et moi, à faire une expédition dans une rivière voisine, à **trois** journées de marche quand, le 26 mai, M. Riocreux se sentit malade.

« Je déployai tous mes talents médicaux et conso-
lants. J'appelai à mon aide, les remèdes du pays, en
voyant l'inutilité de mes efforts.

. « Le 2 juin, il paraissait mieux, nous le croyions
sauvé, la fièvre semblait changer de nature. Malheureusement, il était trop tard : le soir, à huit heures,
il expirait, heureux d'être venu en Afrique et ne
regrettant qu'une chose, de ne plus pouvoir être
utile à la mission.

« Le 29 mai, M. Bresson, mon compagnon de route,
tombait malade, non du climat, mais d'une hernie
qu'il cachait à tout le monde. Le 5 juin, à cinq heures
du matin, il mourait d'inanition, sans fièvre, n'ayant
pu prendre aucune nourriture, et ce ne fut qu'à ce
moment que je connus ce mal.

« Depuis deux jours, le Frère qui avait accompagné Monseigneur dans son voyage, était malade de
la fièvre bilieuse, et celui qui m'avait accompagné
ne tarda pas à se mettre au lit.

« Le 13, je fermais les yeux au dernier compagnon
de voyage de Mgr et je restais seul avec Monseigneur
accablé de cette triste mort et n'ayant plus la force
de pleurer, ni de manger. J'étais tellement fatigué de
ces vingt jours passés sans sommeil, sans repas réglé,
que je n'avais presque plus la force de me traîner.

« Le 12 juin, Monseigneur avait pu dire la sainte
messe et adresser quelques mots aux fidèles, et le soir,
il tombait, épuisé de fatigue. Heureusement que la
Providence envoya à notre secours.

« Le « Dialmath », capitaine Vallon, arrivant du
Gabon, fut forcé de relâcher à Sierra-Leone, pour
se réparer. Je réclamai le secours du chirurgien-
major Beauchef, qui vint régulièrement, deux fois
par jour, visiter Monseigneur et prescrire les médi-
caments nécessaires. Je n'avais plus la présence

d'esprit nécessaire, et sans doute que Monseigneur ne serait plus maintenant, sans les soins de ce bon docteur. Je commence à reprendre vie quoique je n'aie pas encore la force de dormir ou de manger. J'espère que, dans quelques jours, Monseigneur sera en état de se promener et je l'emmènerai à la campagne de M. Seignac de Lesseps (de Bordeaux, agent consulaire français, par intérim) pour le distraire et le remettre en état.

« Toute la population s'est émue de la maladie de Monseigneur et vient demander de ses nouvelles. Les médecins sont malades ou en fuite depuis un mois, et la maladie commence seulement à se calmer. Ainsi rassurez-vous sur notre sort.

« J'espère que nous sommes ancrés ici, encore un an au moins, sans danger maintenant.

« Monseigneur vient de prendre avec appétit, une bonne soupe à l'ail qui lui a fait grand bien. J'espère que demain, il pourra dire la messe. La pluie commence et le tonnerre gronde encore au loin : c'est bon signe. L'air est rafraîchi et j'espère que l'épidémie va se ralentir, sinon cesser ses ravages. On ne comprend rien à cette maladie dûe, probablement, au vent constant de l'est et à la sécheresse extraordinaire de cette année.

« En voyant Monseigneur reprendre ses forces, je reprends un peu de gaieté pour vous souhaiter le bon soir, ainsi qu'à Madame de Brésillac, à Georges et à Jeanne qui, j'espère, grandissent en sagesse et en science. Nous avons déjà un petit Noir, bientôt deux. Le premier se nomme César, le second Bacchus, les deux conquérants ; c'est de bonne augure.

« Je viens de quitter M. Rives de Mirepoix qui vient voir Monseigneur de temps en temps. Ces visites lui font du bien.

« Agréez, je vous prie, mes lointains respects et excusez ma lettre, faite je ne sais trop comment ; je n'ai pas dix minutes tranquilles.

« Aujourd'hui, samedi, Monseigneur va bien ; il écrit ses lettres, se promène un peu et il pourra dire la messe demain.

« Tout à vous,

« L. Reymond,

« prêtre missionnaire. »

Le 18 juin, le prélat vaincu par le mal, adressa à M. Planque, les dernières lignes que sa main ait tracées ici-bas ; il faudrait lire cette lettre, à genoux :

« Free-Town, 18 juin 1859.

« Bien cher Monsieur Planque,

« Que le Saint Nom de Dieu soit béni ! Ses voies sont impénétrables, adorons-les et soumettons-nous. Quant à la douleur causée par les maux que sa main nous envoie, j'espère qu'Il ne s'en offensera pas, pourvu qu'elle soit sans murmure. Or, je puis dire qu'elle est sans mesure. De six que nous étions, il y a quelques jours, nous ne sommes plus que trois, et bientôt deux, car définitivement, je vais renvoyer en France, le Frère Eugène. M. Reymond vous écrit les détails car, je n'en ai pas la force, ayant été pris moi-même, de cette cruelle fièvre, dimanche soir ; aujourd'hui seulement, je puis me lever un peu longtemps, et j'en profite pour vous adresser ces lignes. Je vous assure que j'ai bien cru que j'allais suivre nos chers confrères, car les symptômes étaient, dès le début, les mêmes que ceux de la terrible maladie qui nous a enlevé M. Riocreux et le Frère Gratien. Le premier s'en-

volait au ciel, le soir du jour de l'Ascension ; le dimanche, dans l'octave, il était suivi de M. Bresson, et
le lundi de la Pentecôte, quand j'étais moi-même
au lit, du Frère Gratien. Quel coup terrible pour un
début ! Il est vrai que cette année est tout à fait
exceptionnelle et qu'on n'a pas d'exemple d'une semblable mortalité, depuis plus de vingt-six ans. Mais
enfin, cela ne va-t-il pas singulièrement refroidir les
vocations ? Voilà, pour le moment, tous nos plans
renversés ; il nous faut absolument attendre du secours. Malgré cela, j'irai seul, si c'est possible, le
mois prochain, faire un voyage au Dahomey, pour
voir s'il ne vaudrait pas mieux fonder là, un centre.
Ah ! si M. Borghéro et M. Brossard pouvaient venir
de suite, quels services ils nous rendraient. Quant aux
confrères, ne nous en envoyez que s'ils sont parfaitement solides. Il nous faut ici des hommes, non seulement *pieux*, mais *parfaitement obéissants, ne se
mélant nullement de ce qui ne les regarde pas, sans
idées à eux, mais disposés à faire purement et simplement ce qu'on leur dit, sans réflexions, sans vouloir
mieux faire de leur propre mouvement, etc., sans quoi
ils sont un véritable embarras et nullement un secours.*
En voilà déjà bien long pour un homme qui, depuis
dix-huit jours, n'est occupé qu'à prendre médecine sur
médecine. Je n'en puis plus ; je ne croyais pas écrire
si long. J'aurais bien voulu écrire aux Ursulines, aux
Carmélites, mais impossible !(J'envoie quelques objets qui peuvent intéresser les familles de nos chers
défunts. Les actes mortuaires faits au consulat, ne
pourront être prêts que le mois prochain). *J'espère que
M. Reymond vous donne de plus amples détails. Je suis*
accablé de tristesse et de fatigue !

    « M.-M.-J. de Marion-Brésillac, évêque de Pruse,
    « vicaire apostolique de Sierra-Leone. »

Ici, se termine le récit quotidien des labeurs, des luttes et des souffrances du vaillant évêque missionnaire, depuis le jour où il se consacra à l'apostolat et à la fondation de l'œuvre des Missions Africaines.

« En déposant *ce précieux manuscrit* (1) aux feuilles jaunies par le temps, et dont les dernières pages ont été écrites sur cette terre désolée de Sierra-Leone, visitée par la mort, dans cette étroite demeure à l'atmosphère brûlante et contaminée, foyer de tristesse et de deuil, on se sent pris d'une profonde mélancolie et le cœur étreint d'une inexprimable angoisse, à la pensée que la main bénie qui traçait ces lignes, devenait elle aussi, quelques jours plus tard, raide et glacée ; et que là, tout près de ses trois premières victimes, la mort, de sa faux impitoyable, allait coucher dans la tombe, leur admirable chef et son dernier compagnon, victimes du devoir, dans cet héroïque et inégal combat.

« En présence de cet insondable malheur qui frappe dans sa source, comme au cœur, la fondation de l'œuvre africaine, la nature humaine se sent impuissante et muette, et ne peut que redire les suprêmes paroles de ce père vénéré : « Les décrets de Dieu sont impénétrables, adorons-les en silence, le cœur brisé ».

Les dernières lettres de Monseigneur et de M. Reymond, firent naître de poignantes appréhensions au séminaire des Missions Africaines, à Lyon. Mais les prévisions les plus sombres ne pouvaient conjecturer la terrible réalité.

Une lettre du vice consul de France à Sierra-Leone, M. Seignac de Lesseps, à Mgr Kobès, annon-

(1) Conservé pieusement, aux archives des M. A. L.

çait un peu tard, le 20 juillet, la mort de Mgr de Brésillac et de M. Reymond.

En communiquant cette nouvelle douloureuse au R. P. Planque, Mgr Kobès ajoutait :

« Nous prenons, tous nos missionnaires, et moi plus que tous les autres, une bien grande part à la douleur que ces pertes font ressentir à votre cœur et à ceux de tous les membres de la famille religieuse et des familles naturelles de tous ces illustres et chers défunts, et nous formons des vœux ardents pour que la nouvelle de ces nombreuses victimes, loin de décourager les jeunes vocations, les porte au contraire, à aspirer au bonheur de récolter la moisson que la Divine Providence ne manquera pas, nous l'espérons ,de faire germer sur cette terre fécondée désormais par les dépouilles mortelles des martyrs de la charité et du zèle apostolique.

« Comme les circonstances de la mort de notre illustre défunt, n'ont pas permis que les honneurs dûs, selon le rite de l'Eglise, à sa dignité, fussent rendus à sa dépouille mortelle, j'ai fait à Dakar, avec toute la solennité possible et conformément au cérémonial prescrit, l'office pontifical pour les obsèques d'un évêque. Tout le personnel de la mission à Dakar : Pères, Frères, Sœurs, élèves des deux sexes et autres chrétiens, ont pris une part d'autant plus sensible à cette funèbre cérémonie, que nous avions *eu le bonheur* de posséder au milieu de nous, Monseigneur et tous ses Missionnaires, et que leur bon souvenir était *encore vivant*, parmi nous. »

La lettre de M. Lesseps et celle de Mgr Kobès seraient-elles donc, les seuls documents que possèderait la Société des Missions Africaines, sur les derniers moments de son bien-aimé fondateur ?

Grâce à Dieu, il y avait à Sierra-Leone, d'autres témoins de sa mort : M. Vallon, lieutenant de vaisseau, commandant l'aviso « Dialmath », et M. Charles Brémond, de Free-Town. Le premier envoya des détails au P. Planque, le 14 novembre 1859, et le deuxième, au Cardinal Préfet de la Propagande, en octobre de la même année.

C'est grâce à ces deux documents que nous pouvons donner quelques détails sur les derniers moments de notre vénéré Père.

Depuis le début de juin, l'épidémie de fièvre jaune avait donc fauché trois des missionnaires de Sierra-Leone, sur cinq... Mgr de Brésillac sollicité par le commandant du « Diamath », de profiter de son navire pour aller à Gorée, changer d'air et fuir ainsi le fléau, refusa cette offre : « Son devoir, dit-il, était de rester dans son diocèse désolé. »

M. Brémond obtint cependant, que le prélat quitterait sa maison contaminée et viendrait habiter chez M. de Lesseps, pendant que M. Reymond logerait chez M. Brémond lui-même.

Aucun soin ne fut épargné pour sauver ces deux vies précieuses.

Le samedi 25 juin, Mgr se trouva très fatigué, venant d'avoir et ayant sans cesse, depuis le matin, des vomissements de sang noir coagulé, tristes symptômes d'une mort prochaine. M. Brémond fut le voir. Avec sa bonté ordinaire, l'évêque s'informa de la santé des jeunes enfants de son ami et de celle de M. Brémond. Il dit, avec beaucoup de calme : «Mon cher enfant, ce que je redoutais est arrivé, la catastrophe va avoir lieu, croyez-vous M. Reymond en état de pouvoir se rendre auprès de moi ? — Non, répondit M. Brémond. En mon âme et conscience, je crois que déclarer à M. l'abbé Reymond, l'état dans lequel se trouve Votre Grandeur serait lui donner le coup brutal. — *Fiat Voluntas tua*, répliqua-t-il..., mais il va m'être bien pénible de mourir sans recevoir l'Extrême-Onction. »

Frappé par ce raisonnement, ajoute le témoin, je réfléchis sérieusement. Avais-je le droit de cacher à l'un l'état de son supérieur. Et pouvais-je, par mon silence, priver un prince de l'Eglise, de la présence d'un prêtre à son moment dernier, alors qu'il était encore vivant ?..

M. Reymond fut donc prévenu. Sans hésitation, immédiatement, ce pauvre missionnaire, lui-même mourant, quitta son lit, on l'aida à se vêtir et on le porta auprès de son évêque. Il tenait en mains les saintes huiles.

Alors, se passa une scène sublime :

Monseigneur et M. Reymond se tinrent religieusement embrassés, les yeux pleins de larmes : « Si vous avez le bonheur de vous relever de votre maladie, écrivez à Rome, à Lyon, et dites ce qui est arrivé. »

Puis, ce fut le dernier entretien intime... la suprême absolution et le sacrement des mourants...

Après la touchante cérémonie, à laquelle assistaient M. M. F. de Lesseps et Brémond, les deux missionnaires se donnèrent le baiser de paix et se séparèrent pour le temps...

Dès cet instant, — onze heures — le mal fit des progrès rapides et tous les signes d'une fin imminente se peignirent sur le visage de l'auguste malade. L'agitation devint très forte, mais la lucidité de l'intelligence se conserva jusqu'à près d'une demi-heure avant la mort...

Il était midi... A ce moment, l'évêque mourant leva les yeux au ciel et dit, avec un accent que le

seul témoin de sa mort n'oublia jamais : « *La Foi...*
l'Espérance... la Charité... Merci !— » ajouta-t-il,
bien faiblement..., en inclinant la tête. Ce fut tout.

A une heure. il s'éteignit dans un calme profond,
et le dévoué M. Brémond (1) lui ferma les yeux...

Mgr de Brésillac avait 45 ans et 5 mois, dont 13 ans
et 3 mois d'épiscopat...

On le revêtit de ses habits pontificaux, et le lendemain 26 juin, à neuf heures du matin, il fut enterré.

Le Gouverneur et l'état-major, un détachement de
troupes, les consuls de France et d'Amérique, tous
les négociants et notables du pays, sans distinction
de religion, accompagnèrent à sa dernière demeure,
le grand et noble évêque qui avait su, en si peu de
temps, *s'attirer la sympathie et le respect de tous*. Le
ministre remplaçant l'évêque protestant décédé,
prononça quelques belles paroles sur le bord de la
tombe qui fut bénite plus tard.

M. Reymond, dernier survivant, mourut le 28 juin,
il fut inhumé près de son évêque bien-aimé... qu'il
alla rejoindre au Ciel...

Ainsi se clôt le martyrologe de Sierra-Leone. (2).

. . . .

« *Consummatum est !* » (3) tel fut le dernier cri
du Sauveur, sur la Croix : Tout est *fini...*, l'héroïque
prélat a *fini* sa carrière apostolique, comme il l'avait
commencée, dans la souffrance et presque l'abandon...
L'humble maison de Sierra-Leone où viennent dans
l'espace de quinze jours de succomber cinq apôtres,

(1) Commerçant à Free-Town, seul européen qui assista
l'évêque jusqu'à sa fin.
(2) Après avoir entendu cette histoire, racontée au Saint
Pape Pie X par Mgr Pellet, le Souverain Pontife s'écria :
« Sunt martyres... » Ce sont des martyrs....
(3) Joan. Cap. XIX. 30.

est vide... cinq tombes se touchent dans un coin obscur de la brousse africaine, mais la mousse de l'oubli ne recouvrira jamais ces tertres lointains. Tout serait-il fini... bien fini ?..

Non! tout va commencer! car l'œuvre de Mgr de Brésillac n'est pas ensevelie avec lui et les siens... dans ces tombes. « Ces sépulcres inconnus du monde seront comme celui de Jésus-Christ, un jour prochain, glorieux : d'eux sortira la vie ! Ceux qui ont cru à la parole de l'évêque de Pruse, n'abandonneront pas l'Afrique. Comme les disciples du divin Maître, au soir du Vendredi-Saint, ils ont été désemparés, éperdus; découragés, jamais !.. Pour eux aussi est venue la Pentecôte. Poussés par l'Esprit d'En-Haut, ils ont repris le chemin tracé par les aînés, tombés ensemble au champ d'honneur... là-bas.

En passant à Sierra-Leone, ils se sont prosternés sur la tombe (1) de leur Père... ils en ont baisé la poussière féconde et sacrée... Puis, se relevant, ils sont partis plus loin... Jusqu'à ce Dahomey tant convoité, prêcher le même Evangile, faire connaître et aimer le même Dieu qu'aima, de toute la force de son âme *pieuse, ardente, noble et apostolique Mgr Melchior, Marie, Joseph de Marion, comte de Brésillac.* Evêque de Pruse, Fondateur des Missions Africaines,

« *Te Martyrum candidatus laudat exercitus.* »

« *In cruce vita et salus.* »

---

(1) La tombe de Mgr de Brésillac et celles des PP. Reymond, Riocreux, Bresson, Fr. Gratien, sont pieusement entretenues, à Sierra-Leone.

STATUTS DE LA SOCIÉTÉ

BUT DE LA SOCIÉTÉ

1. La Société des Missions Africaines a pour but l'évangélisation de l'Afrique.

Personnes qui composent la Société

2. La Société des Missions Africaines admet parmi ses membres :
Des prêtres.
Des étudiants en philosophie et en théologie.
Des frères laïques coadjuteurs temporels. Ces frères devront exercer un art ou un métier, afin de se rendre utiles soit en Europe, soit en mission, et d'être capables de former les indigènes dans les établissements de la Société.

NATURE DE LA SOCIÉTÉ

3. La Société n'est pas un ordre religieux ; ses membres au moment de leur admission font un serment spécial approuvé par la S. C. de la Propagande et qui impose l'obligation de se consacrer au but de la Société.

4. Elle est gouvernée par un Supérieur Général assisté d'un Conseil.

Admission des Aspirants

5. Le postulant doit être muni de lettres testimoniales, et les clercs de lettres dimissoriales de leur Ordinaire. Il doit présenter son acte de baptême, avoir reçu la Confirmation, jouir d'une bonne renommée, être libre de tous empêchements et de tous liens, avoir les qualités d'esprit et de corps requises par le but de la Société et une volonté arrêtée de se consacrer aux Missions d'Afrique.

Epreuve des Aspirants

6. Le temps d'épreuve des aspirants en philosophie, est de deux années. Ils seront sous la direction d'un prêtre de l'Institut, chargé par le Supérieur Général de veiller à leur formation et à leur avancement dans l'esprit de la Société.

7. Les aspirants en théologie peuvent être admis au serment après une épreuve d'un an.

Admission dans le corps de la Société
Obligations qui en résultent

8. Le temps d'épreuve étant expiré, le Supérieur Général délibère sur l'admission de l'aspirant.

9. L'aspirant fera une retraite de dix jours avant de prononcer le serment par lequel il s'engage :
A demeurer dans la Société jusqu'à la mort.
A se rendre en mission quand il y sera envoyé.
A y demeurer aussi longtemps qu'il plaira au Supérieur Général ou à la S. C. de la Propagande.
A occuper le poste qui lui sera assigné par les Supérieurs.

10. La dispense de ce serment est réservée au Saint-Siège.

11. Les associés pourront conserver l'administration et l'usufruit de leurs biens patrimoniaux. ils en disposeront à leur gré ; mais tout ce qu'ils recevront directement ou indirectement des missions, pour les missions, à l'occasion des missions, ainsi que tous les honoraires qu'on pourrait leur donner pour l'exercice du saint ministère, sera mis dans la masse commune.

Règle de vie des associés

12. Les exercices spirituels sont :

Chaque jour : Oraison mentale, au moins d'une demi-heure ; sainte messe, office divin, chapelet, examen particulier et examen général, visite au Saint-Sacrement, lecture spirituelle, prière du matin et du soir.

Chaque semaine : confession, conférence spirituelle.

Chaque mois : petite retraite du mois.

Chaque année : retraite et revue de l'année. rénovation du serment et des promesses cléricales.

Si tous les missionnaires ne peuvent assister à la retraite commune, les chefs des missions régleront les choses de manière que tous puissent y assister au moins tous les deux ans. Non seulement ils leur fourniront les moyens d'y venir, mais ils emploieront au besoin leur autorité pour les y obliger, et veilleront à ce que ceux qui ne pourront assister à la retraite générale y suppléent en leur particulier de la manière la plus convenable.

13. Les associés mènent la vie commune en mission dans les pays infidèles, aussi bien que dans les emplois de la Société en Europe. Ils feront en commun au moins les prières du matin et du soir, l'oraison mentale et l'examen particulier.

14. Nul ne sortira de la maison sans la permission du Supérieur et ne fera de visite sans y être autorisé.

15. Ils rendront compte de l'emploi de leur temps au Supérieur et fuiront l'oisiveté comme une peste.

16. Les Supérieurs veilleront avec un soin particulier à ce que les missionnaires apprennent les langues du pays.

17. Ils n'oublieront jamais qu'ils doivent au Supérieur Général et aux Supérieurs locaux un profond respect, une soumission vraiment filiale et une obéissance prompte et sincère.

18. Nos règlements ne permettent pas l'isolement dans les pays de Mission.

Le Serment

19. Sa Nature. — Le serment est un acte solennel et héroïque par lequel les missionnaires, la main sur les saints Evangiles, prennent devant Dieu et devant les hommes, librement et après mûre réflexion, l'engagement de se consacrer jusqu'à la mort à l'œuvre des Missions Africaines selon les constitutions de la Société. Ce serment doit leur être extrêmement cher à cause des inappréciables avantages spirituels qu'il leur assure en les fixant pour toujours dans leur vocation. Cette vocation exigeant d'eux de tout sacrifier pour Dieu : leur famille, leur pays, leur bien-être, leur repos, leur santé, leur vie, et de

mener une existence très dure, pauvre et remplie de privations, leur donne droit aux magnifiques promesses faites à ceux qui ont tout quitté pour suivre Jésus-Christ et les met à même d'amasser un très riche trésor de mérites pour le ciel.

20. Par le serment, le sujet devient définitivement membre de la Société. Les obligations contractées par le serment étant réciproques entre la Société et l'assermenté, celui-ci ne cessera jamais de faire partie de la Société, à moins qu'il ne se retire librement (ce qu'il ne peut pas faire en conscience sans l'autorisation légitimement obtenue du Saint-Siège) ou qu'il ne mérite l'exclusion.

Nature de l'Institut des Frères

21. Le postulat dure six mois.

Le noviciat dure deux ans. L'aspirant est admis à prendre la soutane après le postulat. Après son noviciat il fait le serment de se consacrer aux œuvres de la Société des Missions Africaines.

L'apostolat dans les missions s'exerce de bien des manières : par les catéchismes, les dispensaires, les écoles primaires et secondaires, les écoles d'arts et métiers, les écoles d'agriculture, les fermes modèles, les villages de liberté, etc. Tout est à créer dans les missions d'Afrique. C'est au missionnaire à bâtir son église, sa maison, son école, son dispensaire. C'est à lui à défricher le champ qui doit le nourrir. ainsi que les enfants de la mission. C'est lui qui doit apprendre au Noir à travailler.

Toutes ces œuvres d'apostolat sont confiées au Frère-missionnaire. A lui aussi les catéchismes des enfants, à lui le soin des malades, à lui les écoles, à lui la direction des constructions des églises, des

maisons, des travaux de la ferme, des exploitations
de briqueterie, etc.

Le rôle du Frère-missionnaire en Afrique est le
même que celui des moines qui ont civilisé l'Europe
au Moyen-Age. Il est bien fait pour tenter la générosité des jeunes gens, qui veulent se sanctifier en
sauvant les âmes de ces pauvres Noirs, pour lesquelles Notre-Seigneur est mort.

Combien est triste cette parole de l'Evangile
« Les petits demandent le pain de la Vérité et il n'y
a personne pour le leur distribuer... »

ESPRIT DE LA SOCIÉTÉ

DES VERTUS APOSTOLIQUES

Fins que doit se proposer
celui qui désire entrer aux Missions Africaines

1. La première et la principale fin que doit se
proposer tout membre de la Société des Missions
Africaines en se faisant missionnaire et en persévé-
rant dans sa sublime vocation est *sa sanctification
personnelle.* La seconde est *la conversion et le salut
des âmes.* La première de ces fins est tellement
essentielle que, si elle n'est pas obtenue, la seconde
ne saurait l'être.

Le missionnaire doit donc, avant tout et toujours,
travailler avec ardeur à son avancement dans l'amour
de Dieu et dans toutes les vertus, c'est-à-dire à son
progrès vers la sainteté. C'est par les œuvres de sanctification personnelle qu'il faut commencer, et c'est
toujours à elles qu'il faut donner le plus d'attention
et de soin. Ces œuvres sont : la prière et les actes
intérieurs et extérieurs de vertu qui se rapportent
directement et principalement à nous-mêmes, œuvres
qui n'intéressent le prochain qu'indirectement, en
ce qu'elles nous rendent, en nous sanctifiant, incom-
parablement plus aptes à lui faire du bien.

Notre-Seigneur veut que nous nous efforcions sans
cesse de nous défaire de tout ce qui nous rend moins

agréables à ses yeux et qui empêche ou gêne son action sur nous et celle qu'Il veut exercer sur d'autres par nous. Lorsque nous nous serons débarrassés de nos défauts, ou que nous les aurons au moins considérablement affaiblis et que notre cœur sera orné des vertus apostoliques, alors, mais alors seulement, nos œuvres extérieures en faveur du prochain lui seront très agréables, alors seulement Il les bénira et leur donnera la fécondité.

Dans quelle déplorable erreur serait le missionnaire qui penserait qu'il peut impunément employer à des œuvres de charité et de zèle extérieures, sous prétexte qu'elles sont saintes aussi, l'attention et les soins qu'on l'exhorte ici à donner à l'entretien en lui de la vie intérieure, ou qui croirait pouvoir consacrer au saint ministère le temps qui doit être consacré aux exercices de piété ! Sans doute les œuvres extérieures faites pour Dieu sont bonnes et méritoires ; mais il n'en est pas moins vrai que le missionnaire qui ne nourrit pas en lui la vie intérieure et n'alimente pas suffisamment son âme par la prière ne manquera pas de devenir peu à peu tout extérieur. L'esprit de foi s'en ira graduellement, l'activité humaine prendra peu à peu la place de l'action de la grâce ; les vues humaines ou au moins la routine infecteront les œuvres de ce missionnaire. Il pourra encore travailler et peut-être même beaucoup. En se donnant bien de la peine il n'aboutira à rien, parce que Dieu ne sera plus avec lui. Heureux encore ce missionnaire s'il ne perd pas complètement sa vocation ! car il est sur la voie qui conduit le plus directement hors de la Société et hors des Missions.

Nous ne sommes vraiment vertueux et nous ne répondons aux vues de Jésus-Christ sur nous, que si nous lui ressemblons, et dans la proportion de cette ressemblance. Il veut que nous reproduisions en nous sa vie aussi parfaitement que possible : « *Sacerdos alter Christus* », et que nous travaillions sans relâche à la reproduire chaque jour d'une manière plus parfaite. Il sait que pour cela nous avons besoin d'abord de le connaître, et son amour le porte à se faire connaître à nous. C'est pourquoi il veut que nous, ses prêtres, nous interrompions plusieurs fois le jour, même le travail que nous faisons pour lui, afin de nous recueillir et de l'étudier dans la prière et la méditation. Lorsque nous avons contemplé ce divin modèle, lorsque notre cœur s'est rempli de l'amour de Dieu et que notre zèle s'est avivé et purifié, alors nous devons employer la force que nous donne cet amour à combattre énergiquement nos défauts et à multiplier les actes de vertu, alors est aussi venu le moment de répandre cet amour en abondance sur le prochain par les œuvres extérieures.

Voilà comment faisaient et font encore les saints et tous les vrais missionnaires. Considérons saint Pierre Claver, le Patron principal de notre Société. Comme nous, il avait voué sa vie au service des Noirs et il se glorifiait d'être leur esclave. Quelle vie a été mieux remplie que la sienne par les œuvres de miséricorde et plus féconde en fruits de salut ? Avant chacune de ses tournées journalières chez ses Noirs, il priait, il faisait oraison, il passait en la compagnie de Jésus-Christ une partie de ses nuits et de ses jours. Il ne quittait son Sauveur bien-aimé que pour retourner dans la cabane infecte des pauvres esclaves malades et des mourants, et se livrait à ces actes de charité admirables qui l'ont élevé à un si haut degré de sainteté, ont sauvé tant d'âmes et tant glorifié Dieu.

Considérons aussi saint François Xavier. Lui, certes, a mené une vie active. Il n'a pas laissé d'en passer une grande partie dans la prière et l'oraison. Il interrompait plusieurs fois, chaque jour, ses rudes travaux apostoliques pour s'entretenir avec Jésus-Christ, souvent pendant toute la nuit. C'est dans ces entretiens avec le divin Maître qu'il ravivait les ardeurs de son zèle, qu'il puisait force, consolation et courage, qu'il obtenait les grâces qui devaient ensuite accompagner ses paroles et toutes ses démarches, et opérer enfin tant de conversions.

La méthode suivie par ces deux saints missionnaires, tous les saints que Dieu a appelés à la vie active l'ont suivie. Il n'y en a pas d'autre.

Les membres de la Société regarderont donc le soin de leur âme comme l'œuvre capitale de leur vie de missionnaire. En cette vue, ils s'affectionneront aux exercices de piété et aux pratiques de la vie intérieure. Ils apporteront tous leurs soins à faire les exercices de règle ponctuellement et avec toute la perfection possible, malgré que ces exercices deviennent parfois difficiles et pénibles à cause du travail, de la fatigue, de la maladie ou du climat.

Foi et esprit de Foi

2. Les missionnaires s'appliqueront à fortifier de plus en plus leur foi et ils éviteront tout ce qui pourrait l'affaiblir. Pour cela, ils seront prudents dans le choix de leurs lectures, et ils rejetteront livres et revues qui contiendrait des nouveautés, des hardiesses de doctrine et des opinions peu conformes à l'enseignement de l'Eglise.

Par la prière, l'oraison mentale, les lectures pieuses, le recueillement, ils fortifieront en eux de plus en en plus l'esprit de foi. Il consiste en une conviction profonde et si vive des vérités de la religion que le missionnaire qui en est animé, non seulement est toujours dans la disposition de sacrifier sa vie pour les enseigner à ceux q ii les ignorent et pour les confesser par le martyre, mais qu'il est constamment plus ou moins occupé de ces vérités sacrées. Il en porte partout avec lui l'impression salutaire. Cet esprit l'anime dans tout le détail de sa vie et le fait vivre dans une atmosphère surnaturelle. A sa lumière il aperçoit la fausseté radicale des maximes du monde et de la prudence de la chair, il comprend, goûte et s'efforce de suivre fidèlement les grandes maximes de l'Evangile qui ont été la règle de conduite des saints.

Espérance et confiance en Dieu

3. Les missionnaires auront en Dieu une confiance sans bornes. Ils ne désespéreront jamais de la grâce ni pour la conversion des infidèles ou des pécheurs, ni pour leur propre sanctification, ni pour le succès de leurs entreprises. Si quelques-uns d'entre eux sont dans une mission ou une station où les conversions sont peu nombreuses et même s'ils sont dans un pays où il y a peu d'espoir de faire accepter l'Evangile avant longtemps, ils conserveront toute leur confiance dans l'efficacité de leur ministère. Au milieu des persécutions et des plus grandes difficultés, malgré des prophéties inconsidérées auxquelles les faits sembleraient jusqu'ici donner raison sur l'insuccès du ministère apostolique au milieu de tel ou tel peuple, malgré la longue stérilité apparente de leurs travaux, ils ne se laisseront jamais gagner par le découragement. Ils considèreront qu'il peut être dans les desseins de Dieu que des générations de missionnaires apportent à l'évangélisation de

certaines contrées leur zèle et leur abnégation pendant longtemps avant que n'apparaissent les fruits de leurs travaux et que Dieu peut exiger pour la conversion de ces peuples une certaine somme de longs travaux en apparence stériles, somme à laquelle chacun des missionnaires qui se sont succédés a fourni un apport nécessaire. Ils s'efforceront par leurs prières, leurs vertus et leur zèle de hâter l'heure de Dieu. Ils considèreront que s'ils n'ont pas la satisfaction de voir les fruits de leur apostolat, leur zèle n'en sera que plus facilement pur et exempt des recherches de l'amour-propre et par conséquent plus méritoire, qu'aucun de leurs sacrifices, aucun de leurs travaux, aucune des démarches de leur zèle ne seront perdus ni pour la gloire de Dieu, ni pour leur sanctification personnelle, ni pour la conversion des âmes. Ils n'oublieront pas que Dieu ne les récompensera pas d'après le résultat visible de leurs œuvres, mais d'après leurs œuvres mêmes.

Le découragement provient toujours ou de la faiblesse d'âme ou du défaut de foi. Il ôte au missionnaire toute l'énergie dont il a besoin et le renferme dans un cercle fatal : Il se décourage parce qu'il ne réussit pas, il ne réussit pas parce qu'il s'est découragé. Aussi le découragement est-il une tentation souvent employée par le démon pour détourner les missionnaires de leur fin, pour paralyser leur zèle et anéantir leur action dans l'apostolat.

Amour de Dieu et du prochain

4. C'est uniquement l'amour de Dieu qui constitue la sainteté. Il doit être le mobile de notre vie, la raison de tous nos travaux et de tous nos sacrifices, le but de tous nos efforts, l'objet final de toutes nos

aspirations. Le conserver, l'accroître sans cesse et le faire arriver en nous à un très haut degré de perfection, le faire partager au plus grand nombre d'âmes possible, telle doit être la constante préoccupation des missionnaires.

A cet amour de Dieu, les missionnaires joindront l'amour de l'Eglise et l'amour de la Société. Ils regarderont aussi cette dernière comme leur Mère. Ceux qui ne lui doivent pas leur naissance à la vie sacerdotale lui sont du moins redevables d'une précieuse adoption. Tous ont été engendrés par elle à la vie apostolique. A leurs sentiments de reconnaissance, ils uniront ceux de l'amour vraiment filial. Ils s'intéresseront à tout ce qui la concerne et lui rendront tous les services qui sont en leur pouvoir. Ils veilleront à son honneur et se garderont bien de la dénigrer. Ils seront fidèles à prier pour sa prospérité et demanderont particulièrement à Dieu de la pénétrer de plus en plus de son esprit.

Les missionnaires aimeront en Dieu et pour Dieu leurs supérieurs en qui ils verront ses représentants et tous les membres de la Société ,qui sont pour eux des frères. Ils auront aussi un amour surnaturel, tendre, compatissant, dévoué et inlassable pour les indigènes.

Zèle Apostolique

5. « *Zelus domus tuae comedit me.* » (Ps. LXVIII, 10.) Le missionnaire des Missions Africaines doit réaliser cette parole en lui et être dévoré du zèle de la gloire de Dieu et du salut des âmes. Comprendrait-on un missionnaire qui, après avoir embrassé une vocation si sublime, après avoir tout quitté pour suivre Jésus-Christ, après avoir fait l'offrande de son temps, de son repos, de ses forces, de sa santé,

de sa vie pour les Missions, manquerait de zèle ?
Quel sujet de tristesse de le voir après de si beaux
débuts déchoir et perdre le fruit de tant de grâces
spéciales qu'il a reçues et de tous les sacrifices qu'il
a faits !..

Le missionnaire qui manquerait de zèle violerait
par là même l'engagement sacré qu'il a pris en entrant
dans la Société. Que celui donc qui ne se sent pas un
courage à toute épreuve et assez d'amour de Dieu pour
faire plus tard et pendant toute sa vie les sacrifices
que lui demandera la pratique du zèle apostolique
dans nos pénibles missions, que celui-là ne songe pas
à faire partie de la Société des Missions Africaines.
Il n'y serait ni heureux ni utile.

Le zèle doit être pur et désinteressé, prudent,
éclairé, ferme et constant, actif et généreux, plein de
douceur.

Pur et désintéressé. — Dans leurs travaux, les
missionnaires éviteront de se rechercher eux-mêmes
et de se laisser guider, même comme mobile secon-
daire, par des vues suggérées par l'amour-propre,
la vanité ou l'ambition. Quant à la popularité, s'ils
la désirent ou cherchent à l'acquérir, ils ne la rechercheront que comme un moyen de faire plus de bien
aux âmes et non pour en jouir eux-mêmes ; leurs
intentions, leurs préoccupations seront uniquement
la gloire de Dieu et le salut des âmes.

Prudent. — Les missionnaires étudieront la tour-
nure d'esprit, les inclinations, les mœurs des populations au milieu desquelles ils ont à travailler, afin
de régler utilement leurs rapports avec elles sur cette
connaissance. Ils agiront en tout d'après les enseigne-
ments de l'Eglise, selon nos Constitutions et selon

l'esprit de la Société. Ils auront une très grande confiance dans l'efficacité des moyens surnaturels ; ils en auront très peu dans celle des moyens humains.

Ferme et constant. — Ils ne se laisseront pas déconcerter par les difficultés, ni décourager par les insuccès. Après l'insuccès d'une entreprise, d'une œuvre, d'une démarche, loin de se laisser aller à l'abattement et de se convaincre à la longue qu'il n'y a rien à faire, ils redoubleront d'efforts et d'initiative et surtout ils prieront avec plus d'assiduité et de ferveur que jamais pour obtenir de Dieu les grâces qui donneront la fécondité à leurs travaux.

Actif et généreux. — Actif, malgré la fatigue, malgré la faiblesse et un état maladif. Généreux qui ne s'arrête devant aucun sacrifice, ni celui du repos, ni celui de la santé, ni celui de la vie.

Plein de douceur. — « *Discite a me quia mitis sum.* » (Matt. XI, 29). Les missionnaires doivent toujours agir avec autant de douceur que de force. Qu'ils se souviennent de la cuillerée de miel et du tonneau de vinaigre !

La douceur attire et prédispose les cœurs à recevoir la bonne semence. L'impatience, la sévérité, la dureté, la rudesse éloignent : par elles on indispose les esprits, on fait peu à peu le vide autour de soi, on paralyse complètement son ministère. Cela est vrai partout, mais surtout au milieu de populations qu'on ne peut attirer à la vraie religion qu'en gagnant leurs cœurs, parce qu'elles sont à peu près complètement insensibles au raisonnement et à la logique. Que les missionnaires comprennent donc bien de quelle extrême importance il est pour eux de supporter en toute patience et avec une affectueuse compassion les défauts du prochain.

Tempérance

6. Les missionnaires garderont une exacte sobriété dans le manger et le boire et ne feront pas usage de liqueurs spiritueuses.

Le climat torride de nos missions rend plus nécessaire la vigilance sur ce point. Les missionnaires, en Europe comme dans les missions, se contenteront de ce qui est servi par la maison et se priveront de tout le reste.

Tant dans les missions que partout ailleurs, les missionnaires se priveront d'apéritifs alcoolisés et ils n'auront jamais de boissons spiritueuses dans leurs chambres.

Si d'une part les missionnaires sont tenus à garder une parfaite sobriété, ils doivent d'autre part, prendre garde de tomber dans l'excès contraire, et quoique la pratique des austérités corporelles soit très louable et très convenable à des hommes apostoliques, ils ne s'y livreront point sans l'avis d'un directeur prudent et expérimenté.

Chasteté

7. Parmi les devoirs les plus essentiels et les gloires les plus pures du sacerdoce, il faut placer la chasteté parfaite qui fait que le prêtre mène sur terre une vie angélique. Plus la vocation à l'apostolat est élevée au-dessus de la simple vocation au sacerdoce, plus les missionnaires doivent estimer et affectionner cette vertu et plus ils doivent mettre de soins à la pratiquer parfaitement.

Les moyens les plus efficaces pour conserver intacte cette vertu sont : la vigilance et la prière. Les missionnaires observeront dans leurs rapports avec le prochain les règles indiquées dans leur Directoire. Ils éviteront avec le plus grand soin non seulement ce qui pourrait devenir un danger pour eux, mais tout ce qui serait capable de les faire soupçonner à tort d'avoir des sentiments trop humains et de ne pas pratiquer la chasteté dans toute sa perfection.

Les missionnaires mettront leur vertu sous la sauvegarde de Dieu, et ils seront assidus à le prier de leur conserver intact ce précieux trésor. Ils auront soin aussi de se recommander fréquemment à la Sainte Vierge qui est la patronne et le modèle le plus achevé de cette vertu, et à Saint Joseph.

Comme moyens de rester chastes, ils pratiqueront l'humilité et la modestie ; ils éviteront les petites intempérances dans les repas et fuiront l'oisiveté.

Humilité

8. « *Discile a me quia milis sum et humilis corde.* » (Matt. XI, 29). Qui peut concevoir combien Notre-Seigneur Jésus-Christ, le modèle des prêtres, et des missionnaires, a été humble ? Comment dépeindre l'humilité qu'il a pratiquée en son Incarnation et sa naissance, pendant sa vie cachée et sa vie publique, et surtout pendant sa Passion ? Qui pourra raconter toutes les humiliations, toutes les avanies qu'il a voulu subir, toutes les insultes, toutes les moqueries dont il a voulu être abreuvé avant d'expirer sur une croix dans l'abjection et le mépris ? Et ce divin Sauveur nous dit : « Il doit suffire au serviteur d'être traité comme son Maître. » (Matt. X, 25).

D'après Sainte Thérèse, l'humilité consiste à marcher selon la vérité en la présence de Dieu et en celle du monde, non seulement dans nos paroles, mais dans toutes nos actions. Nous devons donc nous étudier dans le but de nous faire une opinion de nous-mêmes conforme à la vérité et de ne nous juger ni meilleurs ni pires que nous ne sommes. Lorsque nous avons ainsi fait la lumière sur nous, lorsque nous nous estimons à notre juste valeur, nous devons parler et agir conformément à cette connaissance. Dans nos rapports avec Dieu et avec le prochain, nous devons nous montrer tels que nous sommes. Nous devons aussi trouver bon, souhaiter même, que dans l'estime qu'ils font de nous et dans leurs rapports avec nous les hommes marchent eux aussi dans la vérité et qu'ils nous traitent comme nous le méritons.

Nous étudier pour nous connaître: si nous remarquons en nous quelques dons de l'esprit ou du cœur, quelques perfections de l'âme, quelques vertus (choses que nous ne sommes tenus ni d'ignorer, ni de nier), nous ne devons pas nous enorgueillir, mais les rapporter à Dieu et l'en louer humblement ; car nous savons bien que tout ce que nous avons de bon vient de Dieu et qu'au contraire tout ce qu'il y a en nous de mauvais : le péché et son cortège vient de nous. Ecoutons saint Paul : « Quid habes quod non accepisti ? Si autem accepisti quid gloriaris quasi non acceperis ? » (I Cor. IV, 7).

Nous devons d'ailleurs, dans l'étude de nous-mêmes, nous défier beaucoup de l'amour-propre qui est très apte à fausser notre vue. Il réussit facilement à nous faire voir en nous des qualités que nous n'avons pas ou au moins à faire paraître à nos yeux beaucoup plus grandes qu'elles ne le sont, celles que nous pouvons avoir, tandis qu'il nous ferme les yeux sur des défauts que tout le monde voit, excepté nous. Il nous est si difficile d'être sévères jusqu'à l'impartialité envers une personne aussi chérie de nous que la nôtre !

Si nous sommes tentés de nous comparer à d'autres, comparons-nous aux saints, et nous verrons quelles raisons nous avons d'être humbles.

Point de vertu sans grâce, point de grâce sans humilité. « *Deus superbis resistit, humilibus autem dat gratiam.* » (I Pet. V, 5). L'humilité est donc la condition essentielle de toutes les vertus. Elle est la base sur laquelle elles doivent reposer. Si on ne veut pas être victime du découragement dans l'insuccès si on veut pratiquer l'amour du prochain, la pauvreté, l'obéissance, la chasteté, toutes les vertus apostoliques, il faut être humble.

L'orgueil gâte les œuvres les plus belles et les plus saintes en elles-mêmes. L'orgueilleux ne peut faire du bien, ni à lui même, ni aux autres.

Les missionnaires s'affectionneront d'une manière toute particulière à l'humilité et ils demanderont souvent et instamment à Dieu de les faire progresser chaque jour davantage dans cette vertu si chère à son cœur.

Ils sauront éviter la susceptibilité qui s'offense à tout propos et ne peut supporter ni les manques d'égards, ni les paroles désobligeantes, ni les observations des Supérieurs.

Lorsqu'un confrère réussira mieux qu'eux et que chacun lui décernera des éloges, lorsqu'une autre Société aura plus de succès et sera plus avantageusement connue, ils diront avec Saint Paul : « *Dum omni modo Chistus annuntietur, in hoc gaudeo sed et gaudebo.* » (Phili. I, 18).

Lorsqu'ils seront en butte à la calomnie et à la persécution ils penseront à Notre-Seigneur : « *Jesus autem tacebat* ». (Matt. XXVI, 63) et ne se défendront que si l'intérêt de l'œuvre de Dieu les y oblige véritablement.

Qu'ils comprennent bien que dans la Société des Missions Africaines, l'ancienneté ou les longs services ne confèrent pas de droits, que, sans qu'il y ait aucunement disgrâce, celui qui a occupé un poste plus élevé peut être appelé à en remplir un plus humble, et qu'ils doivent s'adonner avec autant d'empressement et de bonheur ou au moins avec autant de bonne volonté et de zèle aux œuvres obscures de la Société ou des Missions qu'aux fonctions les plus éclatantes.

Pauvreté

9. Les missionnaires se souviendront qu'ils sont les disciples d'un Maître qui a béatifié la pauvreté et qui l'a pratiquée au point qu'à sa naissance, il n'avait pour habitation qu'une étable et pour berceau qu'une crèche, que pendant sa vie cachée il a travaillé de ses mains comme un pauvre, que pendant sa vie publique il n'avait pas en propre même une pierre pour lui servir d'oreiller et que finalement il mourut dépouillé de tout sur une croix.

Quoique les membres de la Société ne fassent pas le vœu de pauvreté, ils doivent estimer cette vertu comme la vertu propre des missionnaires, la sauvegarde de toutes les vertus apostoliques, le moyen le plus efficace d'attirer sur leur ministère les bénédictions divines et de se concilier la considération et les sympathies des peuples. Ils sont tenus de pratiquer la vertu de pauvreté et de la porter à un haut degré. Ils y seront encouragés par la pensée que ce qui est dépensé pour eux est pris sur des sommes qui sont données pour les œuvres d'apostolat et que, par conséquent, plus ils dépensent pour eux-mêmes, moins i reste pour ces œuvres, qui sont cependant indispensables au progrès de l'Evangile.

Une autre considération qui devrait leur donner des scrupules, s'ils ne pratiquaient pas la pauvreté, c'est que l'argent qui est mis à la disposition de la Société et des Missions vient en très grande partie des dons faits par des personnes pauvres dont plusieurs se sont imposé des privations réelles pour pouvoir coopérer par leur obole à la conversion des infidèles et au salut des âmes.

Ne serait-ce pas une chose fort condamnable que des missionnaires qui vivent de l'aumône faite par des pauvres ne fussent pas eux-mêmes pauvres et employassent à se procurer des choses dont ils peuvent se passer l'argent de personnes qui se sont privées souvent du nécessaire pour pouvoir les aider dans leurs œuvres ?

Si des missionnaires dépensaient pour leur personne plus que le strict nécessaire, tandis que les œuvres existantes souffrent du manque de ressources et que tant d'autres œuvres qui procureraient le salut d'un grand nombre d'âmes restent à établir, ces missionnaires auraient mérité les reproches et les anathèmes que Dieu adressait autrefois par la voix du prophète aux prêtres d'Israël « *qui pascebant semetipsos* ». (Ezec. XXXIV, 2).

Les missionnaires, tant ceux qui sont en Europe que ceux qui sont dans les Missions, pratiqueront donc la pauvreté :

a) Dans leurs habitations. — Elles seront simples et modestes. On fera en sorte que leur construction réponde autant que possible aux exigences vraies de l'hygiène et aux besoins réels de ceux qui doivent les habiter ; mais tout ornement, toute recherche d'élégance qui nécessiteraient une augmentation de dépenses seront rigoureusement évités. Ceux qui auront des constructions à faire se tiendront en garde contre l'amour-propre qui pourrait leur faire concevoir le désir de faire grand et beau afin d'attacher leur nom à une construction confortable et élégante.

b) Dans leur nourriture. — Elle sera autant que possible saine et suffisamment abondante ; mais les missionnaires se contenteront de ce qui est nécessaire soit dans la quantité, soit dans la qualité et ils supporteront volontiers les privations inhérentes à la vie apostolique. Dans les Missions, ils se feront un devoir de se contenter, autant qu'il sera possible, des produits du pays pour leur nourriture sans rien demander à l'Europe.

c) Dans les soins de la santé. — Lorsqu'ils seront malades, ils se contenteront de remèdes communs.

d) Dans leurs vêtements et leur mobilier, dans leurs voyages ; enfin en tout, ils se contenteront de ce qui est nécessaire et ne rechercheront jamais le superflu.

Il est difficile de déterminer jusqu'où va le nécessaire et où commence le superflu. Pour en juger plus sainement dans la pratique, les missionnaires se souviendront que nous sommes naturellement portés à croire nécessaire ce qui n'est qu'utile ou même simplement agréable et que nous devons nous défier beaucoup de l'amour de nous-mêmes et de nos aises qui fait que nous sommes fortement inclinés par la nature à avoir plus de désirs que de besoins.

Que personne ne vienne à penser que, pour être respecté et estimé des indigènes et pour avoir de l'influence sur eux et par conséquent pour pouvoir faire du bien, il est nécessaire de ne pas paraître pauvre à leurs yeux. Notre-Seigneur dans sa vie publique, en prêchant l'Evangile, a voulu être plus pauvre que ne le sera jamais aucun membre des Missions Africaines. Les Apôtres pratiquèrent, eux aussi, à un très haut degré la pauvreté : témoin saint Paul qui, parlant de lui-même et de ses collaborateurs (I Cor. IV, II), nous dit qu'ils enduraient la faim, la soif et la nudité et qu'ils n'avaient point de demeure. Jésus-Christ et les Apôtres ont certainement choisi la meilleure méthode d'évangélisation.

L'esprit de pauvreté portera les missionnaires qui se trouveront dans des conditions favorables à travailler de leurs mains, sans négliger toutefois le ministère des âmes. Par leur travail ils pourront se procurer, en tout ou en partie, ce dont ils ont besoin pour leur entretien, et l'argent épargné ainsi pourra servir à développer ou à multiplier les œuvres de la Mission. Qu'ils ne craignent pas de s'abaisser par là, de manquer aux convenances et de porter atteinte à leur « respectabilité ». Saint Paul a dit de lui-même : « *Ad ea quae mihi opus erant et his qui mecum sunt ministraverunt manus istae. Omnia ostendi vobis quoniam sic laborantes oportet suscipere infirmos* » (Act. XX, 34, 35), et ailleurs, en parlant de lui-même et de ses compagnons d'apostolat : « *Laboramus operantes manibus nostris.* » (I Cor. IV, 12).

Les supérieurs de la Société et ceux des établissements communs, animés de l'esprit de pauvreté, mettront leur confiance non dans les précautions d'une prudence trop humaine, mais dans la divine Providence. Si Dieu favorise l'œuvre en lui envoyant des ressources, loin de songer à thésauriser, ils enverront dans les Missions tout ce qui ne sera pas nécessaire à ces établissements, conformément à la règle indiquée dans le Directoire.

Obéissance

10. Par l'obéissance, nous faisons à Dieu le sacrifice le plus précieux que nous puissions lui faire, après celui que nous avons fait de notre vie, car par elle nous immolons à son amour ce à quoi l'homme tient le plus, notre liberté, notre volonté et notre jugement. Les missionnaires regarderont donc cette vertu comme le meilleur moyen de pratiquer cette abnégation, ce renoncement à nous-mêmes demandé par Notre-Seigneur et qui est comme le caractère propre de la vocation apostolique : « *Qui vult venire post me, abneget semetipsum.* » (Matt. XVI, 24).

L'obéissance doit être entière, prompte, humble, et non raisonneuse, généreuse, mais avant tout surnaturelle. Les missionnaires se souviendront qu'ils n'ont pas à obéir à deux ou plusieurs autorités, mais à une seule qui est celle de Dieu, et dont les supérieurs ne sont que les interprètes légitimes et officiels. Ils se convaincront de plus en plus intimement qu'en obéissant à leurs supérieurs, c'est à Dieu lui-même qu'ils obéissent. Ils s'habitueront à ne pas considérer le canal par lequel l'autorité passe avant d'arriver à eux, mais à voir seulement la source d'où elle émane.

Pour obéir, nous devons sacrifier non seulement notre liberté et notre volonté auxquelles nous tenons naturellement beaucoup ; mais aussi notre propre jugement auquel nous sommes d'ordinaire encore plus fortement attachés. Les missionnaires feront toujours ce qu'ils pourront pour justifier à leurs propres yeux le commandement et le sentiment de leurs supérieurs. Ils s'abstiendront de juger et de blâmer les règles et les usages établis dans la forme du gouvernement de la Société et des Missions. Ils ne se laisseront jamais gagner par cet esprit de critique qui, par ses improbations, ses murmures, ses récriminations, peut faire tant de mal dans une Société. Ils se souviendront que les supérieurs sont mieux placés pour voir les choses sous leur vrai jour et pour peser les avantages ou les inconvénients des mesures à prendre, que Dieu accorde à ceux qu'il a chargés de commander des grâces spéciales qu'il n'accorde pas aux autres et qu'enfin les supérieurs peuvent avoir et ont souvent en effet pour agir comme ils le font des raisons qu'il ne leur est pas permis de révéler à leurs inférieurs.

Ce qui est dit de l'obéissance oblige également et les simples confrères à l'égard de leurs supérieurs immédiats, et les supérieurs de station à l'égard des visiteurs et les visiteurs et supérieurs des établissements communs à l'égard du supérieur général et le supérieur général à l'égard du vicaire de Jésus-Christ, afin que l'on garde parfaitement la subordination et que l'on conserve ainsi dans la Société la paix qui est la tranquillité de l'ordre.

Etablissements de la Société pour le recrutement en France

GRANDS SÉMINAIRES

Théologie : **150, Cours Gambetta, Lyon.**
Philosophie : Chanly, par Wellin (Belgique).

PETITS SÉMINAIRES

Saint-Priest. (Isère).
Pont-Rousseau (Loire-Inférieure).
Saint-Pierre (Bas-Rhin).
Château d'Offémont, Tracy-le-Mont (Oise).
Beaudonne, en Tarnos (Landes).
Les Roches, Chamalières (Puy-de-Dôme).
Bischwiller (Bas-Rhin).

NOVICIATS DES FRÈRES

Martigné-Ferchaud (Ille-et-Vilaine).
Vigneulles, par Lorry-les-Metz (Moselle).
Château d'Offémont, Tracy-le-Mont (Oise).

Missions confiées à la Société des Missions Africaines

Vicariat du Bénin (Niger).

Vicariat du Dahomey.

Vicariat de la Côte d'Or.

Vicariat du Delta du Nil.

Vicariat de la Côte d'Ivoire.

Vicariat du Togo.

Vicariat du Niger Occidental.

Vicariat de   la Basse-Volta.

Préfecture de Libéria.

Préfecture du Niger Oriental.

Préfecture du Korogho (Haute-Côte d'Ivoire).

Missions des Noirs de l'Amérique du Nord.

ADVENIAT REGNUM TUUM

TABLE DES MATIÈRES

CHAPITRE IV. (1842-1843)

CHAPITRE V. (1843-1844)

CHAPITRE VI. (1844-1845)

CHAPITRE VII. (1846)

CHAPITRE VIII. (1846-1847)

CHAPITRE IX. (Avril-Août 1847)

CHAPITRE X. (Août 1847-Janvier 1848)

CHAPITRE XI. (1848-1851)

CHAPITRE XII. (1851-1855)

DEUXIÈME PARTIE

(1855-1859)

Le Fondateur des Missions Africaines

En France - En Afrique

CHAPITRE V. (Février-Juin 1857)

CHAPITRE VI. (Juin-Août 1857)

CHAPITRE VII. (Août 1857-Novembre 1858)

CHAPITRE VIII. (Novembre 1858-Mars 1859)

CHAPITRE IX. (Mars-Juin 1859)

CHAPITRE X. (Juin 1859)

L'Holocauste

APPENDICE

IMP. MIS. AFRIC. - LYON, C. GAMBETTA, 150.

9 782329 553818